KB263777

좋은 정부란 무엇인가?

좋은 정부란 무엇인가?

좋은 정부란 무엇인가?

WHAT IS GOOD GOVERNMENT?

한반도선진화재단 좋은정부연구회

황성돈, 이용환, 최창현 외 지음

한국학술정보㈜

머리말: 왜 좋은 정부인가?

나라가 온통 난리다. 국회와 정당, 대통령과 사법부 어느 곳 하나 국민들로부터 든든하게 신뢰받는 곳이 없다. 자기 생각과 다르다고, 자기에게 이익이 되지 않는다고 막말하고, 날뛰고, 기본선 넘기를 주저하지 않는다. 우리 사회 곳곳에서 어른은 어른들대로, 아이들은 아이들대로 남을 학대하고 추행하고, 갈취하고, 자살케 하는 일들이 속출하고 있다. 나라 경제와 기업, 가정, 국민 개개인의 삶이 남녀노소를 가리지 않고 모두 불안 속에 갈피를 못 잡고 있다. 공인(公人)들의 부정부패도 끊이질 않는다. 끔찍한 인권탄압 독재자 김정일이 죽었는데, 그의 죽음을 애도하겠다는 사람들이 무슨 투사나 된 양, 고개를 빳빳하게 쳐들고 난리를 치고 있다. 이런 와중에 술집과 퇴폐업소, 도박장 등 음주가무계(界)는 문전성시를 이루고 있다. 망조 들린 나라 모습의 전형이다.

왜 이렇게 되었는가? 모두가 방향을 잃어버렸기 때문이다. 각자가 마땅히 지향해야 할 바, 되어야 할 바를 지향하지 않고 있기 때문이다. 유가(儒家)의 관점에서 보면 군군신신부부자자(君君臣臣父父子子)

하지 않고 있기 때문이다. 마땅히 지향해야 할 바, 되어야 할 바 바로 이것이 존재가치 또는 가치정향과 이상이다. 민주화운동이 끝난 1990년대 이후 지금까지 우리 사회에서는 이 가치에 관한 지지한 논쟁과 행동이 자취를 감춰 버렸다. 가치 구현을 위한 기능적 수단과 방법에 관한 이해타산의 문제들에 대부분 사람들의 관심이 함몰되고 있다. 그 결과는 참으로 참혹하다. 우리 사회 곳곳에 가치추구자(value seekers)가 아니라 이해계산자(Interest Calculators)로 전락해 버린 사람들과 조직들이 득실거리고 있다. 이 중에서도 가장 중요하게 문제가 되는 곳이 바로 정부다. "공무원은 영혼이 없는 존재"라는 말 자체를 공무원이 스스로 하고 있는 상황이다. 그러나 이스턴(David Easton)이 정의하듯이 사회를 위한 제반 가치를 배분하는 것이 바로 정치이고, 이 정치의 제도적 표현이 바로 정부다. 따라서 정부는 본질적으로 가치논쟁으로부터 자유로울 수 없는 존재다. 제반 사회 구성 요소들로 하여금 일정한 방향을 지향하도록 하는 적극적 가치추구체이다. 정부로 번역되는 영어의 "Government"의 어원이 바로 배의 방향타를 조정하는 것이라고 하지 않는가.

이럼에도 불구하고 정부를 연구하는 학문분야에서는 가치의 문제를 논외로 하는 연구방법론이 주류를 이루고 있다. 이른바 논리실증주의적 방법론이 그것이다. 문제의 발생구조를 지배하고 있는 원리를 제대로 발견하기 위해서는 가치의 문제는 일절 배제하고 오직 사실들과 이에 대한 논리적 추론에 집중해야 한다는 것이 이 방법론의 골자다. 자연과학적인 방법으로 정부 등 제반 사회적 현상을 탐구하는 것이 가능할 뿐만 아니라 그렇게 해야만 제반 사회적 악과 고통으로부터 인류를 해방시킬 수 있다는 것이 이 방법론의 입장이다. 현대 사회과학 분야에서 "좋은 정부"에 관한 논쟁이 빈곤하게 된 이유가 바로 여기에 있다. 정부라는 것 자체가 사회를 위한 제반 가치의 배분체인 것인데, 이에 관한 연구에서 가치를 배제시킨다는 것은 마치 생명체에 관해 연구한다면서 굳이 그 생명체를 죽여 사체로 만들어 놓고 연구하는 우를 범하는 것과 같다. "누구를 위해 무엇을 어떻게 처리하고, 누구에 의해 어떻게 운영되는 정부가 좋은 정부인가?", "좋다는 것의 의미는 무엇인가?", "왜 그것이 좋은 것인가?", "정부에 관해 좋다, 나쁘다는 판단은 사회적으로 어떻게 표현되는 것이며, 왜 어떻게 변화하는 것인가?", "이런 판단은 누구에 의해 어떻게 표현되고 변화되는 것이 좋은 것인가?"…… 좋은 정부 논쟁의 주제들은 이처럼 근본적이고 다양하다. 그동안 우리 사회과학계에 정부에 관한 주옥같은 연구들이 많았다. 하지만 이런 물음들을 핵심논제로 설정하고 파 들어간 연구들은 발견하기 어렵다.

이 논제는 특히 우리나라에서 대단히 중요한 의미를 지닌다. 세계 역사에 유례를 찾아보기 어려울 정도로 짧은 기간에 산업화와 민주화, 자본주의화를 이루어 낸 나라가 바로 우리나라 대한민국이다. 바로 이 초단기적 성공이 우리에겐 쥐약일 수 있다. 농경시대와 산업시대, 공산주의와 자본주의, 독재와 민주가 뒤죽박죽이다. 왕정시대 사고와 공화정, 민주정이 뒤죽박죽이다. 법치와 때치, 삼강오륜과 자유분방 또한 뒤죽박죽이다. 토템과 종교, 과학도 뒤죽박죽이다. 바로 이런 뒤죽박죽으로 인해 엄청난 사회적 비용을 치르고 있다. 좋은 정부에 관한 진지한 논쟁은 바로 이런 혼란들이 정리될 수 있게 하는 계기를 제공하게 될 것이다.

한선재단의 "좋은 정부론" 집필 계획은 바로 이런 문제의식하에 시작되었다. 2011년 5월 13일 한선재단 회의실에서 "좋은 정부의 프락시스"에 관한 한세억 교수의 발제 및 토론을 출발로 하여 총 11회의 세미나가 있었다. 본서에 실린 글들은 바로 이 세미나에 발제되었던 글들을 발제자가 직접 수정 보완한 것들이다. 이 발제 및 집필자 분들, 그리고 이 세미나에 참석하여 고견을 주신 토론자 분들께 감사드린다. 그리고 "한선재단 좋은 정부론 세미나"를 물심양면으로 적극 후원해 주신 박세일 이사장님께 깊은 감사를 드린다. 또한 이 책의 출판을 선뜻 맡아 주신 한국학술정보(주)의 채종준 대표이사님께도 고마움을 표한다. 그리고 시작에서부터 끝까지 세미나와 편집 전반을 맡아 주신 관동대 최창현 교수의 노고에 깊이 감사드린다. 그리고 한선재단과 이 세미나 연구진 사이의 연결 핀 역할을 너무나도 훌륭하게 수행해 주신 이용환 박사님께도 심심한 감사의 말씀을 올린다.

이 책은 좋은 정부론의 완성본이 결코 아니다. 정부에 관한 가치논쟁을 촉발코자 하는 의도가 더 크다는 점에서 오히려 실험적 시도본이라고 하는 것이 더 맞다. 이어지는 좋은 정부 논쟁의 질과 양이 적절히 매듭지어질 때마다 다양한 학자군들에 의해 단행본으로 출판되길 기대해 본다.

2012년 1월
한국외국어대학교 교수
한선재단 정책위원회 위원
황성돈

목 차

제1부

좋은 정부란 무엇인가?

제1장

창조적·자율적 정부

최창현[*]

I. 서론

20세기 후반부터 급변하는 국제환경과 국가 내부의 환경에 따라 여기에 적응하기 위한 세계 여러 국가들의 노력이 더욱 활발해지고 있다. 각국은 국가 내적으로 다양한 행정에 대한 수요와 효율적인 정부를 원하는 국민들의 요구에 반응하기 위해서 또한 국가 외적으로는 무한 경쟁의 국제사회에서 국가가 살아남기 위한 경쟁력을 갖추기 위해서 다양한 방법과 방향을 가지고 정부개혁 혹은 정부혁신을 시도하고 있다.

우리나라 역시 예외가 아니어서 1987년 외환위기 이후 경제위기를 극복하는 과정에서 신자유주의 이념에 기초한 신공공관리적 행정개

[*] 관동대학교 행정학과.

혁이 적극적으로 시도되었다(한종희, 2005). 특히 여기에는 정부규모 및 역할의 축소, 성과관리 및 평가, 경쟁을 통한 효율성과 정부의 질 제고 등이 정부개혁의 주요 내용으로 포함되어 있다.

하지만 이와 같은 노력은 매번 조직 및 인력감축, 통폐합 등의 인위적인 하드웨어의 변화에 초점이 맞추어져 왔으며 불행하게도 그 결과는 성공적이라는 평가를 받지 못해 왔다. 개혁 혹은 혁신에 있어서 반복되는 실패는 '좋은 정부(good government)' 혹은 '더 나은 정부(the better government)'에 대한 깊이 있는 고민과 이론적 혹은 철학적 성찰은 간과한 채 겉으로 드러난 제도변화에 초점이 맞추어 진행된 결과라고 할 수 있다. 이와 같은 한계를 극복하기 위해서는 '좋은 정부'에 대한 깊이 있는 이론적 고민이 필요하다. 그 첫 번째 단계로서 본 논문은 '좋은 정부'에 대한 다양한 논의를 정리하고자 한다.

정부에 대한 논의는 사회과학에서 오랫동안 연구 관심이 되어 온 주제 중의 하나이다. 정부는 무엇이며, 왜 생기는 것인가? 정부의 목적과 역할은 무엇이고, 누가 정부를 이끌어 가는가? 이러한 질문들이 정부를 연구하는 데 있어서 주요 연구 질문들이 되어 왔다. 여기서 논의되는 내용은 과거의 정부에 대한 주요 질문 중 하나인 '정부는 왜 생기는 것'이며 '그것의 역할은 무엇인가'에 대한 서로 다른 주장을 검토하고 이를 바탕으로 '좋은 정부'가 갖추어야 할 조건을 제시하는 것을 목적으로 한다.

이를 통해 과거 정권이 바뀌면 관례처럼 시도해 왔던 보여 주기 식의 개혁이나 구조나 제도 등과 같이 하드웨어에 초점을 맞춘 개혁의 타당성과 개혁의 효과가 지속가능하기 위해서 갖추어져야 할 '좋은 정부'의 주요 내용을 정부에 관한 이론적 논의를 통해 도출하고자 한다. 이와 같은 '좋은 정부'에 관한 이론적 논의는 향후 더 좋은 정부를 향한 노력의 지향점과 방향을 제시하는 역할을 할 수 있을 것이다.

본 논문은 다음과 같이 구성된다. 서론에 이어 두 번째 장에서는 '좋은 정부'의 의미에 대한 다양한 시각을 소개하고 그러한 시각들이 시사하는 바가 무엇인지를 도출한다. 세 번째 장에서는 좋은 정부를 위한 노력의 일환으로서 최근 전 세계적으로 이루어졌던 정부개혁의 주요 내용을 다룬다. 정부개혁은 '좋은 정부'를 위한 노력이라는 점에서 그 주요 내용을 살펴보는 것은 '좋은 정부'를 위한 노력이 어떻게 이루어져 왔는지를 파악할 수 있게 해 줄 것이다. 4장에서는 2장과 3장의 논의를 바탕으로 '좋은 정부'가 갖추어야 할 조건을 도출한다. 5장에서는 최근 불확실성과 복잡성이 증가하는 환경 속에서 '좋은 정부'에 대한 새로운 시각으로서 복잡계적 정부시각을 소개하고 이를 통해 기존의 시각에 더하여 복잡계적 시각에서 제시되는 좋은 정부를 검토한다. 마지막 6장은 결론과 정책적 함의를 제시한다.

II. '좋은 정부(good government)'의 의미에 대한 다양한 시각

사회에서 개인에게 주어지는 자유는 하나의 독약과 같다. 이러한 독약은 어떤 사람에게 독이 되기도 하지만 다른 사람에게는 해독제가 될 수 있다. 이와 같이 사회에서 개인에게 주어지는 자유는 매우 근본적이고 중요한 요소이지만 그것은 자신들이 좋아하는 무엇이든 할 수 있는 면허를 부여하는 것은 아니다. 자유가 다른 사람에게 치명적인 독약이 되지 않기 위해서 행위의 규칙을 만들고 이를 강제할 필요가 있다. 이것이 곧 자유를 지키는 방법이다. 따라서 정부는 그것 자체로 필요한 것은 아니지만 혼란을 발생시키지 않고 높은 수준의 개인적 자유를 허용하도록 하는 장치라는 점에서 독을 정화하는 역할을 하는 안전장치이다. 이는 곧 정부가 사회를 구성하는 개인들의 자유를 지켜 주는 역할을 하기 위해 나타난 것으로 인식하며, 정부 자체의 중요성보다는 개인들이 가지는 자유의 중요성을 더욱 강조하는 것이다. Apter(1968)는 정당한 권위를 행사하고 결정을 행하는 것에 의해 공동체를 보호하고 그것에 적응하는 개인들의 집단을 국가로 정의한다. 또한 이러한 정부를 설명하는 두 가지의 이론적 시각을 제시하고 있는데 하나는 기계론(mechanistic theory)에 입각한 시각이며, 다른 하나는 유기체론(organic theory)에 근거한 시각이다.

1. 정부에 대한 기계론적 시각

기계론에 입각한 정부에 대한 설명에 의하면 사회는 경쟁적이고 상호 작용하는 이익들로 구성되며, 이러한 경쟁적인 이익들은 갈등을 발생시키게 된다. 따라서 정부는 이러한 갈등을 완화시키고 해결하는 것을 주요 기능으로 한다(Apter, 1968). 이는 정부를, 갈등으로 야기된 긴장의 최고조에서 이에 대한 조정기제로서 인식하고 있으며, 갈등이 있을 때에만 역할을 하게 되는 소극적인 정부의 역할을 암시하고 있다. 이렇게 집단 간의 갈등에 대한 중재자로서의 정부역할을 수용하는 입장은 개인의 자유를 최우선시하게 된다. 즉, 초점은 개인에 있으며 개인 간의 자유로운 행동과 경쟁이 공동체를 구성하는 원리인 것이다. 다만 이러한 자유와 경쟁 속에서 발생되는 개인 혹은 집단 간의 갈등을 해결하고 개인적 자유가 침해되지 않도록 질서를 유지해야 할 대표성을 가진 무엇인가가 필요하게 된다. 이것이 바로 정부가 해야 할 역할이다. 따라서 정부는 시민으로부터 갈등해결의 중재자와 질서유지자로서의 역할을 위임받는 것이고 동의에 의해서 대표성을 인정받게 된다. 여기에 정부가 가지고 있는 정당성과 그 한계가 존재하는 것이다.

이러한 시각은 서구 민주주의 정부에 가장 잘 반영되어 있으며, 과거로 거슬러 올라가면 Locke, Rousseau 그리고 Hume 등과 같은 정치사상가들이 가지고 있었던 정부에 대한 생각에서 찾아볼 수 있다. 특히 자연법에 근거한 사유재산권과 제한된 정부를 강조했던 Locke의 자유주의 사상은 이와 같은 정부에 대한 기계론적 시각을 상당 부분 반영하고 있다. Locke의 정부에 대한 논의의 출발점은 "정부는 왜 존재하는가?"라는 질문으로부터 시작한다(Cranston, 1966). 그는 국가가 생기기 이전 모든 사람들의 자유와 사적인 소유권이 보장된 상태를 '자연상태'라고 정의하였다. 이러한 자연상태에서 개인은 사적인 재산권을 가질 수 있으며 그것은 타인으로부터 침해될 수 없는 자연권으로서 보호되어야 할 것임을 강조하고 있다.

이상과 같이 기계론에 입각한 정부에 대한 설명은 정부의 역할이 매우 제한적이며 소극적임을 강조하게 된다. 즉, 개인의 자유와 개인들 간의 경쟁을 강조하게 되고 이러한 자유와 경쟁 속에서 사회가 운영되어질 때 가장 이상적이 된다. 또한 Locke가 지적한 노동을 통한 소유권의 획득은 자본주의적 경제체제에 대한 지지를 암시하고 있다. 따라서 정부는 개인의 자유와 경쟁을 보장하고 노동이 이루어질 수 있는 환경을 조성해 주는 역할을 할 때, 그리고 개인의 자유를 지나치게 강조함으로써 나타나는 타인에 대한 자유나 권리의 침해 가능성과 그 결과 여러 가지 갈등상황에 대해서 이를 조정하고 해결해 줄 필요가 있을 때에 한하여 조정자로서 정부가 개입하는 것이 정당화될 수 있다. 즉, 정부의 사회에 대한 최소한의 개입과 활동이 가장 좋은 정부가 되기 위한 조건인 것이다. 이와 함께 기계론적인 시각에서는 Locke의 지적처럼 정부의 자의적인 권한의 행사를 방지하기 위해서 누구에게나 불편부당하게 적용될 수 있는 법률에 의한 통치가 이루어지는 정부를 원하게 된다.

2. 정부에 대한 유기체론적 시각

반면 유기체론에 입각한 정부론은 정부의 역할을 강조하게 된다. 이와 같은 시각에 의하면 정부는 사회를 더욱 나은 방향으로 이끌어가는 도구로서 간주된다. 또한 개인의 역할보다 공동체의 역할을 더욱 중요시하게 된다. 이는 인간을 더욱 완성적으로 만드는 도구로서의 공동체를 의미하게 된다. 따라서 유기체적 입장에서는 개인의 자유나 권리보다 그것을 초월하는 '공공(public)'의 의미를 강조하게 되며 이와 같은 공동체를 더욱더 나은 방향으로 이끌어 나가는 것이 정부가 해야 할 가장 중요한 역할로서 간주된다. 따라서 정부는 사회를 변화시키는 원동력이며, 사회의 많은 것이 정부에 의해서 결정된다. 또한 권한이 집중되어 있는 집권적인 구조와 개인보다 공동체 혹은 사회를 우선시하는 전체주의적인 경향을 보일 수도 있다. 이러한 시각은 혁명적인 변혁과 발전을 위해 정부의 역할을 강조하는 발전도상국들에게 정부의 행위를 정당화시키는 근거로서 적용될 수 있다

(Apter, 1968). 이러한 시각의 사상적 기초를 살펴보면 Plato나 Aristotle
의 정부에 대한 시각이 많이 반영되어 있다는 것을 알 수 있다.

Plato와 Aristotle은 공통적으로 공동체의 중요성을 강조하였다.
Plato는 국가의 목적을 전체 국가의 행복을 최대한으로 만드는 것에
있다고 하였다. Aristotle는 각 국가들은 일종의 공동체이며 이러한 공
동체는 어떤 선(some good)을 위해서 형성된다고 한다. 또한 그는 모
든 공동체가 선을 목표로 한다면 모든 공동체의 가장 높은 곳에 위치
하고 다른 것들을 포괄하는 정부 혹은 정치공동체 최고차원의 선을
목표로 한다고 주장한다(Jowett, 1943). 이는 모두 개인이 아닌 공동체
로서의 정부 전체의 중요성을 강조하는 것이다. 따라서 이러한 시각
에서 정부는 단순히 갈등의 중재자 혹은 해결사로서의 역할이 아닌
그 이상으로서 간주된다. 또한 정부는 정치공동체의 구성원들에게 더
욱 향상되고, 고귀하며, 문명화된 삶을 만들 수 있도록 도움을 주어야
한다(Ketcham, 1985). 따라서 여기서는 개인보다 '공공(public)'의 중요
성이 더욱 강조되어야 하며, 좋은 사회를 위해서는 전체의 일반적인
목표를 위해 노력해야 하고, 국가 전체의 협력과 조화가 필수적이다.
이러한 국가의 목적을 달성하기 위해서 정부의 역할과 질이 근본적
으로 강화되어야 한다. 이는 좋은 정부라는 것이 국가 전체의 행복과
선이라는 공동 목적을 달성하기 위해서 국민들을 이끌어 나갈 수 있
는 역량을 갖춘 정부를 의미하는 것이다.

Plato와 Aristotle의 사상으로 대표되는 정부에 대한 유기체적 시각
은 보다 강력한 정부의 역할을 요구하고 있다. 즉, 자유를 중시하고
개인에 초점을 맞추는 기계론적인 시각과 달리 개인보다 전체를 중
요시하고 '공공(public)'의 중요성을 부각시킴으로써 정부로 하여금

사회가 더욱 바람직한 방향으로 나아가도록 주도적인 역할을 할 것을 주장하고 있다. 따라서 정부는 이와 같은 역할을 하기 위한 역량을 길러야 하고, 정부의 더욱 강한 역할에 따른 자의적인 통치를 방지하기 위해서 법에 의한 통치를 주장하고 있으며, 소수의 특정 계층이나 집단 혹은 개인의 이익이 아닌 공공의 이익을 추구하기 위해 부패의 방지를 강조하고 있다. 이와 함께 국가의 구성원들이 시민으로서 국가의 일에 적극적으로 참여함으로써 전체로서의 공동체가 바람직한 방향으로 개선될 것을 요구하고 있기 때문에 정부는 이러한 시민들의 참여를 보장하고 활성화시킬 수 있도록 해야 한다. 이러한 요구를 정부가 잘 충족시킬 때 그 정부는 좋은 정부라 할 수 있을 것이다.

위에서 살펴본 정부에 대한 두 가지 이론적 시각으로부터 정부의 역할과 좋은 정부의 의미가 상이하다는 점을 알 수 있다. 먼저 두 이론적 시각의 차이점과 공통점을 살펴보면 Locke의 사상적 기반을 중심으로 한 기계론적 정부론에서의 가장 좋은 정부는 최소한의 정부이다. 좋은 정부는 정부의 수동적이고 소극적인 정부역할과 사회에 대한 최소한의 정부개입을 그 내용으로 하고, 개인들의 자유로운 경제활동과 불가침의 권리로서 재산권에 대한 보장을 핵심으로 하고 있다. 이와 같은 상황에서 정부의 역할 및 개입은 제약될 수밖에 없다.

유기체적 정부론에서의 좋은 정부는 공공의 이익을 추구하는 정부이며 이를 위해 사회를 주도적으로 이끌어 나가는 정부의 역량을 강조하게 된다. 또한 소수의 이익을 추구하는 것에 반대하고 이의 결과로서 나타나는 각종 부패를 방지하는 것과 시민참여 여건을 조성하는 것이 좋은 정부를 위한 요건이 된다.

반면, 기계론적 시각과 유기체론적 시각 모두 공통적으로 '법에 의한 지배(rule of law)'를 강조하고 있다. 최소한의 정부 역할을 요구하는 기계론적 시각에서는 정부의 조정자의 역할과 권리침해에 대한 처벌권을 개인들로부터 위임받았으며, 이를 성문화시킨 법에 근거하여 권한을 행사해야 한다는 것을 주장한다. 따라서 이는 정부 권한 행사의 정당성임과 동시에 한계로서의 역할을 한다. 이에 반해 유기체적 입장에서는 정부의 강력한 역할을 강조하는 반면 이와 같이 강력한 권한을 행사하는 정부에 대한 견제장치로서 법에 의한 지배를 강조한다. 따라서 법에 의한 통치는 양 이론 모두에게서 좋은 정부가 되기 위한 공통적인 조건이 된다고 할 수 있다.

Ⅲ. '좋은 정부'를 위한 노력으로서 정부개혁의 흐름

앞서 제시되었던 좋은 정부에 대한 두 가지 시각들을 기초로 세계적인 정부개혁의 흐름을 살펴보면 크게 정부역할의 강조에 따른 큰 정부로의 개혁과 정부역할의 축소와 작은 정부로의 개혁으로 나누어 볼 수 있다. 전후 신생독립국을 중심으로 국가 발전전략의 효율적인 달성을 위한 정부의 역할이 강조되었으며, 미소 양 강대국들의 냉전 체제라는 국제적인 정치적 환경 속에서 미국을 비롯한 선진국들은 민주주의의 확산이라는 정치적인 목적을 위해 후진국들에게 정부의 역량 강화를 위한 지원을 아끼지 않았다. 따라서 이 시기의 신생독립국을 비롯한 후진국들은 정부의 역할에 매우 많이 의존을 하였으며 그만큼 발전전략의 수행자이자 문제해결자인 정부의 역량은 매우 중요하게 인식되었다. 따라서 정부개혁 역시 이를 위해 관료제화된 정부의 조직구조와 엘리트들의 역량 강화가 주요 내용이 되었다. 이와 같은 정부의 확대된 역할과 정부중심의 발전전략의 수행은 그로 하여금 강력한 통제 혹은 규제를 기반으로 한 정부 행위를 정당화시켰다. 이와 함께 서구 자본주의 국가들을 중심으로 한 복지국가의 발전 역시 정부역할의 확대를 가져온 계기가 되었다.

반면, 이러한 발전국가 혹은 복지국가를 위한 정부역할의 확장과 정부역량의 강화에 초점을 둔 정부개혁의 방향은 1980년대에 들어오면서 차츰 그 변화를 가져오게 되었다. 특히 이는 복지국가의 위기와 함께 선진 OECD 국가들을 중심으로 강하고 비대해진 정부의 비민주성과 비효율성에 대한 반응으로 나타났다. 따라서 과거 강조되었던 확장된 정부역할과 이에 따른 큰 정부에 대한 수용은 점점 작은 정부로의 변화를 강조하게 되었으며 이러한 현상은 신자유주의 혹은 보수주의 이념에 기초한 정부개혁으로 이어졌다. 이와 같은 정부개혁의 방향은 1990년대 들어 더욱 강하게 나타났으며, 권위주의 정권이 붕괴되고 민주화의 경험에 이어 그 이후 경제위기를 경험한 국가들에서 이와 같은 정부개혁의 흐름에 동참함으로써 전 세계적으로 확산되었다. 또한 '신공공관리'라는 이론적 근거를 기초로 하여 정부의 축소, 경쟁을 통한 시장화, 민영화, 규제 완화 등을 강조하고 있다. 이는 곧 과거 일반적으로 수용되었던 좋은 정부 혹은 정부역할에 대한 근본적인 인식의 변화가 수반된 것이었다.

한편 80년대를 거쳐 그 이후 전 세계적인 유행처럼 번졌던 신자유주의적인 정부개혁의 노력은 앞서 살펴보았던 Locke의 정부론으로 대표되는 기계론적 정부론에서 주장한 정부의 역할과 좋은 정부의 핵심내용을 주로 포함하고 있다. 즉, Locke의 정부론에서 정부가 해야 할 가장 중요한 역할은 개인의 재산과 자유로운 경제활동을 보호하는 것이며, 이것을 최선의 목표로 삼아야 한다. 또한 사유재산을 획득하기 위한 개인들의 자율적인 경제활동을 보장해야 하며, 그 이외의 어떠한 정부의 활동이나 개입은 바람직하지 않은 것이다. 따라서 Locke의 정부론은 최소한의 정부개입과 함께 시장에서의 경쟁을 통한 사유재산제도의 보장과 개인의 자유를 보장하는 것을 정부의 역할 혹은 좋은 정부의 핵심내용으로 주장한다. 이는 80년대 이후 전개된 정부개혁의 주요 내용이 민영화와 시장화, 정부규제의 축소 등 자율성과 정부개입의 최소화, 그리고 시장원리에 따른 경쟁의 강조 등을 포함한다는 점에서 Locke의 정부론에서 주장한 정부역할의 내용과 일치한다. 이와 같은 점으로 미루어 정부개혁의 주요한 흐름이 되고 있는 신자유주의적 정부개혁은 이렇게 Locke로 대변되는 고전적인 자유주의와 그에 따른 정부역할과의 연관성을 명확하게 나타내고 있다(김성우, 2001).

그러나 이러한 작은 정부에 대한 강조와 민영화·시장화 등 경쟁을 통한 시장원리만을 강조하는 신자유주의적인 정부개혁의 문제점을 지적하며 정부의 공정성과 부패의 척결 등을 강조하는 정부의 책임성(accountability) 역시 시장중심적인 정부개혁과 함께 균형적으로 추구되어야 할 정부개혁의 주요 내용으로 대두되었다. 여기서의 주장의 핵심은 정부의 공정성과 형평성, 그리고 부패방지의 문제이다. 이러한 주장 속에는 기계론적 정부론과 대비되면서 Plato나 Aristotle의 정부론으로 대표되는 유기체적 정부론에서 주장하는 정부역할에 대한 의미가 일부 포함되어 있다. 즉, '공공(public)'을 강조하면서 정부는 주도적으로 그것을 형성해 나가고 더욱 나은 방향으로 이끌어 나가야 할 책임을 가진다. 이러한 주장에는 개인들의 자율성보다는 공공에 대한 중요성이 더욱 강조되며 여기에 각각의 개인들의 자율성은 제약받을 수 있다는 점을 시사한다. 여기서 강조되는 내용은 시민들의 참여와 정부의 부패방지, 그리고 공공의 발전을 위한 정부역량의 강화 등을 들 수 있다. Lane(1997)은 경제적 효율성을 강조하는 것 못지않게 정부의 책임성에 대한 강조 역시 중요한 정부개혁의 내용으로 제시하고 있다. 이는 작은 정부를 주장하는 최근의 정부개혁과 상충되는 것 같지만 정부개혁의 큰 흐름 속에 정부의 사회적 불평등 해소와 사적이익에 대한 과도한 추구로 나타나는 각종 부패문제 등을 해결하기 위한 정부의 역할은 꾸준히 강조되고 있다는 점에서 그 의미를 갖는다. 이와 같이 80년대 이후 신자유주의적 정부개혁의 흐름은 90년대에도 지속되거나 더욱 강화·확산되어 가는 경향을 띠고 있지만, 동시에 정부의 공정성과 형평성, 부패 문제에 대한 역할을 중시하는 책임성 역시 강조되고 있다.

그러나 1980년대와 90년대를 걸쳐 맹위를 떨쳤던 신자유주의는 2000년대 이후 오히려 전 세계적인 금융위기를 겪으면서 오히려 그 주장이 위축되어 간 반면 정부역할에 대한 중요성이 재차 강조되어 가는 경향을 나타내고 있다. 특히 정부의 시장에 대한 관리능력과 책임성은 최근 정부의 역할에서 매우 중요한 요소로서 간주되고 있다. 궁극적으로 '좋은 정부' 혹은 '더욱 나은 정부'를 위한 최근의 정부개혁은 민영화, 시장화, 탈규제 등을 강조하는 작은 정부로의 노력과 부패, 공정성과 형평성 등을 강조하는 정부 책임성 모두를 포함하면서 진행되고 있다.[1)]

이는 과거 신자유주의의 이념 하에 민간부문이 정부를 대체하려고 했던 1980, 90년대의 정부개혁의 흐름과는 차이가 있다. 즉, 어느 하나가 다른 하나를 대체하는 것이 아닌 서로 간의 공존을 전제로 하고 있기 때문이다. 따라서 향후 정부개혁 역시 기존의 정부의 효율성과 민간부문을 강조했던 특징이 사라지기보다는 그것을 활성화시키기 위한 정부의 역할이 더욱 강조되고 있는 것이다.

Ⅳ. 좋은 정부가 갖추어야 할 조건

위의 논의를 기초로 전 세계적으로 유행처럼 번져 왔던 '좋은 정부'를 위해 충족되어야 할 주요 내용과 향후 방향을 살펴보면 다음과 같다.

1. 경제적 효율성

가장 먼저 제시되는 것은 경제적 효율성으로 이는 비례성(proportionality)의 원리가 적용된다. 정부개혁의 주요한 개념적 내용 중의 하나는 효율성, 특히 경제적 효율성이다. Lane(1997)은 경제적 효율성을 정부의 비용과 편익 사이의 '비례성(proportionality)'으로 표현하고 있다. 이는 과거 정부재정에 있어서 지출과 수입 간의 불균형 문제에

---

1) "글로벌 금융위기가 몰아치는 가운데 전 세계 금융시스템은 물론 경제 전체가 대변혁기를 맞고 있다. 금융회사들은 부실을 떨어내는 과정에서 소유권이 사실상 국가로 넘어가고 있다. 각국 정부는 금융회사에 대한 감독을 강화할 태세다. (중략) 그러나 그동안 규제 완화와 자유시장주의로 대변되는 미국 경제의 핵심적인 가치들이 일시에 새롭게 대체되기보다는 상호 보완 과정을 거치는 것이 필요한 것으로 지적된다. 국가 위상도 변경될 수 있는 대변혁기다(매일경제, 2009. 3. 23.)." 본 기사를 통해 자유시장을 강조해 왔던 신자유주의의 정책지향이 다소 위축되는 최근의 현상을 알 수 있다. 반면 기존 비효율과 경제적 위기의 원인으로 지목되었던 정부의 역할이 다시 부각되는 시점이다. 그러나 이러한 현상은 자유시장을 정부가 대체하는 것이 아닌 공존하는 개념으로 바라보아야 할 것이다. 따라서 '좋은 정부' 역시 자유시장과 민간부문을 강조하는 특징과 정부의 역할이 강화되는 특징을 동시에 추구해야 할 필요가 있을 것이다.

직면했던 선진 자본주의 국가들을 중심으로 강조되었기 때문이다. 한편 효율성은 정부의 재정문제뿐 아니라 서비스 전달에 대한 정부 혹은 정부 관료와 시민 간의 관계에 있어서도 '최소의 세금으로 최대의 서비스'를 받도록 하는 것을 강조하고 있다. 이와 같은 의미에서 이는 신자유주의 정부개혁의 가장 핵심적인 개념적 내용이라고 할 수 있다. 경제적 효율성에 포함되는 정부개혁의 구체적인 내용으로는 대표적으로 Lane이 제시한 DPM, 즉 정부의 간섭을 최소화하는 규제완화(deregulation), 민영화(privatization), 시장화(marketization)를 비롯하여 정부축소(down-sizing) 등이 있다.

2. 분권화

다음으로 논의될 수 있는 것은 분권화로서, 이는 정부의 복잡성을 관리하기 위한 중요한 전략이 될 수 있다(Lane, 1997). 또한 정부의 반응성과 책임성을 더욱 강화하기 위한 방법으로 사용된다. Toffler는 그의 책 『Anticipatory Democracy』에서 "현대사회에서 복잡성 및 불확실성의 증가는 더욱 빠른 의사결정을 요구하게 된다"고 주장하며, 이를 위한 두 가지의 방법을 제시했는데 하나는 전문가, 관료, 정치인 등을 추가시켜서 정부의 중심부를 더욱 강화시키도록 하는 것이며, 다른 하나는 과도한 부담을 가지고 있는 중앙에 결정을 집중시키는 대신 결정을 하부 혹은 주변부로 내려 보내는 것이라고 한다(Osborn and Gaebler, 1993). 전통적인 정부 관료제 하에서는 전자를 선택하였으나 최근 이루어지고 있는 정부개혁을 통해 효율성을 추구하는 정부는 후자를 선택하게 된다. 권한이 중앙에 집중화된 기존의 정부관료제 하에서는 사회적 문제나 요구들에 대한 신속하고 적절한 대응이 곤란해진다. 따라서 정부관료제에서 나타나는 많은 병리현상들은 이러한 권한의 집중화에 기인하기 때문에 이를 해결하기 위한 방안은 집중되어 있는 권한을 분산시키는 분권화이다(Kaufman, 2001). 분권화는 두 가지의 유형으로 나누어질 수 있는데 하나는 정부 조직 내부의 관리적 분권화와 다른 하나는 정부 간 관계에 해당되는 분권화이다. 후자는 중앙정부에 집중되어 있는 권한을 하위정부(지방정부)에 대폭 위임(devolution)하는 것을 그 내용으로 한다. Nolan(2001)은 나라마다 분권화의 경향은 그 범위나 강도 그리고 방법에 있어서 매우 다르게 나타난다는 점을 지적하며 뉴질랜드로 대표되는 전자에 해당되는 분권화는 지방정부에 대해서 호의적이지 않은 반면, 많은 유럽 국가들의 경우 중앙정부에 대한 복지국가 압력을 감소시키기 위한 수단으로서 하위정부 수준에서의 분권화를 강조하는 방향으로 진행되어 왔다. 특히 중앙정부와 하위정부 간의 권한위임을 의미하는 분권화는 권위(authority) 혹은 권력(power)의 재분배를 의미하는 것이기 때문에 나라마다 매우 복잡한 경향을 나타내게 된다. 일부 국가에서의 분권화 노력은 하위정부에 정치적 권위와 재정적 자율성을 실질적으로 이양하는 반면 다른 국가에서는 분권화가 지역 수준에서 선거를 통해 선출된 의회의 구성을 내용으로 하지만 정치적 권위와 자율성의 이양은 전자보다 완화된 방향으로 분권화의 노력이 이루어지고 있다. 또한 분권화를 중요한 권위나 자율성의 위임 없이 단순히 지역에 행정기관을 설립하는 것을 의미하는 나라들도 있다(Suleiman, 2003). 이러한 이유로 분권화 노력은 단순히 경제적인 효율성 제고를 위한 방법으로 제시되기보다 정치적인 고려에 의해서 행해지기도 한다. 본 논문에서는 정부조직 내부에서 이루어지는 관리적인 분권화보다 중앙정부의 권위를 하위수준의 정부에 이양하고 그것의 자율성을 확대하는 것을 내용으로 하는 분권화에 초점을 맞추어 분석한다. 이는 후자의 분권화가 행정서비스의 고객인 시민들에 더욱 가까이 다가가는 '근린(neighborhood) 정부(박종민, 1998)'를 통해서 효율성을 제고할 뿐 아니라 권위 혹은 권력의 재분배를 통한 정치적 효과까지 포함하고 있다는 점에서 분권화에 대한 더욱 포괄적인 분석이 가능하다는 판단 때문이다.

3. 책임성

책임성에서는 Rothstein과 Teorell(2005)이 제시한 불편부당성(impartialIty)의 개념이 강조된다. 여기서 불편부당성이란 정책과 법을 집행할 때 관료들은 사전에 정책과 법에 명기되지 않은 어떠한 것도 고려해서는 안 된다는 것이다(Rothstein and Teorell, 2005). 이는 곧 공정성의 개념과도 밀접한 관련성이 있다.

80년대부터 나타나기 시작한 신자유주의적 정부개혁은 주로 정부의 효율성을 제고하기 위하여 시장원리를 바탕으로 한 민영화, 규제완화 그리고 경쟁 등과 같은 내용에 초점이 맞추어 왔다. 그러나 이와 같은 정부개혁의 방향이 지나치게 정부의 활동을 경제적 논리에 초점을 맞추어 운영하려 한다는 비판과 함께 이에 반응으로 정부개혁은 정부의 경제적 효율성 제고와 함께 책임성도 함께 강조되어야 한다는 주장이 주목을 받게 되었다. 즉, 시장 중심적인 정부개혁은 정부의 책임성 부재를 유발시키며 이로 인한 사회적 불평등과 각종 부패문제가 심화된다는 것이다. 이와 같은 정부의 책임성 문제는 전통적인 행정에 있어서 매우 중요한 가치로 인식되었으며, 현재에도 좋은 정부를 위한 중요한 원칙으로 작용하고 있다(류춘호, 2003). 책임 있는 정부는 그들의 행위에 대해 일정한 의무를 가지는 것을 의미하며 국민의 요구에 신속히 반응하고 정부행위의 공정성과 예측가능성을 높임으로서 국민의 신뢰를 제고하는 것이다(Gregory, 1999; Romzek, 2000; Roberts, 2002; 박호숙, 1990). 이러한 정부의 책임성은 불편부당성(impartiality)과 인간의 권리에 대한 동등한 보호로 대표될 수 있다(Lane, 1997). 전자는 정부행위의 과정에서 어느 쪽에도 치우치지 않는 공정성을 의미하는 것이며, 후자는 민주주의 국가의 정부에서 개인의 권리에 대한 보장, 특히 사회적 소수자들에 대한 동등한 권리보장을 강조한다.

책임성의 목표는 세 가지의 측면으로 볼 수 있는데 그것은 첫째, 공적권위의 남용이나 오용에 대한 통제, 둘째, 법과 공공서비스의 가치를 준수하는 것, 그리고 마지막으로 거버넌스와 공공관리에 있어서의 계속적인 개선이다(Aucoin and Heintzman, 2000). 이와 같은 목적에서 알 수 있듯이 정부의 책임성에는 정부가 얼마나 법에 의해 혹은 법을 준수하며 행동하는가를 의미하는 법의 지배와 부패를 방지를 통한 정부의 투명성 확보가 가장 대표적인 내용이 될 수 있다(Lane, 1997; Wolf, 2000).

법에 의한 통치를 확립하는 것은 선후진국을 막론하고 매우 중요한 국가 운영의 원리 중의 하나이다. 또한 정부 특히 좋은 정부에 대한 대조적인 시각을 가지고 있던 Locke, Aristotle, Plato 등의 철학자들역시 공통적으로 정부의 법에 의한 통치의 중요성을 강조하였다. 이는 정부운영에 있어서 법의 지배의 원칙이 시간과 공간, 그리고 다양한 사상적 기반을 초월하여 가장 기본적으로 지켜져야 할 원리임을 시사한다. 또한 법이 지배하는 정부를 위한 노력은 정치적 민주주의와 시장경제를 이루기 위한 밑거름이 되며, 자유로운 경쟁을 핵심으로 하는 시장중심적인 정부개혁을 성공적으로 이루기 위한 전제가 된다. 특히 경제적 세계화 시대의 도래와 함께 세계 각국의 개혁을 지향하는 정부들은 투명성과 책임성 그리고 안정성을 확보하기 위하여 법에 의한 지배의 원리를 더욱 강화하고 있으며, 이를 통해 범죄와 부패의 감소효과를 가져올 수 있다(Carothers, 1998).

O'Donnell(2004)은 민주적 법의 지배는 정치적 권리와 시민적 자유뿐 아니라 국가권력의 남용 가능성 및 모든 시민들의 정치적 평등성을 보장하는 정부의 책임성을 제고시킨다는 점을 강조한다. 하지만 이와 같은 법의 지배는 그 개념상의 모호성으로 인해 명확하게 정의되기가 매우 어렵지만 법학이나 정치학자들을 중심으로 이를 위한 노력들이 이루어지고 있다. 법의 지배에 관한 가장 근대적인 의미를 제시한 Dicey(1952)는 그것을 세 가지로 나누어 설명하고 있다. 첫째, 법의 지배는 자의적인 권력의 행사에 반대하는 공식적인 법의 절대적 우위를 의미한다. 또한 정부의 자의성과 특권 그리고 광범위한 재량적 권위를 배제하는 것을 내용으로 한다. Hutchinson과 Monahan(1987)은 법의 지배의 핵심은 개인을 구속하고 규제하는 것에 있어서 그것을 행하는 주체가 사람이 아닌 법에 의해야 한다는 점을 강조한다. 이러한 주장 역시 법의 절대적 우위를 강조하는 것이다. 둘째, 법의 지배는 법 앞의 평등을 의미한다. 즉, 모든 시민들은 계층이나 지위에 상관없이 일반법원에 의해 집행되는 정규법에 의해 구속되어야 한다

는 것이다. Weingast(1997) 역시 "모든 시민에게 불편부당하게 적용되는 안정적인 정치적 규칙과 권리들의 집합"으로 법의 지배를 정의하고 있다. 이는 법의 지배가 "법 앞의 평등" 원리를 구체화시키는 것이라는 것을 의미하며, 또한 여기에는 필연적으로 "공정성(fairness)"의 개념이 수반된다(O'Donnell, 2004). 마지막으로 법의 지배에 담겨져 있는 의미는 헌법(law of the constitution)은 법원에 의해서 정의되고 집행되는 개인 권리의 근원이 아닌 결과라는 것이다. 즉, 개인의 권리는 특정한 사례에서 사적인 권리를 결정하는 법원판결의 결과이기 때문에 이러한 개인의 권리를 포함하는 헌법적 원리는 그것을 발생시키는 것이 아니라 그것을 보장함으로써 발생되는 것이다. 이와 같은 Dicey가 세 가지의 의미를 통해서 법의 지배의 개념 속에는 '법률우위', '법 앞의 평등' 혹은 '법 적용의 공정성' 그리고 '개인 권리 보장의 결과물'이라는 내용이 포함되어 있음을 알 수 있다. 한편 Rose(2004)는 법의 지배에 대한 이론적 개념을 정립하기 위한 다양한 학자들의 노력을 정리하면서 그것의 개념적 범위를 두 가지의 범주로 나누어 설명하고 있다. 즉, 법의 지배를 바라보는 시각은 협의와 광의로 나누어질 수 있으며 전자는 그것을 가치가 배제된 절차 중심적(procedure-oriented)인 것으로 한정하여 이해해야 한다고 주장하는 반면 후자는 절차 중심적인 것과 함께 내용 중심적(content-oriented)인 것까지 고려해야 한다는 것이다. 전자를 주장하는 학자들은 법의 지배는 자의적인 정부행위를 방지하고 개인적 권리를 보호하는 것에 초점을 두면서 본질적으로 절차적인 측면을 강조한다. 법의 지배에 대한 이와 같은 개념은 그것의 도덕적 가치를 배제한 채 절차 중심적 혹은 공식적 측면만을 강조함으로써 매우 제한적으로 이해하는 것이다. 많은 법철학자나 정치이

론가들은 이와 같은 좁은 의미의 법의 지배 개념을 지지하고 있다
(Fuller, 1969; Raz, 1979; Scalia, 1989; Summers, 1993; Posner, 2003). 특
히 Fuller(1969)는 일반적 규칙을 형성하고 그것을 적용하는 데 있어
서 절차적인 공정성을 기하기 위한 체제의 필요성을 강조하였다. 또
한 Raz(1979)는 전통적인 법학과 정치학에서 법의 지배를 너무 과장
해 왔다고 지적하며, 그것이 민주주의나 개인의 권리, 정의 그리고 평
등과 같은 개념들과 혼동되거나 연결되어서는 안 된다고 주장한다.
따라서 법의 지배에 대한 그의 견해에 따르면 그것은 단지 자의적 권
력의 발생을 최소화해 주는 것일 뿐 다른 사회적 가치들이 모두 그것
에 의해서 제공되는 것이 아니며, 법의 지배가 곧 '좋은 법의 지배
(Rule of Good Law)'는 아닌 것이다. 법의 지배에 대한 이러한 협의의
개념은 권한 있는 기관에서 제정된 법이 모든 것에 우선하며 그것에
의해 구속될 때에만 정당하기 때문에 이를 보장하는 것을 핵심적인
내용으로 한다. 한편 이와 같은 시각은 법의 제정과 그것을 적용하는
절차에 초점을 두지만 법의 내용에 대해서는 언급하지 않고 있음을
알 수 있다. 즉, 따르고 복종해야 할 법이 좋은 것인지 나쁜 것인지와
같은 가치판단은 배제하고 있으며, 이로 인하여 법의 지배의 개념을
협의로 이해하는 시각은 비판에 직면하게 된다. 법의 지배에 대한 개
념을 좁게 이해하는 시각을 비판하는 주장은 그것이 법이 담고 있는
내용을 고려하지 않고 지나치게 절차적 측면만 강조한 결과 Nazi나
공산주의의 법체계까지 인정하는 오류를 범하고 있다는 점을 지적하
며, 진정한 법의 지배의 원리는 절차적인 측면과 함께 법의 내용으로
자유민주적 가치가 포함되어야 한다고 주장한다(Dworkin, 1985;
Shklar, 1987). Shklar(1987)는 법의 지배에서의 법에는 대표민주주의,

개인적 권리와 정의라는 요소가 포함되어 있어야 한다고 하였으며 이를 통해 법의 지배의 원리를 입헌정부와 대표민주주의의 근본적인 요소로서 간주한다.

두 가지의 대비되는 법의 지배 개념은 각각의 장단점을 모두 지니고 있다. 정부개혁의 내용으로서 강조되고 있는 법의 지배는 주로 적법절차(due process)를 강조하고 있다. 즉, 법의 지배를 자의적 국가권력 행사의 배제와 법률우위, 그리고 사법부에 의한 평등한 법 집행 등을 그 핵심적 내용으로 한다는 점에서 법의 지배의 절차적 측면에 초점이 맞추어져 있다. 그러나 이와 같은 내용을 담고 있는 정부개혁의 노력이 주로 민주주의를 기반으로 한 선진국에서 출발하여 신생 민주주의 국가인 개발도상국들로 확산되어 갔다는 점에서 민주주의를 지향하는 법의 내용은 이미 전제되어 있다고 볼 수 있다. 즉, Shklar가 주장한 자유민주주의를 지향하는 법의 내용 하에서 법 집행의 절차적 측면을 강조하는 것이 현재의 정부개혁에서 강조하는 법의 지배라고 할 수 있다.

정부의 부패는 매우 오래전부터 정부 역기능을 유발하여 좋은 정부의 실현에 방해가 되는 가장 핵심적인 요소 중의 하나로 인식된다. 특히 일반적인 사회적 부패보다 정부의 부패행위의 영향은 정부에 대한 신뢰뿐 아니라 사회전반적인 신뢰를 급속히 감소시켜 결국 국가의 경쟁력과 성장을 감소시키거나 후퇴시키는 요인으로 작용한다. 또한 많은 연구들 역시 정부부패는 국가성장의 부정적 효과가 있다고 주장하고 있으며, 이와 같은 관계는 정부부패로 인해 정부에 대한 신뢰가 저하되며 이는 곧 전반적인 사회 신뢰가 감소되는 결과를 가져옴으로써 나타나게 된다. 이에 더하여 부패는 책임성, 형평성 그리고 개방성 등과 같은 민주적 원리들을 근본적으로 침해하는 결과를 가져오게 된다. 이러한 문제인식에서 출발하여 세계 각국은 정부개혁을 통해 정부의 부패를 방지하거나 척결하기 위한 노력이 지속적으로 진행되어 오고 있다.

그렇다면 이러한 정부부패의 책임은 어디에 있는가? 이를 설명하기 위하여 부패 원인의 범위를 기준으로 그것을 개인을 중심으로 하는 도덕주의의 입장과 제도 혹은 환경에 초점을 둔 기능주의적인 시각으로 나누어진다(Gould, 2001). 전자는 부패에 대한 전통적인 시각으로서 그것을 "부도덕"하고 "비윤리적"인 현상으로 보는 것이다. 따라서 부패는 당연히 수용되는 권위에 대한 확신이나 존엄성이 감소되면서 나타나는 사회의 도덕적 기준으로부터의 일탈을 의미하게 된다. 부패를 "이기적이고 부적절한 행위"로 보는 Myrdal(1969)이나 "개인적인 부나 지위를 얻기 위하여 공식화된 공적 의무 혹은 사회적 규칙을 어기는 행위"로 정의하는 Nye(1967)의 부패의 개념은 모두 이러한 도덕주의의 입장에서 부패를 바라보는 것이다. 따라서 이는 법을 어긴 개인의 행태적인 측면으로 한정된다(Friedrich, 1989). 그러나 부패에 대한 이와 같은 시각은 그것이 사회적 현상을 너무 개인에게 초점을 맞추어 설명하고 있다는 것이다. 도덕주의적인 관점에서 부패를 정의할 경우 그것은 개인의 사적인 이득을 얻기 위한 비윤리적이고 부도덕한 행동에 주목하게 된다. 이와 같은 정의에 따르면 부패를 해결하는 가장 좋은 방법으로서 부패행위를 한 사람을 처벌하거나 교체하는 것이다. 하지만 일부 학자들은 무엇이 도덕적이고 좋은 것인지 혹은 비도덕적이고 나쁜 것인지에 대한 구분이 매우 모호하다는 점과 부패는 단순히 사람이 행하는 부도덕한 행위뿐만 아니라 그러한 행위를 하도록 하는 환경적 혹은 제도적 요인이 더욱 중요하게 고려되어야 한다는 점을 지적한다(Caiden and Caiden, 1977). 또한 인간은 본질적으로 공공의 이익보다 자신의 이익을 추구하는 존재이기 때문에 좋은 제도가 개인의 이익을 위한 남용행위를 막을 수 있으며 더 이상 부패문제를 개인의 도덕적 측면에서만 다루는 것은 적절치 않다는 것이다(Euben, 1989; Hamilton et al., 2000). 반면, 기능주의적 시각에서의 부패에 대한 정의는 도덕주의적 시각이 가지는 위와 같은 한계점을 극복하고자 한다. 즉, 이것은 사회경제적 발전에 있어서 부패의 실제 역할에 초점을 맞추게 된다. 특히 기능주의적인 시각을 주장하는 사람들 중 "수정주의자(revisionist)"들은 부패를 사회적 현상으로 이해하며 기존의 도덕주의적인 시각을 비판한다. 이들은 부패의 근원을 부도덕한 개인에게서가 아닌 정치행정적인 규범과 제도에서 찾기 때문에 그것을 일시적인 사건이 아닌 구조적 혹은 체계적인 것으로 이해한다(Caiden and Caiden, 1977). 따라서 이러한 입장에서는 부패는 단순히 개인적인 측면에서 해결해야 하는 것이 아닌 정치사회적인 환경이나 체제, 제도 등을 변화시킴으로써 가능하게 된다. 정부의 부패 수준이 그 나라의 정부구조와 정치체제, 그리고 여러 가지 사회적 환경에 영향을 받는다는 최근의 연구결과(Shleifer and Vishny, 1993; Treisman, 2000)에서 나타나듯이 부패를 개인의 도덕적 차원보다 제도·환경적 차원에서 이해하려는 기능주의, 특히 수정주의자들의 주장은 그 의미를 가질 수 있다.

이상에서와 같이 좋은 정부가 갖추어야 할 몇 가지 조건을 제시하였다. 여기에는 효율성뿐만 아니라 책임성, 분권화 등 기존 신자유주의 이념 하에서 작은 정부를 강조했던 특징뿐 아니라 정부의 적극적 역할을 강조하는 내용도 함께 포함되어 있다. 이는 곧 두 가지의 고전적인 정부론의 시각을 모두 포함하는 것이며 향후 좋은 정부는 두 가지의 정부에 대한 시각이 독립적이거나 배타적인 것이 아니라 상호 보완적으로 작용해야 함을 시사한다.

V. 새로운 환경과 복잡계적 시각

최근의 급변하는 정치·경제·사회적 환경에서 좋은 정부를 위한 전략으로서 고전적인 두 가지의 시각은 한계를 가질 수밖에 없다. 기계론적 시각은 시장의 자율성과 최소한의 정부를 강조하지만 최근 미국을 중심으로 한 많은 국가들이 겪었던 경제위기 상황은 시장에 대한 회의와 정부의 역할을 다시 생각하게 만드는 중요한 계기가 되었다. 그렇다고 유기체적 시각에 따라 정부가 사회를 일방적으로 지배하고 공공성만을 강조하는 것은 사회의 자율성과 시장기능의 중요성에 비추어 그 한계를 가지고 있다.

따라서 유기체적 정부론과 유사하지만 조금은 변형된 정부에 대한 시각으로써 복잡계적 사고에 근거한 창조적 정부론을 제시할 수 있다(최창현, 1997). 복잡성은 하나의 유기적 전체(organic whole)라고 상호 관련시킬 수 있는 여러 요인들을 동시에 다루어야 하는 것을 의미한다(최창현, 2005). 또한 이러한 복잡성은 창발성과 밀접한 관련성을 가지고 있다. 즉, 복잡성에 근거한 환경에 적응하기 위해서는 창발성이 필요한 것이다. 창발성은 복잡한 과정이 예측되지도 않고 누적되지도 않는 결과로 나타나는 것을 의미한다.2)

최근 갈수록 급변하는 국내외적 환경에서 생존하기 위해서는 유동적이고 창발적인 국가로 탈바꿈해야 한다. 즉, 경쟁국보다 더 빨리 전략적 방향을 잡아 나가야 한다. 국가운영에 있어서 일촉즉발의 동시다발적인 상황은 예측이나 통제가 어려운 방향으로 나타난다. 이러한 복잡한 상황을 타계하기 위해서는, 앞서 연구되어진 전통적 패러다임은 크게 도움이 되지 않는다. 전통적 패러다임은 환경의 변화에 맞춰 구조를 바꾸는 것을 중시한다. 이는 환경에 대한 분석이 가능할 경우에만 계획적 변화가 가능하다. 분석이 틀어지거나 변화가 늦을 경우 국가는 막대한 손해를 입게 된다. 변화를 따라가선 안 되며 이를 주도할 수 있어야 한다.

토인비(Toynbee) 교수는 그의 기념비적인 저서인 '역사의 연구'에서 고대 그리스, 로마 등 21가지 문명의 흥망을 연구했다. 천년만년 영광을 누릴 줄 알았던 강대국들이 얼마 못 가 망해 가는 원인은 천재지변도, 야만인의 침략도 아닌 내부의 고착적이고 권위적인 문화, 즉 '王者의 驕慢과 安易' 때문이라고 토인비는 간파했다. 또 그들을 성공으로 이끌었던 관행이나 체제가 우상시되면서 쇠락의 길로 접어들게 됨을 발견했다.

창발적 정부론은 국가가 급변하는 복잡한 환경 속에서 생존하기 위해 다음과 같은 전략을 제시한다. 첫째는 '적응하기보다 창조하라'이다. Havard Business Review에 실린 기사에서 하멜과 프라할라드는

---

2) 창발적 성질이란 존재하는 것을 벗기는 것이 아니라, 그때까지 존재하지 않던 것이 새로 튀어나오는 과정을 강조하는 것이다. 새로운 관계가 계속 돌출하면서 전체 체계가 다양하고, 풍부하고, 복잡하게 진화하는 것으로 이해할 수 있으며 이는 사회현상을 기계론적인 인식에서 유기체적인 인식으로 보도록 전환하는 계기를 제공한다(최창현, 2005). 최창현(2005)에 따르면 이러한 창발적 성질은 유기체적 정부론과 밀접하게 관련되어 있음을 시사한다.

국제 기업에 대한 연구 결과를 보고하고 있다. 성공적인 기업의 관리자들은 도전적인 미래에 대한 비전, 즉 전략적 의도에 의해 행동하고 이러한 전략적 의도는 국제 경쟁에서 승리하는 것이고 결과에 대해서는 명확하나 결과를 성취하는 수단에 대해서는 유동적이라고 한다. 이러한 전략적 의도는 이미 경쟁적 우위를 확보하고 있는 사업을 확장하거나 조직 내부의 기업가 정신 혹은 기획을 비판하는 사람들에 대해 제안된 소규모의 자생적 타스크포스의 사용만으로는 발생될 수 없다는 것이다. 그 대신 유일한 성공의 길은 혁신과 조직 학습뿐이다. 왜냐하면 경쟁적인 우위는 본질적으로 유지할 수 없기 때문이다. 성공적인 기업은 실현 불가능한 듯한 목표를 달성하기 위해 새롭고 혁신적인 방법으로 자원을 활용한다. 그 반면에 덜 성공적인 조직은 조직의 능력과 시장의 요구 간에 전략적 적합도를 유지하는 데 급급하다. 그들이 따라가는 길은 본질적으로 유지 가능하다고 믿는 경쟁적 우위를 확보하는 전략을 사용하는 것이다.

첫 번째 전략 모형이 혁신과 변화를 초래하지만 두 번째 전략 모형은 반복과 모방만을 초래한다. 이 두 모형 간의 근본적인 차이는 성공적인 관리자는 단지 환경의 요구 조건에 조직의 자원을 일치시키지만은 않는다는 것이다. 그 대신 자원을 혁신적으로 활용해 새로운 수요를 창출한다. 이러한 관점은 성공적인 국가가 환경에 적응하는 국가라는 생각을 깨뜨리는 것이다.

둘째는 '안정적 평형을 회피하라'이다. 대니 밀러의 연구 결과에 의하면 많은 조직이 이카로스 패러독스 때문에 실패한다는 것이다. 이 연구는 국가조직에도 그대로 적용될 수 있다.

그리스 신화에서 이카로스의 우화는 너무 높이 태양 가까이 날다가 그의 날개를 붙이고 있던 밀랍이 녹아 에게 해에 추락하고 말았다는 것이다. 이카로스의 날개의 힘이 그를 파멸시킨 것이다. 물론 역설적으로 그의 가장 큰 자산이 그를 파멸로 이끌었다. 그리고 오늘날에 있어서 많은 탁월한 국가에게도 똑같은 역설이 적용된다. 그들은 승리에 지나치게 매료되어 국가 멸망의 길로 빠져든다. 성공은 전문화와 과장, 확신과 자만 그리고 독단과 의식주의를 초래한다. 새로운 관점을 개발하는 것은 낡은 관점을 타파하고 낡은 구조를 변화시키는 것이다. 즉, 창조성은 파괴를 필요로 한다.

마지막으로 '복잡적응계(CAS)로서의 국가를 만들라'이다. Stacey(1996)는 비평형상태의 역동적 조직이 창조적이라는 점을 지적한다. 복잡성이론의 관점에서 보면, 기존의 관점과는 달리 안정적이고 응집력이 강한 조직은 오히려 쇠퇴하게 된다. 안정적이고 평형상태에 있는 조직에서는 혁신이 일어나지 않기 때문이다. 반면에 긴장과 역설 그리고 갈등이 공존하는 역동적인 조직은 보다 발전적이고 창조적이다. 완전한 무질서와 안정 사이의 혼돈상태에 있을 때 조직은 혁신을 위한 토대가 역설적이지만 마련된다는 것이다. 혼돈상태 하에서 자기 조직성이 발현되어 창조적 조직이 될 수 있는 것이다. 그러나 이러한 자기 조직성의 방향성은 예측할 수는 없으나, 안정되고 예측 가능한 평형상태에서는 창조적 조직화가 불가능하다는 것이다. 따라서 혼돈의 경계(edge of chaos)에서만 자기조직화가 가능하다. 즉, 적응이 가능하다.

이와 같이 국가조직이 한 차원 높은 새로운 구조발현의 장이 이루어지기 위해서 국가조직은 비평형의 영역에 머물러야 한다. 즉, 국가와 환경 간의 평형관계를 유지하려는 것은 국가의 실패를 초래한다는 것이다. 관리자들이 국가의 장점에 안주하여 안정감에 빠지게 될 경우 국가는 환경과 적응하는 안정적 평형상태로 끌려가기 때문이다. 이러한 경우 국가는 혁신성을 잃게 되어 관리자들을 환경으로부터 격리시키는 결과를 초래한다. 이러한 국가는 자연 도태될 수밖에 없는 것이다. 국가성공과 혼돈의 영역을 동일시하는 두 번째 이유는 조직 통제의 특질에서 비롯된다. 조직통제 시스템은 집권화를 통한 국가통합을 강조하는 안정적 평형상태를 강조한다. 이러한 국가는 경직화되어 급격한 환경변화에 대처할 수 없게 되어 불안정한 평형상태로 끌려가 결과적으로 국가는 와해되는 것이다(최창현, 1997).

이상과 같이 좋은 정부에 대한 다양한 시각과 구체적 내용을 정리하면 다음 그림과 같이 제시할 수 있다.

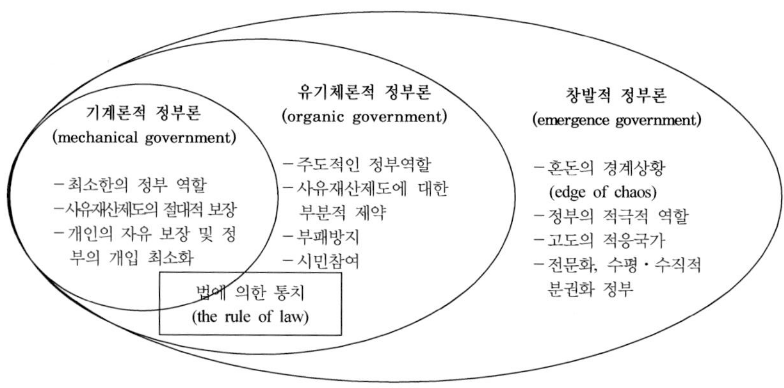

〈그림〉 좋은 정부(good government)의 의미와 주요 내용

위의 그림에서 알 수 있듯이 각각의 정부에 대한 시각은 구분되는 내용을 포함하고 있다. 그러나 이러한 시각들이 상호 작용하면서 최근의 급변하는 환경에 적응하는 '좋은 정부'를 만들어 낼 수 있다. 특

히 창발적 정부론은 유기체론적 정부론과 유사하지만 복잡성과 불확실성이 증가하는 환경에서 적응할 수 있고 변화에 대처할 수 있는 정부의 역량을 강조하고 있다는 점에서 차이가 있다.

Ⅵ. 결론

본 논문은 '좋은 정부란 무엇인가?'라는 질문을 가지고 기존의 이론적 논의를 통해 '좋은 정부'가 갖추어야 할 조건을 도출하였다. '좋은 정부'에 대한 논의는 다양하게 이루어지고 있음을 알 수 있으며 이는 국가마다 혹은 시대적 상황에 따라 달라질 수 있음을 시사한다.

본 연구에서는 좋은 정부에 대한 기계론적 시각과 유기체론적 시각이라는 대별되는 두 가지의 시각을 기초로 하여 각각이 추구하는 정부의 역할과 주요 내용이 무엇인지에 대해서 분석하였다. 또한 과거부터 오랜 시간 동안 각 국가의 정부는 좋은 정부를 이룩하기 위한 다양한 노력을 개혁이라는 이름으로 시도하여 왔다. 그러한 노력의 과정에서도 좋은 정부가 의미하는 것이 무엇인가에 따라 구체적인 개혁의 방향과 내용이 달라져 왔다. 하지만 이러한 다양한 개혁의 내용 역시 기계론적 시각과 유기체론적 시각이라는 두 가지의 관점에서 크게 벗어나지 않았으며 최근의 개혁의 경향은 두 가지 시각을 모두 포함하고 있음을 알 수 있었다. 이는 곧 좋은 정부에 대한 두 가지의 대별되는 시각이 배타적이기보다는 상호 보완적으로 작용하고 있음을 의미한다.

과거의 더 좋은 정부를 위한 노력의 경험을 반추해 볼 때 좋은 정부의 의미와 개혁의 내용이 다양함에도 불구하고 좋은 정부를 위한 공통적인 내용을 도출할 수 있다. 본 논문에서 는 정부의 효율성, 권한의 분배, 책임성 등의 세 가지의 개념을 제시하였다. 이러한 내용들은 기계론적 시각과 유기체론적 시각이 모두 반영된 것이라고 할 수 있다. 또한 향후 좋은 정부를 위한 노력 과정에서도 이러한 내용들이 조화롭게 시도될 때 비로소 국민들이 만족할 수 있는 질 높은 정부가 이룩될 수 있을 것이다.

마지막으로 본 논문에서는 최근 급변하는 국내외적 환경과 불확실성이 증가하는 경향에 따라 정부는 적응적 혹은 창발적이 되어야 한다는 점을 강조한다. 이는 복잡계적 시각에서 바라본 좋은 정부의 내용으로서 유기체적 국가관과 유사하지만 복잡하고 불확실한 환경을 전제로 하고 있다는 점에서 그것과 구별된다고 할 수 있다. 여기서의 좋은 정부는 자기조직화가 가능한 정부를 의미한다. Stacey(1996)가 주장한 바와 같이 비평형상태에서는 역동적 혹은 창발성이 필요하다. 따라서 불확실성과 복잡성이 증가하는 환경, 즉 혼돈의 경계에 있는 상황 하에서는 창발적 자기조직화를 통한 적응 능력이 정부에게 필요한 것이다. 기존의 안정적 평형상태에서 운영되었던 관료제 하에서는 최근의 급변하는 환경에 적응하는 것이 쉽지 않다. 따라서 좀 더 유연한 정부 변화적응능력을 증가시키기 위한 정부의 역량을 키우지 않으면 환경변화에 대처할 수 없게 되어 국제경쟁에 뒤떨어질 수밖에 없다. 또한 이는 '좋은 정부'와 거리가 멀어지는 것이다.

참고문헌

김성우(2001). 「로크, 자유주의, 신자유주의」. 『시대와 철학』. vol.12, no.2. pp.301
　　　~325.

류춘호(2003). 「공공부문 경쟁논리와 책임성의 부조화에 관한 연구」. 『지방정
　　　부연구』. vol.7, no.4. pp.315~337.

박종민(1998). 「민주주의, 시장경제 및 보수주의 정부개혁」. 『행정과 정책』.
　　　vol.4, no.1. pp.33~66.

박호숙(1990). 「지방자치제 실시에 따른 행정책임성 제고방안」. 『지방행정연
　　　구』. vol.5, no.4. pp.157~173.

최창현(1997). 「Chaos이론과 조직혁신」. 『성곡학술논총』. vol. 28, no.2. pp.505~649.

______(2005). 『복잡계로 바라본 조직관리』. 삼성경제연구소.

Aucoin, P. and Heintzman, R. (2000). "The dialectics of accountability for performance in public management reform," *International Review of Administrative Sciences*, Vol.66, No.1, pp.45~55.

Apter, D. E. (1968). "Government," David L. Sills(ed.), *International Encyclopedia of the Social Sciences v.6*, The Macmillan Company & The Free Press.

Caiden, G. E. and Caiden, N. J. (1977). "Administrative Corruption," *Public Administration Review*, Vol.37, No.3, pp.301~309.

Carothers, T. (1998). "The Rule of Law Revival," *Foreign Affairs*, Vol.77, No.2, pp.95~106.

Cranston, M. (1966). "John Locke and Government by Consent," D. Thomson(ed.), *Political Ideas*, Penguin Books.

Dicey, A. V. (1952). *Introduction to the Study of the Law of the Constitution*, London: McMillan.

Dworkin, R. (1985). *A Matter of Principle*, Cambridge, Mass: Harvard University Press.

Euben, J. P. (1989). "Corruption," Terence Ball, James Farr, and Russell L. Hansen (eds.) *Political Innovation and Conceptual Change*, Cambridge: Cambridge University Press.

Friedrich, C. (1989). "Corruption Concepts in Historical Perspective," Arnold, J. Heidenheimer, Michael Johsnston, and Victor T. Levine(eds.) *Political Corruption: A Handbook*, New Brunswick, NJ: Transaction Publishers.

Fuller, L. L. (1969). *The Morality of Law*, New York: Fawcett.

Gould, D. J. (2001). "Administrative Corruption: Incidence, Causes, and Remedial Strategies," Ali Farazmand(ed), *Handbook of Comparative and Development Public Administration*, 2th ed. New York: Marcel Dekker, Inc.

Gregory, R. (1999). "Promoting Public Service Integrity: A Case for Responsible Accountability," Australian Journal of Public Administration, Vol.58, No.4, pp.13~15.

Hamilton, A., Jay, J. and Madison, J. (2000). The Federalist: *A Commentary on the Constitution of the United States*, New York: Random House.

Hutchinson, A. and Monahan, P. (ed.). (1987). *The Rule of Law: Ideal or Ideology ix*, Toronto: Carswell Legal Pubns.

Jowett, B. (1943). *Aristotle's Politics*, New York: The Modern Library.

Kaufman, H. (2001). "Major Players: Bureaucracies In American Government," *Public Administration Review*, Vol.61, No.1, pp.18~42.

Ketcham, R. (1985). "Aristotle, Confucious, and Jefferson and the Problem of Good Government," *Journal of East and West Studies*, Vol.14, No.2, pp.127~142.

Lane, J. E. (1997). "Public Sector Reform: Only Deregulation, Privatization and Marketization?" Public Sector Reform: Rationale, Trends and Problems, Lane, J. E.(ed.), London, California: SAGE Publications Ltd.

Myrdal, G. (1969). *The Challenge of World Poverty*, New York: Vintage.

Nolan, B. C. (2001). *Public Sector Reform: An International Perspective*, New York: Palgrave.

Nye, J. S. (1967). "Corruption and Political Development: A Cost-Benefit Analysis," *American Political Science Review*, Vol.61, No.2, pp.417~427.

O'Donnell, G. (2004). "Why the Rule of Law Matters," *Journal of Democracy*, Vol.15, No.4, pp.32~46.

Osborn, D. and Gaebler, T. (1993). *Reinventing Government: How the Entrepreneurial Spirit Is Transforming the Public Sector,* New York: Plume, 『정부혁신의 길』(1994), 박세일·전영재·박경산(역), 삼성경제연구소.

Posner, R. (2003). *Economic Analysis* of Law. 6th ed, New York: ASPEN Publisher.

Raz, J. (1979). *The Authority of Law: Essays on Law and Morality*, New York:

Oxford University Press.

Roberts, N. C. (2002). "Keeping Public Officials Accountable through Dialogue: Resolving the Accountability Paradox," *Public Administration Review*, Vol.62, No.2, pp.658~669.

Romzek, B. (2000). "Dynamics of Public Sector Accountability in an Era of Reform," *International Review of Administrative Sciences*, Vol.66, No.1, pp.21~44.

Rose, J. (2004). "The Rule of Law in the Western World: An Overview," *Journal of Social Philosophy*, Vol.35, No.4, pp.457~470.

Rothestein, B. and Teorell, J. (2005). "What Is Quality of Government?: A Theory of Impartial Political Institutions," *Paper to be presented to the conference "Quality of government: What it is, How to get it, Why it matters", Göteborg, November 17-19, 2005.*

Scalia, A. (1989). "The Rule of Law As a Law of Rules," *The University of Chicago Law Review*, Vol.56, No.4, pp.1175~1188.

Shleifer, A. and Vishny, S. W. (1993). "Corruption," *The Quarterly Journal of Economics*, Vol.108, No.3, pp.599~617.

Shklar, J. (1987). "Political Theory and the Rule of Law," Allan Hutchinson and Patrick Monahan(eds.), *The Rule of Law: Ideal or Ideology ix*, Toronto: Carswell Legal Pubns.

Stacey, R. (1996). Complexity and Creativity in Organizations. San Francisco, Berrett Koehler.

Suleiman, E. (2003). *Dismantling Democratic State*, New Jersey: Princeton University Press.

Summers, R. (1993). "A Formal Theory of the Rule of Law," *Ratio Juris*, Vol.6, No.1, pp.12~41.

Treisman, D. (2000). "The Cause of Corruption: A Cross-National Study," *Journal of Public Economics*, Vol.76, No.3, pp.399~457.

Weingast, B. R. (1997). "The Political Foundations of Democracy and the Rule of Law," *The American Political Science Review*, Vol.91, No.2, pp.245~263.

Wolf, A. (2000). "Symposium on Accountability in Public Administration: Reconciling Democracy, Efficiency and Ethics," *International Review of Administrative Sciences*, Vol.66, No.1, pp.15~20.

제2장
좋은 정부의 프락시스

한세억[*]

Ⅰ. 문제의 제기

대한민국 정부, 이대로 좋은가? 정부에 대한 호오감(好惡感)은 사람에 따라 천차만별이다. 물론 정부에 대한 인식 역시 시대와 학자에 따라 다양하다. 미국의 정치학자 W. Lippman은 "가장 적게 정치하는 정부가 가장 좋은 정부라는 진리는 18세기에 속하며, 가장 많이 공급해 주는 정부가 가장 좋은 정부라는 진리는 20세기에 속한다"고 하였다. 그러면 21세기의 가장 좋은 정부는 어떠한 모습일까? 이러한 의문에 대한 해제탐색을 위해 행정이론가 및 실천가들의 노력이 끊임없이 이어져 왔다. 특히, 개발도상국가를 중심으로 1990년대 들어서 행정적·제도적 능력을 중심으로 한 국가능력의 재건을 위한 개혁을 외

---

* 동아대학교, 행정학과.

치며 좋은 정부 구현이 개혁목표로 설정되었다(Heredia and Schneider, 1998). 좋은 정부를 향한 노력과 성과에 대한 국민의 평가는 엇갈린다.

좋은 정부는 국민들의 평가에 의해 드리워지는 것이라는 점에서 수요자인 국민들의 인식과 체감이 중요하다. 이런 점에서 급격한 환경변화의 세기를 사는 국민들은 정부로부터 얼마나 만족감을 느끼는가? 나아가 만족을 넘어 행복감을 느낄 것인가? 정부에 대한 만족, 선호 등을 둘러싼 질문에 대해 다수의 국민들은 만족과 행복보다는 불만과 불편감이 팽배하는 듯하다. 그래서 갈수록 반정부신드롬이 심화되고 있다. 그 까닭은 정부가 많은 권력을 잘못된 방식으로 행사하고 비효율적이며 낭비적일 뿐 아니라 시민들의 삶과 문제를 거의 배려하지 못한 데서 기인한다(세릴짐렐킹 외, 2001). 이런 현상은 비단 특정 국가에 특유한 것은 아니다. 하지만 정작 문제는 각국의 정부마다 끊임없이 개혁, 쇄신, 혁신을 추구하고 있건만 그 결과는 국민과 기업에 체감되지 못하고 있다는 사실이다. 실제로 행정현상에 표출된 부정적 인식의 편린들은 심각성을 드러낸다. 정부성과에 대한 신뢰가 감소하면서 정부에 대한 국민정서는 냉소적이다.

반면에 정부혁신과 조직지능을 고도화시키기 위한 여건은 날로 개선되고 있다. 산업시대의 관료제정부의 한계를 극복하고 바람직한 정부로서 전자정부를 넘어 지식정부, 스마트정부가 제시되었다. 그렇다면 과연 스마트정부가 바람직하며 좋은 정부로 가는 길인가? 그래서 국민행복을 보장할 것인가? 하지만 아직까지 희망적이라 볼 수 없다. 오늘날 인식되는 정부는 '오로지 국민의 복리를 위해서만 존재한다'는 머콜리의 주장이나 '통치의 목적은 인류의 행복에 있다'는 로크의 명언에 비추어 볼 때 괴리감이나 공허감을 안겨 준다는 점1)에서 분명

현재의 정부는 '좋은 정부(good government)'와 거리가 있다. 이러한 문제 상황은 정부기능과 역할에 대한 재평가와 함께 새로운 정립의 필요성을 시사한다. 물론 산업사회를 지나 정보지식사회를 향하는 변화흐름에서 정부가 행했던 역할에 대한 재평가가 이루어지고 있다. 특히, 지식사회의 정부역할을 둘러싸고 정부기능을 축소해야 한다는 논의와 함께 반대의 의견도 있다. 절충적 입장에서 역할의 양적 변화보다는 질적 변화가 더 중요하다고 보는 견해도 있다. 하지만 산업시대의 발전과정에서 정부가 주도하고 통제하던 관료주의적 정부를 벗어나야 하며 지식사회에서는 조정 또는 후원자로서 역할을 담당해야 한다는 점에서 공감대가 확산되고 있다. 이 글은 거시담론으로서 지식사회의 관점에서 좋은 정부를 지성적 정부를 바람직한 정부모습으로 상정하고자 한다. 외부 비판이나 내부 성찰을 통해 끊임없이 문제를 해결하고 가치를 창출해 가는 정부모습을 실천하는 정부를 의미한다. 즉, 산업화 시기의 정부역할 및 기능에 대한 비판을 중심으로 살펴보고 지식사회로의 진전과 성숙에 조응하는 좋은 정부의 조건으로 지성적 기반으로 인식, 어떻게 형성할 것인지에 대해 논의하고자 한다.

Ⅱ. 좋은 정부의 이념 및 사상적 배경

좋은 정부는 정부가 어떻게 구성될 것인가에 대한 규범적 기술로서 정치사상가, 정치가들에 의해 빈번하게 사용되었다. 동서양과 시

---

1) 지난해 갤럽이 공표한 세계 155개국 국민의 행복도 조사결과, 한국은 56위였다. 국민 100명 가운데 72명은 자신이 불행하다고 생각했다(매일경제신문, 2010년 8월 4일 자). 또한 2011년 OECD는 창설 50주년을 기념해 각국의 생활환경과 삶의 질을 측정해 수치화한 '행복지수(The Better Life Index)'에서 한국은 34개 회원국 가운데 26위를 차지했다(조선일보 2011년 5월 25일 자). 이처럼 행복하지 못한 원인이 워낙 복잡다단하여 단정할 수 없다. 그러나 국민행복에 존재 이유가 있다는 정부와 전혀 무관하다 단언하기도 어렵다.

대고금을 막론하고 정부와 국민은 항상 좋은 정부를 소망했다. 그리고 이를 위해 어떤 조건들이 필요한지 알아내기 위해 노력했다. 그 사상적 줄기로서 몽테스키외(1689~1755)는 견제와 균형을 통한 정부의 구성을 제안했다. 로크(1632~1704)는 집단적인 정치적 목표들을 추구하기 위해 시민들과의 계약을 강조했다. 로크의 공리주의적 관점은 그의 정치철학에서 나타나듯 국가는 인간의 행복을 달성하는 수단에 불과할 뿐이며 그 목적을 달성하지 못하는 정부는 새로운 정부로 대체될 필요가 있다고 보았다.

루소(1844~1910)는 비대한 정부에 대해 "정무에 시달리는 지도자들은 아무것도 제 눈으로 확인하지 못하고 행정관리들이 국가를 다스리게 된다. 결국, 멀리 떨어져 있는 관리들은 중앙정부의 권위에서 빠져나가거나 속임수로 대하려고 하는데, 모든 공공 업무는 이 권위를 유지하기 위한 조치들을 취하는 일로 채워지고, 국민의 행복을 위해 하는 업무는 아무것도 남지 않는다. 유사시에 국가를 방어하기 위한 대책조차 불확실하다. 이처럼 국가 조직의 규모가 지나치게 비대하면 그것은 쇠약해지고 그 자체의 무게에 짓눌려 망한다"고 경계하였다.[2] 따라서 "정부란 국민과 주권자 간의 상호 연락을 위해 설치되어 법집행과 시민적, 정치적 자유를 유지하는 소임을 맡은 중매체로서 주권자, 국가, 정부 간의 균형이 필요하다"고 주장하였다. 그리고 국민의 수를 예로 들면서 주권자와 국민 간에 있어 주권자는 조직체, 국민은 개별적 존재로 보아 국가가 커지면 커질수록 개인의 자유는 감소된다고 주장했다. 그리고 개인적 행동이 법에 대해 일치하지 않

---

2) 루소의 사회계약론 제2부의 일부 내용을 원용하였다.

을수록 억압하는 힘은 더욱 커질 수밖에 없기 때문에 좋은 정부가 되기 위해선 국민의 수가 증가함에 따라 정부도 상대적으로 강해져야 한다고 보았다. 또한 정부는 자기를 위해 국민을 희생시키는 것이 아니라 항상 국민을 위해 자신을 희생시킬 용의가 있어야 한다고 보았다. 만일 국가가 커지면 공공의 권한을 위탁받은 사람들이 그 권한을 남용할 수 있기 때문에 정부가 국민을 제어하기 위해 보다 큰 힘을 가지면 가질수록 주권자는 정부를 억제하기 위해 더 큰 힘을 가져야 한다고 주장했다. 다만, 이것은 상대적인 것이기에 절대적이고 유일한 정부란 있을 수 없고 국가에 맞는 다양한 형태의 정부가 있다고 보았다. 아울러 정부형태와 종류는 그것을 구성하는 행정관들의 수에 의해 구별되는데 행정관의 수가 증가하면 정부가 약화되며, 국민의 수가 증가하면 국민을 억압하는 힘도 함께 증가하기 때문에 국가가 커질수록 정부는 축소되어야 하며 이에 따라 행정책임자의 수는 국민증가에 비례하여 감소되어야 한다고 말하였다. 하지만 정부형태는 절대적인 것이 아니며 다양한 정부형태가 생길 수 있다고 보았다.[3] 그러면서 루소는 나쁜 정부 밑에서는 누구도 그곳에 가기 위해 발걸음을 옮기기를 좋아하지는 않는다. 왜냐하면 아무도 거기서 일어나는 일에 관심이 없고, 그곳에는 전체 의사가 지배하지 않으리라는 것이 예견되며, 결국 개인적 일에 몰두하기 때문이라는 것이다. 누군가 국사(國事)에 관해, "그게 무슨 상관인가?"라고 말하는 순간, 정부는 끝장이 난 것으로 간주되어야 한다고 보았다. 그러면서 외국원조나 귀화나 식민에 의지하지 않고 시민이 늘어난다면, 이런 정부가 곧 가장

---

3) 루소의 사회계약론 제3부의 내용을 원용하였다.

좋은 정부다. 국민이 줄고 쇠퇴해 가는 정부는 가장 나쁜 정부이다 (이환, 1999).

한편, 애덤스미스(1723~1790)는 시민사회의 자율적 질서를 주장하면서 분업과 협업에 의한 사회를 제시하였다. 그는 시민사회를 정치권력에 의한 외적 강제를 필요로 하지 않고 자율적으로 통합된 전체로서 존재한다고 보았다. 이런 맥락에서 국가를 필요악으로 간주하고 최량(最良)의 정부(통치)는 최소의 정부라면서 공리주의적 사회이론의 맥락을 이어 갔다. 이후 벤담(1748~1832)은 정부기능은 국민에게 최대행복을 보장하는 데 있다고 보면서 정부는 개인을 상대하는 것이 아니며 국민의 행복을 최대화하고 고통을 최소화해야 좋은 정부라고 보았다. 또한 제퍼슨(1743~1826)에 의하면 좋은 정부는 정부가 정당한 목표에의 부합 여부에 의해 판단되어야 한다고 규정했다. 즉, 국민행복을 증진시키고 의지를 실현하기 위하여 국민의 권리를 효과적으로 보호하고 노동의 대가를 보장하는 정부다. 가령, 파괴가 아닌 인간적 삶과 행복에 대한 배려가 좋은 정부의 정당한 목표다.[4] 하지만 전향적 융합의 관점에서 개인의 자유를 중시하는 자유주의와 최대다수의 최대행복을 추구하는 공리주의 간 상충되지만 양자 간 화해와 조정가능성을 정부역할의 재설정을 통하여 새롭게 모색될 필요가 있다.

---

4) Thomas Jefferson to Maryland Republicans, 1809, ME 16:359.

Ⅲ. 시대패러다임과 좋은 정부의 관점

역사적으로 정부형태는 다양하게 출현했다. 사회의 기초질서 유지만 챙기고 나머지는 민간자율에 맡기는 자유방임형에서부터 정부 또는 국가가 모든 것을 통제하고 간섭하는 전제형에 이르기까지 다양한 정부형태가 존재하였고 그 성과도 천차만별이다. 물론 정부역할에 대해서는 오랜 기간 동안 두 축의 논리구조가 대립해 왔다. 자유주의적 관점은 시장기능을 중시하며 정부역할에 대한 축소지향 논리를 전개해 왔다. 반면, 국가주의적 입장에서는 이상적 복지사회를 지향하면서 정부기능 확대를 강조하였다. 시장중심을 강조하며 정부개입의 한계를 비판하는 시장주의자들이나 합리적 계획국가의 운영을 통해 바람직한 사회질서를 확보하려는 국가주의자들은 서로의 문제점을 지적, 견제하면서 국가사회 발전을 이끌어 왔다.

1. 산업시대에서 좋은 정부

1) 개념과 성격

산업사회에서 좋은 정부는 작은 정부를 의미하였다. 가령 노자의 소국과민(小國過民) 사상과 야경국가론의 공통점은 국민들에게 최소한의 간섭을 추구한다는 점에서 맥락이 통했다. 노자는 큰 나라 다스리기를 작은 생선 지지듯 해야 한다고 하였다(治大國若烹小鮮). 생선은 지질 때 자꾸 건드리면 살이 다 떨어지게 되어 가시만 드러나게 된다. 그러므로 될수록 생선을 건드리지 말아야 한다. 이러한 이치에서 백성들에 대한 규제와 간섭을 최소화하고 백성들이 자유, 자치케 해야 한다. 이것은 민주정치의 기본정신이기도 하다. 다만, 노자의 경우 최대한 작은 국가를 지향하는 데 반해서 야경국가론은 팽창주의적이고 거대한 국가를 꿈꾸는 제국주의 열강들의 국가론과 밀접하며 이전의 일반적인 국가들과 연관이 있기 때문에 추구하는 국가의 규모에서 구분된다. 그러면 국민이 원하는 좋은 정부란 어떤 정부인가? 먼저 좋은 정부라는 개념은 정부가 국민에게 어떠한 형태의 행복을 보장해야 하는지에 대한 목적론의 관점이 견지된다. 또한 그 목적을 이루기 위한 방법과 수단은 무엇인가 하는 방법론적 입장을 포괄하는 복합적 개념이다. 그렇다면 개별적 존재인 개인들이 모여서 형성하는 전체사회를 통제, 관리하는 정부는 개인과 전체의 관계에서 어느 쪽에 무게중심을 두어야 할 것인가? 또한 좋은 정부의 이상과 역할은 체제와 이념에 따라 어떻게 달라지는가? 좋은 정부의 사회문화적 조건은 어떠한가 등 개념과 성격을 둘러싸고 다양한 관점에서 논의될 수 있다(곽재석, 2001).

먼저 개인을 중심으로 생각할 때 좋은 정부란 개인이 자신의 행복을 마음껏 추구할 수 있는 조건을 확보해 주는 정부일 것이다. 또한 편한 정부, 신뢰받는 정부 등 다양한 의미를 함축하기에 정의도 간단하지 않다. 사람마다 추구하는 가치도 다양하기에 명료하게 규정하기가 쉽지 않다. 앞서 루소가 설파하였듯이 좋은 정부는 국가마다 다양하게 나타날 수 있다. 이는 인간욕구의 다양성과 복잡성에 기인한다.5) 그렇기에 좋은 정부는 국민의 기본적 욕구충족뿐만 아니라 자

---

5) 가령 Maslow의 욕구단계론에서 볼 때, 인간의 행복은 가장 기본적인 욕구인 물질적 풍요에서 시작해 안정, 인격적 자존심이나 명예, 그리고 인간적 존엄성의 보장, 유희와 쾌락, 그리고 높은 단계로서 자기성취 또는 내적 보상 등의 위계적 구조로 형성된다(Murray, 1994).

기성취 등의 차원 높은 욕구의 실현에 조력해야 할 것이다. 그런데 다양한 개인의 행복은 사회 전체의 이익이나 욕구와 긴밀히 연관되기 때문에 이들과 갈등을 일으키기도 한다. 따라서 정부는 개인의 행복과 사회의 전체이익을 조화시켜야 하는 어려운 역할도 부여받고 있다. 그러면 개인과 전체와의 관계에서 볼 때 좋은 정부는 개인에게 주어진 인간으로서의 고유의 권리, 자유, 또는 행복을 우선할 것인가, 아니면 사회공동체의 이익을 우선할 것인가? 즉, 국가정책에서 개인의 행복증대를 중시하는 개인중심의 원칙과 사회전체의 보존과 안녕, 복지 등의 공동체적 가치를 강조하는 공동체중심의 원칙 간 조화의 문제가 대두된다. 자유주의적 정부는 개인의 주권과 자율성을 사회진보의 동인이라고 본다. 따라서 국가는 개인에 대한 간섭을 최소화해야 한다고 주장한다. 반면에 공동체주의자들은 사적 이익에 내재된 반사회성은 공동체의 공동선이나 집단가치에 해악일 뿐이라고 주장하며 개인에 대한 국가의 적극적 개입과 통제를 정당화한다. 이같이 상충하는 두 개념으로부터 다양한 정치사회적 이념들이 파생·대립하고 있다(곽재석, 2001).

좋은 정부의 논쟁과 관련해서 아시아적 가치논쟁은 독특하다. 아시아적 가치에서 좋은 정부란 서구의 타락한 자유주의적 민주주의를 배격하고 아시아 특유의 공동체주의적 민주주의를 옹호한다(Lee, 1992). 반면 서구의 자유주의는 개인의 주권, 자율성 그리고 사회적 가치의 다양성을 제약하는 공동체주의는 전체주의적 성격을 지닌다고 폄하한다.[6] 그러나 좋은 정부는 정치이념과의 정합성이 유지되지

---

6) 리콴유/자카리아, 「문화는 숙명이다 – 리콴유와의 대담」, 『아시아적 가치』(서울: 전통과 현대, 1999), 1장. 이 대담은 *Foreign Affairs*, 1994년 3·4월호에 실린 것이다.

않을 수 있다. 왜냐하면 '좋은 정치이념'이 반드시 좋은 정부의 가늠자가 아니기 때문이다. 실제로 정부현상에서 부패와 불신이 팽배하면서도 좋은 이념으로 위장된 정부가 있을 수 있다. 따라서 좋은 정부에 대한 기준은 실제 정부가 국민들을 위해 어떠한 정책을 어떻게 운용하고 있는가 하는 기능적 관점에서 모색될 수 있다(곽재석, 2001). 이러한 입장에서 좋은 정부는 국민들의 필요와 요구를 얼마나 잘 정책에 반영하고 있는가를 측정하는 반응성(responsiveness), 최소의 비용으로 설정한 정책목표를 얼마나 잘 수행했는가를 측정하는 효율성(efficiency), 그리고 정부의 정책이 기대한 효과를 적절하게 산출했는가를 판단하는 효과성(effectiveness) 등의 구체적인 기준에 따라 평가될 수 있다. 이는 좋은 정부란 국민들의 요구를 적절하게 충족시켜 주어야 한다는 수요자 중심의 철학과 연관된다. 달리 생산과 마케팅의 시장경제논리를 공공영역에 도입함으로써 정책의 경제적 최적점을 도출하려는 의도가 깔려 있다. 즉, 수요자인 시민이 공급자인 정부가 제공하는 정책서비스에 대해 갖는 효용과 만족의 극대화를 도모한다. 기능적 관점에서 구체적으로 살펴보면 좋은 정부는 다음의 세 범주로 함축한다. 첫째, 관료들이 시민들의 필요에 즉각적으로 반응하는 시스템을 구축하는 것이다. 선출된 정부라면 자신을 지지해 준 투표자들의 요구에 부응하는 책임성을 갖추어야 한다. 둘째, 정부낭비를 제거함으로써 효율적이고 생산적인 정부를 만드는 것이다. 국민으로부터 거둔 자원을 최적으로 활용하는 것이다. 셋째, 적절한 권한을 시민 또는 관료들에게 부여하는 것 등이다(Tendler, 1997). 이러한 목적을 달성하기 위하여 정부능력과 관련된 여러 지표들이 복합적으로 사용될 수 있다.7) 다른 한편, 아시아적 공동체주의를 강조하는 입장에서는 민주주의적 보편가치보다는 현실적이며 실용적 가치를 강조한다.8) 이를테면 깨끗하고 효과적인 공공행정, 국민연대감, 성공적인 가족계획, 경제정책의 실용성, 경제활동의 자유, 좋은 교육, 결과중심적인 정치 등의 가치가 좋은 정부의 조건으로 열거되고 있다(Lee, 1993). 제아무리 민주적 절차와 제도적 민주성을 갖추었다 하더라도 국민의 요구에 부응하는 성과를 산출하지 못하면 좋은 정부라 할 수 없다. 절충적 입장에서 볼 때 좋은 정부는 선거과정에서 나타난 변화에 대한 열망을 담아 실제로 사회를 변화시킬 수 있는 좋은 개혁을 입안하고 수행할 수 있는, ‘민주적이면서도 능력 있는’ 정부를 의미한다. 이런 맥락에서 우리는 수차례의 민주화의 실험에서 등장했던 민주정부들이 좋은 정부를 만드는 일에 실패했다(최장집, 2003).

데이비드 소로우는 “가장 좋은 정부는 가장 적게 다스리는 정부(that government is best which governs least)”라 하였다. 존 스튜어트 밀의 경우, 좋은 정부는 모든 사람이 명실상부하게 참여할 수 있는 기회를 보장하는 정치체제로 이해한다. 구체적 방법으로 비례대표제 도입과 대의민주주의 실시다. 경제활동에서 자유방임주의를 지지하는 밀이 정부개입을 반대하는 까닭은 민간 기업이 정부보다 효율적이기 때문이다. 설령 정부가 민간보다 유능하더라도 정부에 맡기지 말아야 한다. 민간부문이 스스로 하는 과정에서 국민의식이 발전하는

---

7) 좋은 정부는 다양한 물질적 또는 비물질적 지표를 통해 국민들에게 실질적인 향상을 가져다주어야 한다. 민주주의적 절차에 따른 선거와 정권 이양, 그리고 이를 통해 확보된 정부의 정통성, 정치적 반대여론의 존재, 정부정책의 대표성 및 책무성, 권력분립, 효과적인 정책감사, 저수준의 부패, 정실주의, 유능한 관료, 정책의 현실성, 낮은 국방비율, 인권보장과 종교·집회의 자유, 사법제도의 공정성, 그리고 정부권력의 비자의성 등이 제시된다(British Council, 1993).

8) 이러한 국가로서 싱가포르가 대표적인데, 싱가포르는 정부주도적 발전으로 세계경쟁력의 상위국가로 선진국 수준을 유지하고 있다.

교육적 효과를 무시할 수 없기 때문이다. 또한 다른 의견을 용납하지 못하는 풍토와 독선적 정치행태는 비판의 자유와 관용을 말하는 밀의 시각과 견해를 통해 교정될 필요가 있다(이근식·서병훈, 2007).

근대의 좋은 정부에 대한 논의들은 각기 다른 이념과 체제에도 불구하고 공통적으로 국가중심적 발전주의에 기초한다. 전 세계적인 산업화와 자본주의의 발달 속에서 좋은 정부에 대한 논의들은 주로 국가와 시장의 역할을 중심으로 행정 관료제, 경제적 자본주의 그리고 정치적 민주주의라는 세 가지 기획의 연합을 통한 국가성장과 사회발전을 위한 방법론이라고 할 수 있다. 관료제를 통한 행정효율성 제고, 시장의 발달을 통한 경제적 성장, 민주주의의 성숙으로 인한 체제의 정통성과 안정을 추구하는 것이다. 그리고 이러한 발전주의적 기획의 중추적 역할을 국가가 담당한다. 물론 이와 대조적으로 국가에 대응하는 시장권력이 사회발전의 핵심으로 보는 견해도 있다. 하지만 자유주의적 자본주의시장도 실제로는 국가권력과의 긴밀한 결탁과 후원을 배경으로 성장하였다. 근대의 다양한 이념들은 단지 국가발전에 이르는 방법론의 다양성을 표명하는 것이며 좋은 정부에 대한 근대적 담론들은 기본적으로 국가중심의 발전과 성장패러다임에 기반을 둔다. 여기서 국가로부터 자유로운 개인이나 다양한 이익을 대변하는 시민단체의 자발적 참여와 협조는 국가이익 밑에서만 존재할 수 있었다(곽재석, 2001). 이러한 맥락에서 한국도 예외는 아니었다. 해방 이후 역대 정부의 정책목표와 발전전략은 근대국가의 발전중심 패러다임에 속한다. 특히 1960~70년대 한국의 근대화과정은 정부가 중심이 되어 사회경제적 변화와 성장을 추진하였다. 동 기간 동안에 행정부 수반의 시정연설을 통해 나타난 정부의 정책가치를 분석한 바에 따르면 국가사회발전은 어느 시대에나 높은 강도로 추구되었다. 특히 1960년대부터 성장이 최고의 가치로 추구되어 왔다(유완빈 외, 1993). 그런데 이러한 근대의 좋은 정부의 패러다임이 이룬 성공의 이면에 역기능을 배태하고 있었다. 첫째, 패러다임 자체에 내재하는 모순으로서 근대화의 진행에 따라 사적 영역의 확대가 이루어지고 시민사회의 성장함에 따라 근대적 좋은 정부의 기획에 잠재한 한계들이 노정된 것이다. 둘째, 패러다임을 둘러싼 환경의 변화로 인해 현실과 체제 간의 부조화가 발생한 것이다. 즉, 지식사회로의 전이에 따라 근대적 패러다임은 사회변동의 추동력을 상실하게 되었다.

2) 산업시대 좋은 정부의 한계

근대에 풍미했던 발전주의 패러다임은 자체모순을 지녔다. 동 시기의 행정은 효율성과 합리성을 원칙으로 하는 관료적 통제와 강력한 법치행정을 그 기조로 한다. 이러한 바탕에서 분업, 전문성, 공식화 등을 기반으로 정부의 의사결정과 정책집행이 이루어졌다. 근대적 행정패러다임에서 합리성은 발전을 위한 장기적이고 안정적인 예측가능성을 보유한다. 효율성 역시 희소한 자원의 조직화하는 등의 장점을 지닌다. 하지만 근대적 패러다임은 '정부실패'에 대한 보완기제를 결여하고 있다(이병천, 1998). 즉, 국가의 정책, 통제, 규율의 기능을 제대로 발휘하지 못하는 경우 이를 보완하거나 대체하는 기능이 결여되어 있다. 왜냐하면, 국가가 사회의 모든 부분을 간섭, 통제하였기에 사회 각 부문이 자율성과 독립성이 제대로 확보될 수 없었기 때문이다. 그래서 정부실패의 경우, 사회는 혼란과 재기불능의 붕괴를 초래할 가능성이 크다. 뿐만 아니라 정부실패는 사회적 불안정과 부정부패로 인한 도덕적 해이와 경제적 위기 등으로 나타났다. 근대화 과정에서 국가발전이라는 목표가 다른 가치보다 우선시되면서 국가발전을 저해하는 가치들은 통제와 억압의 대상이 되었다. 특히, 국가 폭력의 증대는 사회적 의사결정 과정에서 시민의 정당한 참여를 배제함으로써 사회적 응집성을 약화시켰다. 나아가 국가권력과 결탁한 소수 특권계급의 부정부패가 노정되었다. 외견상 공익추구를 표방하면서도 사적 이익을 옹호하는 경향이 강했다. 국가가 권위주의화되고 정치적 독재와 부패로 치달지만 이를 통제할 수 있는 세력이 없으므로 사회에 도덕적 해이가 확산되고 경제적 위기를 초래하게 된다. 국가에 의한 통제체제는 자유로운 시민사회의 창의성과 자율성을 위축시키고 사회 전반적으로 무규범성을 확산시킨다(김동춘, 2000). 이러한 부작용의 확산과 국가중심적 발전패러다임의 위험성 최소화를 위해 좋은 정부의 근대적 패러다임에 대한 반성과 함께 새로운 기제의 필요성을 인식하게 되었다. 더구나 국민들이 잘살기 위해서는 경제위기에서 벗어나도록 시장의 기능에 맡겨야 하는가? 아니면 경제위기를 연장할 수도 있는 사회정책을 펼쳐야 하는가? 더군다나 주기적인 경기침체가 왔을 때 합리적인 정부가 해야 할 일은 무엇인가? 이러한 상황에서는 무차별적인 개입을 시도하지 않고 안정적인 제도를 유지하는 일이 무엇보다 필요하다. 시장경제는 좋은 정부 없인 제대로 기능할 수가 없다. 이러한 예는 아르헨티나 경험을 통해 알 수 있다. 20세기 초까지만 해도 10위 경제 대국 안에 들던 아르헨티나가 페론주의라는 포퓰리즘 정책으로 통화량을 남발해 인플레와 쿠데타 등 정쟁으로 인해 아주 못사는 나라로 전락하였다. 특히, 중앙은행의 독립성과 통화량 발행 억제의 필요성을 시사한다. 이처럼 국가의 역할은

매순간 경제에 개입하는 것이 아니라 지속적으로 트렌드를 유지케
해 주는 것이다. 그리고 트렌드의 지속성은 무엇보다 좋은 제도와 그
제도의 안정성에 달려 있다.9)

무릇 정부는 국민 한 사람 한 사람의 생명과 재산을 보호해야 할
의무가 있다. 자기 땅에 들어와 있는 외국인의 생명과 재산까지도 보
호해 준다면 더욱 훌륭한 정부다. 오랜 기간 동안 번영을 누렸던 국
가는 그러한 정부를 유지하였다. 가령 로마가 그토록 오래 번영을 이
룰 수 있었던 이유 중의 하나는 자기가 정복한 나라 사람들에게까지
자국민과 동일한 시민권을 주었기 때문이다. 정부가 국민 각자의 출
신이나 생김새, 피부색, 종교, 돈의 많고 적음 등을 이유로 차별하지
않는 것은 법치주의의 기본 요소이기도 하다. 정부는 차별 없는 법을
만들고 그 법을 차별 없이 집행해야 한다. 법을 어기는 사람이라면
그 사람이 누구든 예외 없이 공정하게 처벌하는 것이 국민을 바르게
대하는 방법이다. 자유는 그런 환경 속에서만 생겨날 수 있다. 그러나
차별을 없앤다고 모든 사람을 똑같이 만들라는 것은 아니다. 각자에
게 주어진 자유를 가지고 무엇을 성취할 것인지는 각자의 노력과 선
택과 운에 달려 있다. 성공이든 실패든 자신의 행동에 따른 결과도
각자가 책임을 져야 비로소 진정한 자유의 의미를 가진다. 다른 누군
가에게 나눠 주기 위해 누군가의 것을 빼앗는 정부는 또 다른 차별을
조장하는 것이다. 국민 개개인의 생명과 재산을 보호해 주는 일, 그것
이 정부에게 주어진 가장 중요한 임무이다(기 소르망, 2008).

---

9) 가령 독립적인 중앙은행이라든지, 예측 가능한 경영 시스템, 인플레이션을 유발하는 통화 발행의 억제, 믿
을 만하고 비용이 덜 드는 사법제도, 매매의 자유 등 시장 기능을 방해하지 않는 일관성 있는 세법이나
사회법 등이 트렌드를 유지해 주는 좋은 제도라고 할 수 있다.

2. 지식정보시대에서 좋은 정부

근대 정부패러다임이 추구한 관리지향 정부는 지식정보사회에서 좋은 정부로서 작동할 수가 없다.[10] 근대의 발전국가 패러다임의 한계를 극복하고 지식정보화시대에 적합한 정부로 탈바꿈해야 한다. 지식사회의 정치·행정 패러다임은 기존과 근본적으로 상이하다. 종래 국정관리가 통치방식(governing)이 중심이었다면 이제 지식정보사회에서는 시민사회가 함께 참여해 정치사회 공동체 운영체제, 제도, 메커니즘 및 운영양식의 전반에 걸쳐 협력하여 운영하는 통치양식(governance)의 입장에서 접근되어야 한다(김석준 외, 2000).

1) 지식사회의 정부기능

지식사회의 진전으로 지식의 개발과 활용이 노동, 자본 등과 같은 실물생산 요소보다 가치 있는 것으로 인식되고 있다. 지식정보의 중요성 증가, 기업 간의 지식정보 경쟁의 심화, 그리고 새로운 IT기술 출현 등 지식기반 환경변화는 전 지구적으로 현상으로 나타나고 있다(장석인, 1999). 이에 따라 기존 국가중심의 발전패러다임으로는 급변하는 환경과 다양한 시민의 요구, 정보기술의 발달에 따르는 사회변동에 적절하게 대응할 수 없게 되었다. 미국을 비롯한 선진국들은 이런 변화에 따라 기존의 행정운용방식을 탈피하고 시민사회의 자유롭고 창의적인 아이디어와 요구를 적극적으로 반영하는 시민참여, 시

---

10) Lehmann은 정부의 통치방식을 관리형, 코치형, 레프리형으로 분류한다. 관리형은 국가주의와 보호주의 아래 국가가 개인과 시장영역에 간섭·통제하며, 코치형은 정부가 기업을 지도·지원하고, 레프리형은 중립적 입장에서 기업과 개인의 위법을 감시한다. Jean-Piere Lehmann, "Government-Business Interface in the Age of Globalisation," EWC/KDI Conference on Restructuring the National Economy, held by East-West Center, Honolulu, August 7-8, 1997.

민중심의 효율적 행정으로 재창조하는 노력을 기울이며 지식국가를 지향하고 있다.

지식사회에 부합하는 지식국가란 구성주체들이 지식을 보유·활용하고, 학습·공유·인프라 확충 등을 통해서 지식을 배양(knowledge cultivating)하는 국가로서 지식을 기반으로 한 경제시스템과 문제해결 능력을 보유하며 정부, 산업, 기업, 개인 등 개별 주체가 능동적으로 지식을 창조·활용하고 주체들의 지식활동이 유기적으로 연계되는 국가를 의미한다. 즉, 지식이 국가 내에서 그리고 타 국가와의 상호작용 하에 창조, 활용, 학습, 축적, 공유된 국가이다. 지식국가의 구현을 위해 축적된 지식의 관리와 지식활동을 지원하는 인프라(제도, 가치, 문화 등)가 정비되어야 한다. 여기서 정부는 스스로 지식경영을 하며 지식역량의 배양에 중점을 두어야 한다. 즉, 정부역할은 지시자(director), 배분자(allocator)에서 촉진자(initiator), 조정자(coordinator) 역할로 변모하며 지식국가에 적합한 운영원리와 모델을 개발을 통해 정부의 지식화를 촉진하며 지식인프라 구축 등을 통해 개인, 기업, 산업이 지식을 원활히 창출, 활용할 수 있도록 촉매역할의 수행이 강조된다. 이러한 역할변화가 공공정책을 성공으로 이끌 수 있다(IBM, 2007). 이를 위하여 정부는 급속한 환경변화에 대응해 행정기능과 과정을 끊임없이 변화시키는 유연성을 갖추어야 한다. 또한 사회의 지속적인 발전과 주민의 삶의 질의 고양, 기업혁신을 지원하기 위해 정부가 새로운 지식을 창출하는 데 주도적 역할을 담당해야 한다. 획일적·단편적 지식을 추구하고 설계하는 것이 아니라 유연하고 대응적인 지식을 지속적으로 창출, 확산, 활용해 정부의 유용성과 가치를 극대화해야 한다. 왜냐하면 시장의 성공과 정치사회 시스템의 진보 가능성과 효율성이 지식정보에 달려 있으며 정보와 지식의 수집, 공유와 관련된 구조혁신이 필요하기 때문이다(World Bank, 1998).

2) 지식사회의 좋은 정부

지식사회에서 좋은 정부란 국민들에게 의무와 부담은 적게 하고 권리와 혜택을 크게 해 주는 정부를 목적으로 한다. 거둔 것보다 양질의 서비스를 많이 제공하는 정부이다. 이를 실현하기 위한 방법으로 국민 부담을 줄이기 위해서는 업무처리 절차와 관행의 혁신을 통하여 비용을 절감해야 하며, 국민의 혜택을 늘리기 위해서는 정책과정에 대한 국민의 참여와 통제권을 확대하고 신속하고 편리한 공공서비스를 제공해야 한다. 또한 자기규제 역량을 갖춘 정부, 자기주도적 학습이 가능한 정부, 보다 적극적으로 실패에 의한 학습보다는 통찰과 예지를 통한 창조적 학습능력을 갖춘 정부다. 이러한 정부모습으로 지능적 정부가 그려지고 있다. 보다 구체적으로 살펴보면, 첫째, 지식사회의 정부패러다임은 정부와 민간의 긴밀한 상호 작용과 시민참여를 바탕으로 정부의 정당성, 책임성, 그리고 민주성을 확보하고, 효율성과 함께 지속가능한 발전을 중심적 가치로 삼는 거버넌스이어야 한다.11) 이러한 패러다임은 이미 선진국에서는 시작되었다. 이른바 지식혁명, 국가자본주의의 쇠퇴, 인권, 환경운동 등의 새로운 시민사회의 문화운동에 의한 환경변화는 기존 정부기능과 역할에 커다란 변화를 촉발시켜 왔다(World Bank Group, 1999·2000). ① 시민사회

---

11) UNDP, "Participatory Evaluation in programes involving Governance Decentralization," Management Development and Governance Division, Revised 22, 1996; UNDP, "Developing Capacity for Effective Governance," A Workshop for UNDP Offices, 1997; World Bank, *Governance: the World Bank's Experience*(Washington D.C.: World Bank, 1994).

의 다양한 집단들에 의한 정치활동이 활발하게 일어남으로써 이전에 국가가 누렸던 자율성이 감소되고 정부는 시민사회의 감시와 견제 그리고 참여와 타협을 통한 정책을 추진하게 되었다. ② 공공영역의 개방성이 사회전체로 파급되면서 정보공개와 정부투명성이 증대되고, 개인 간 정보교류와 활동이 촉진됨으로써 경제의 효율성증대와 활성화를 가져오고 있다. ③ 공공영역과 개인영역의 경계가 흐려지고 시민사회의 참여와 모니터링이 이루어짐으로써 불필요한 관료적 간섭으로 인한 사회적 비용이 점차적으로 개선되고 있다. ④ 시민사회의 참여증대는 사회적 분권화를 촉진한다. 특히 중앙과 지방정부 간 역할분담이 이루어지면서 지방은 지역특색에 맞는 정책을 수행한다. 지방정부는 자율성을 가지고 고객인 지역주민의 요구에 부응하기 위해 신속하고 안정적인 행정체제를 갖추게 된다.

둘째, 지식사회의 좋은 정부는 지식·정보의 창출과 활용을 통해 사회발전과 경쟁력을 지속적으로 유지하고 행정서비스의 질적 향상을 위해 노력하는 정부다(이동기, 2000). 정부가 체계적으로 지식자원을 창출할 뿐만 아니라 구성원들이 학습, 공유하게 함으로써 주어진 문제를 효율적으로 해결할 수 있는 능력과 기술을 향상시킨다. 이러한 무형의 자산은 지식사회의 중요한 사회적 자원이며 국가경쟁력의 원천이다. 그런데 지식창출과 활용을 위한 정부노력은 모든 구성원들의 자발적이며 평등한 참여를 통해 이루어져야 한다. 급변하는 지식환경에서는 소수엘리트들만으로는 성과가 제약될 수밖에 없기 때문이다. 지식창출은 시민과 관료들의 상호 이해, 협조, 필요에 의한 자발적인 호응과 폭넓은 참여가 있을 때 비로소 성공될 수 있다. 지식사회의 좋은 정부는 지식창출과 활용을 통해 사회의 발전을 유도해야 한다. 물론

1950년대 이후의 발전주의 행정도 적극적으로 사회적 변화를 선도하는 '변화촉매제'의 역할을 담당해 왔다. 그러나 더 이상 그 힘을 상실하고 있다. 1990년대 들어 일본경제가 침체를 보인 반면 미국경제가 고도성장을 한 이면에는 일본정부가 지식, 정보의 중요성을 인식하지 못하고 과거의 발전전략에 집착했기 때문이라고 분석되었다(Kumon Shumpei, 1999). 한때 일본은 미국을 추월하기 위해서 정부시스템을 디지털화하고 경제구조까지도 개혁하는 혁신전략을 추진하고 있다. 정부의 관료주의와 비효율을 완전히 없애고 행정의 생산성을 높이기 위한 전자 서비스 시스템을 도입하는 등 지식·전자정부(knowledge-electronic government)의 구축을 서둘렀다.[12] 하지만 여전히 관료주의 병폐에서 시달리고 있다. 이젠 유비쿼터스 정부가 모색되고 있다. 이러한 흐름은 정부혁신을 선도하지 않은 상태에서 국가경쟁력의 제고는 불가능하다는 판단 때문이다. 디지털시대에는 과거의 낡은 정부형태가 더 이상 유용하지 않다. 행정과 경제 분야의 인적·물적 단위를 정부가 규제, 감시하는 것만으로는 이미 빛의 속도로 변화하는 기업이나 개인들의 움직임을 뒤따르는 것이 어렵기 때문이다.

셋째, 발전주의 패러다임의 정책목표가 물질 성장이었다면 지식사회에서 좋은 정부가 지향하는 정책목표는 인간개발과 삶의 질 향상이다. 정보기술의 발전으로 시작된 지식정보혁명이 산업자본주의를 대체하면서 지식관련 산업의 중요성이 커지고 있다. 지식생산성이 국가의 경제·사회적 성공뿐만 아니라 삶의 질 향상 등에 결정적 요인이 되고 있다. 따라서 과거 산업화시대에 적합하던 인적 자원으로는

---

12) *Japan Times*, August 31, 2000.

새로운 변화요구에 적응할 수 없다. 지식사회에 대비하고 지식기반경제를 구축하기 위해서 사회 각 부문에서 활동하는 개인들의 인간개발이 필수적이다. 이에 따라 좋은 정부는 지식기반산업의 육성, 정부부문의 지식화 등 여러 과제를 효과적으로 해결하기 위해 개인의 지식능력의 개발과 향상을 도모해야 한다.

3. 스마트(창조적)시대에서 좋은 정부

지식정보화의 성숙에 따른 현상의 하나로서 스마트는 객관적으로 정의될 수 있거나 정형화된 형태를 지칭하지 않는다. 시민에게 가장 최선을 제공하는 것이 스마트화라면 시민마다 원하는 정부모습도 다를 수 있다. 가령 시민의 수준, 입장과 욕구, 취향에 따라 행정에 대한 니즈가 달라질 수 있다. 스마트시대에서 경쟁은 객관의 게임이 아니라 주관의 게임이다. 지금까지 정부가 기준과 원칙을 정해놓은 규칙에 시민을 끼워 넣고 통제하는 식이나 공통으로 정해진 객관적 목표수준을 지향하는 것은 스마트시대에는 맞지 않다. 오히려 시민 각자가 그리는 이상적이고 직관적인 세계를 이해하려는 노력이 요구된다. 시민니즈나 희망에 따라 정부서비스나 제공형태도 다양해질 수 있다. 더구나 스마트화는 현재진행형이기에 스마트시대 좋은 정부의 모습은 명확하지 않다. 어쩌면 좋은 정부의 모습은 행정서비스 이용자인 시민에게 있다. 정부가 제시하는 것이 아니라 시민들이 원하는 모습의 탐색과정에서 스마트시대의 정부모습이 그려지는 것이다. 좋은 정부는 시민과 그를 지원하는 혁신자들이 만나는 공간에서 그 모습이 구체화될 것이다(한세억, 2011). 이러한 맥락에서 스마트시대의 좋은 정부는 창조성이 강한 정부다. 새로운 서비스나 기존의 문제를 해결하는 성과물을 통해 시민을 만족시키며 감동을 준다. 창조적 정부(Creativement)의 개념을 한 마디로 정의하기는 어렵지만 정부가 추구하는 궁극적인 모습은 문제해결 중심적이면서 가치창출지향적인 정부다. 끊임없는 정부 재창조 작업을 통하여 국민에 대한 서비스, 책임성 등을 향상시키는 정부다. 정부는 일종의 유기체로서 시간과 환경변화 대응하여 진화하면서 단계와 차원을 달리한다. 이처럼 일신우일신(日新友日新)하는 정부를 위해 지속적인 혁신노력이 필요하다. 국민이나 기업의 니즈와 기대를 반영하는 정부로 변신해야 한다. 국민생활패턴이나 기업의 비즈니스 패턴에 맞추고, 부처 간 장벽이 없는 하나의 통합된 정부를 지향해야 한다.

Ⅳ. 좋은 정부의 경험적 현상과 지향

1. 좋은 정부의 경험적 사례

국가는 시장만으로 발전이나 성장을 이룰 수 없고 국민이 잘살 수도 없다. 경제가 발전하자면 시장기능이 잘 발휘되어야 하며 시장기능이 발휘되자면 좋은 정부가 필수적이다.[13] 시장기능은 없어서는 안 될 중요한 경제기구이지만 좋은 정부 없이 좋은 경제가 이루어질 수 없다. 경제발전을 위해서는 무엇보다도 좋은 정부가 있어야 한다.

---

13) 역사학자이자 경제학자인 Karl Polanyi 교수는 "시장의 작동을 무제한 방치하면 사회와 인간을 파괴하고 환경을 황무지로 만든다"고 경고한 바 있다.

그래서 좋은 사회란 좋은 정부를 가진 사회를 말한다. 좋은 나라가 아니고는 행복한 국민을 만들어 낼 수는 없다. 좋은 나라는 좋은 정부 없이는 만들어지지 않는다. 이런 좋은 정부를 경험적 현상에서 찾기란 쉽지 않지만 이 글에서는 깨끗하고 유능하며 국민행복지수가 높은 싱가포르, 덴마크를 제시하고자 한다. 아울러 좋은 정부를 위한 Agenda 멕시코 사례를 살펴보고자 한다.

1) 싱가포르

싱가포르는 깨끗한 물(Clean water), 깨끗한 거리(Clean street), 깨끗한 정부(Clean government)라는 3C정책을 추진해 왔다. 국가경쟁력뿐만 아니라 투명성부문에서 세계의 선두권을 유지하면서,[14] 좋은 정부로 평가되고 있다(맥킨지 금융팀, 2004: 486). 특히, 공공부문은 강력하지만 부패하지 않고 행정은 상업적 방식으로 운영되며 투철한 사명감과 청렴의식으로 부장한 공직자들도 시장지향적이다. 관료선발은 수상실에서 주관하며 능력은 물론 지능지수(IQ), 인품과 가족관계도 고려할 정도이기에 관료들의 엘리트의식이 강하다. 그러나 특권의식에 사로잡혀 있지 않고 공직사회는 뇌물수수혐의자의 영장 없는 체포, 뇌물수수자의 블랙리스트 작성과 사실상 재취업금지, 공익저해 투자금지, 업무관련 민간인으로부터 금전차용 금지 등으로 채찍질한 결과, 청정국가(fine country) 이미지를 바탕으로 지속적 경제성장을 구가하였다.

---

14) 싱가포르는 세계경쟁력위원회(GCC)와 한국산업정책연구원(IPS)에서 발표한 '세계 국가경쟁력 평가 2010' 과 스위스 국제경영개발원(IMD)과 세계경제포럼(WEF)의 2010년 국가경쟁력 조사에서도 각각 1위로 꼽혔다. 각기 다른 기준을 사용한 3개 기관의 국가경쟁력 평가에서 모두 1등을 차지하는 '그랜드슬램'을 달성한 국가이다. 국제투명성 지수도 상위권을 유지하고 있다.

2) 덴마크

덴마크는 국왕을 비롯하여 정치·행정부문의 공직자가 섬기는 자세를 견지하고 있다. 국회의원은 출근 때마다 코펜하겐의사당 흉상을 보며 국가와 국민을 위해 가져야 할 마음을 가다듬는다고 한다. 정치분야의 법질서경쟁력 1위 국답게 특권, 부패, 반칙, 비리, 기만이 통하지 않기에 국회에 대한 신뢰가 두텁다. 2010년 부패인식지수(CPI)에 따르면 덴마크는 뉴질랜드, 싱가포르(9.3점)와 함께 가장 높은 투명성을 기록한 국가로 평가된다. OECD 통계에 따르면 덴마크의 조세수입은 GDP의 48.8%에 해당될 정도로 부담이 크지만 국민들은 세금 뜯긴다는 생각 대신 낸 세금만큼 돌려받는다는 믿음이 강하다. 그 비결은, 최근 몇 년간 세계투명성기구의 부패인식지수에서 보듯 180개국 중 1, 2위를 차지할 정도로 정직한 정부와 성숙한 정치에 있었다. 정부의 미래지향적 방향설정능력도 탁월하여 국가사회의 지속가능한 발전과 안보 차원에서 화석연료를 대체하는 재생에너지 개발을 정책적으로 추진한 유일한 나라다. 1976년 종합에너지정책을 채택한 이후 2007년 에너지정책비전 2025에 이르기까지 그 결과, 1997년부터 에너지자급자족 국가가 되었으며 세계 1위의 풍력대국이자 녹색에너지 강국으로 성장했다.

3) 좋은 정부 Agenda(멕시코)[15]

좋은 정부를 향한 정부 어젠다로는 멕시코정부를 예시할 수 있다.

---

15) 멕시코는 정부경쟁력이나 청렴도가 낙후되어 좋은 정부라고 평가하기 어렵지만 좋은 정부 어젠다는 최초의 사례로 인정된다. 동 어젠다는 2000년 12월 비센테 팍스 대통령은 취임 직후 내각에게 정부혁신을 위한 명확한 지시, 즉 국민들을 위한 성과를 내고, 경비를 줄이며, 성과관리 시스템을 갖추도록 정부를 변화시키라는 지시를 내렸다.

당시 멕시코정부는 국민 관점에서 모든 정책을 결정하는 새로운 조
직문화를 구축하기 위해 전통적 행정체계를 변화시키는 전략을 추진
하였다. 이른바 "좋은 정부 어젠다(Good Government Agenda)"로 명명
된 변화를 위한 전략적 계획은 <표 1>에서 보듯이 ① 정직하고 투명
한 정부, ② 전문적인 정부, ③ 질 높은 정부, ④ 디지털 정부, ⑤ 규제
개혁 정부, ⑥ 저비용 정부 등 6가지 전략으로 구성되었다.16) 이처럼
팍스정부의 행정혁신이 다른 나라의 개혁과 상이한 특징으로는 첫째,
모든 장관들은 자신의 구체적인 성과목표를 대통령과 협의하여 결정
한 후 성과를 정기적으로 보고한다. 둘째, 정부의 모든 계층에서 공무
원들의 네트워크를 만들어 서로로부터 배우며 함께 문제를 해결한다.
이러한 정부혁신이라는 최우선 과제를 범정부적으로 조정하기 위해
대통령 직속 정부혁신부(Presidential Office of Innovation in Government)
가 신설되었다.

<표 1> 멕시코의 좋은 정부 어젠다

구분	주요 내용
정직하고 투명한 정부	2000년, 부패를 추방하기 위하여 모든 장관들이 포함된 관계부처합동 반부패 투명성위원회가 설립되었다. 2002년에는 정보자유법(Freedom of Information Law) 제정을 통해 정보공개 담당기관을 설립하여 향후 2년 동안 26,000건이 넘는 정보공개 요청에 대해 응답하였다. 2003년에는 미주기구(OEA)의 전미 주반부패협정에, 2004년에는 UN반부패협약에 서명하였다.
전문적인 정부	2003년 최초로 정부전체에 걸친 직업공무원법(Professional Service Law)이 통과 되었다. 이 법은 능력에 따라 선발되어 그 성과에 따라 승진되는 핵심적인 공무 원 그룹을 정부가 유인하고 확보하는 데 도움을 줄 것이다. 또한 공무원 채용, 임 용 및 교육훈련 방식을 향상시키기 위해 기술적인 장치들이 개발되고 있다.

---

16) 이 자료는 제6차 정부혁신세계포럼의 정부혁신 관계장관회의에서 소개된 영문 자료를 요약·번역한 것임
(자료출처_http://www.6thglobalforum.org/download/eng/Mexico.pdf).

질 높은 정부	정부기관들이 서비스 전달과 계약에 있어 국민들의 기대수준을 넘어서도록 보장한다. 그 결과 과거 3년 동안 멕시코에서는 ISO 9000 인증을 받은 정부 업무 과정의 수가 비약적으로 증가하였다. 2000년에는 2개의 정부기관에서 360개 과정이 인증을 받는 데 불과하였으나, 현재는 범정부적으로 690개 분야에서 1,200개가 넘는 과정이 ISO 9000 인증을 받았다.
디지털 정부	2001년에는 170개 정부계약만이 온라인으로 이루어졌으나, 현재는 5,000개가 넘는 계약이 온라인으로 이루어진다. 또한 정보공개요청 대부분에 대해 온라인으로 대응하고 있다. 온라인정부조달시스템(www.compranet.gob.mx)은 ISO 9000 인증을 받았고 세계은행에서도 그 효용성을 인정하였다.
규제개혁 정부	창업신고를 위한 새로운 시스템을 통해 신규 등록에 걸리는 시간이 2000년에 448시간이었던 것이 2005년에 70시간으로 단축되었다. 또한 정부의 공식문서들이 Plain Language(규제를 포함한 정부문서를 쉽게 이해할 수 있도록 하는 규제향상장치)를 통해 쉬운 언어로 다시 쓰이고 있다.
저비용 정부	불필요한 간접경비를 줄이는 것을 의미한다. 2001년 이래로 정부는 이러한 경비절감을 통해 USD 360만 달러를 보건, 교육 및 사회기반시설 투자에 재투입했으며, 정부 전체적으로 16만 개 직위를 줄임으로써 정부규모를 줄였다.

2. 좋은 정부의 조건

지식정보시대의 바람직한 기능은 지식화의 기반구축이 선행되어야 한다. 이른바 법과 제도의 개선, 지식정보인프라의 고도화, 과학기술 혁신능력의 강화, 지식기반 신산업의 육성, 창의가 충만한 인재의 양성, 지식정보 격차의 사전 차단 등을 필요 기반으로 제시된다(재정경제부 외, 2000). 또는 정부지식지도의 제작, 인적 자본에 대한 투자의 체계화, 지식검증체계의 확립, 지식정부의 구현, 지식 민주화 등을 요구하기도 한다(황성돈, 2000). 이러한 논의를 요약하면, 기술적 기반, 법적·제도적 기반, 의식·문화적 기반 등 세 가지로 대별된다. 이러한 여건이 충족될 때, 좋은 정부의 역할이 수행될 수 있다.

1) 건강한 국가정책 지식생태의 조성

지식사회는 모든 구성원이 골고루 지식기반 및 지식활용의 편익을 공유해야 한다. 먼저 정보통신기술 접근 및 활용에서 지역적·경제적·신체적 차이에 따른 격차를 해소하여 소외계층이 불편 없이 일상생활을 영위하고 사회참여를 할 수 있는 기술적 기반을 제공해야 한다. 지식 인프라로서 정보기술 및 기반 구축에서 보편적 서비스와 보편적 설계는 중요한 기본원칙이다. 시간, 공간, 대상을 초월해 공동체의 구성원 모두에게 지식의 편익을 누릴 수 있도록 기술적 뒷받침이 이루어져야 한다. 예를 들면 국가의 정보기반구조로서 정보통신망의 구축으로 인해 지역, 계층의 구분 없이 골고루 서비스의 보편화가 이루어지는 것이다. 이러한 보편적 서비스를 위해서는 국민 개인 간에 존재하는 신체적·정신적 능력과 특성의 차이에 관계없이 누구나 쉽게 지식사회가 제공하는 혜택을 향유할 수 있도록 기기, 서비스, 환경을 뒷받침해야 한다. 아울러 지식순환프로세스가 원활하게 작동될 수 있도록 지식인프라도 확충해야 한다. 이러한 지식정보인프라는 건강한 국가정책지식생태를 위해 필요하다.

2) 창의적 법·제도

과거 관료주도의 국가중심적 발전주의 패러다임 아래 형성된 각종 낡은 제도와 관행들은 지식정보사회로의 원활한 이행에 장애물이다. 따라서 정부는 지식정보화 패러다임에 부합하도록 기존의 법적·제도적 시스템을 조정하거나 새롭게 정비해야 한다. 지식기반사회로의 이행을 촉진하고 새롭게 주어지는 사회발전과 혁신의 기회를 잘 활용하기 위해서는 지식정보활동을 촉진하는 인센티브, 창조적 마인드 확산 등 적절한 여건을 마련해야 한다. 또한 경쟁력 있고 개방적인 사회를 구축하기 위해 신속하고 적절한 지적 재산권의 보호, 경쟁촉진을 통한 환경개선 및 정책의 개선 등도 필요하다. 사실 법·제도는 정부의 주요한 활동에 의한 산물이다. 정부를 비롯한 공공부문은 법·제도를 통해 국민이 원하는 가치를 창출해야 한다. 사회변화 흐름을 반영함은 물론 바람직한 사회변화를 유도하는 방향에서 국민이 원하는 최고의 가치를 지향해야 한다.

3) 신뢰기반 확보

행정이 궁극적으로 기반을 두는 것은 시민이다. 그러므로 행정이 시민으로부터 높은 신뢰를 받아야 바람직한 행정이 된다. 행정이 만일 실현 불가능한 정책을 약속하고 슬그머니 철회하며, 시류나 인기에 영합해 갈팡질팡하거나, 현실을 도외시한 탁상행정을 펴 나간다면 국민은 정부를 신뢰하지 않을 것이다. 신뢰행정은 절차적인 면에서 행정과정이 투명하며, 국민의 참여확대와 자유로운 접근이 보장되고, 실체적인 면에서 국민요구와 환경변화에 응답적인 성과(performance)를 산출하며, 그 결과에 대해 국민들이 기대하는 공정성, 형평성이 구현되는 행정을 의미한다(한세억, 1999). 지식사회에서는 지식정보의 창출, 공유, 학습을 위한 참여성, 투명성, 접근성, 공개성 등이 중요한 가치이다. 지식정보의 자유로운 흐름이 보장되고 왜곡 없이 구성원들에게 공유될 때, 행정 서비스에 대한 수준 향상 및 평가가 가능하다. 따라서 지식사회의 원활한 형성을 위해서는 법적·제도적·기술적 기반과 함께 적합한 문화적 기반이 중요하다. 특히, 문화적 기반으로서 ① 개방성, ② 시장성, ③ 협조성, ④ 기록성, ⑤ 권력분산성, ⑥ 비정의성, ⑦ 신뢰성 등이 중요한 조건으로 거론된다(박우순, 1999). 이러한 조건들은 지식사회에서 지식의 관리와 공유, 학습과 활용 등을 위한 창의적이고 혁신적인 환경을 촉진하며 협력과 상호 의존성을 향상시키는 역할을 한다. 그런데 다양한 문화적 조건 가운데 무엇보다도 중요한 것은 신뢰이다(한세억, 2000). 왜냐하면 지식사회는 근본적으로 구성원 간 신뢰를 중심으로 하는 지식공동체이기 때문이다. 지식은 독점보다는 공유하는 것이 개인은 물론 조직에 유용하다는 상호 간의 믿음이 능률적·생산적·혁신적 지식정보환경의 기본조건이다. 지식사회에서의 구성원 간 상호 신뢰는 반드시 지식거래를 통한 경제적 이익을 위해서만 필요한 것이 아니다. 지식공헌자의 지식공유 활동이 지식수혜자에게뿐만 아니라 다른 조직 구성원들에게도 드러나고 이로 인한 보상이 주어질 수 있다는 경제적 의미의 신뢰가 중요하다. 또한 지식의 창출, 공유, 활용의 역동적 지식순환과정 속에서 형성되는 구성원들의 자발적 참여, 창의성, 즐거움, 보람, 삶의 질 등이 중요한 가치기준이 된다. 따라서 지식사회에서 좋은 정부는 지식거래에서 부정한 방법을 통한 어떠한 무임승차도 불가능하며 오직 지식정보의 자유로운 소통을 통한 투명한 경쟁만이 보장되는 사회적 시스템을 형성함으로써 지식패러다임에 대한 신뢰를 진작시켜야 한다(곽재석, 2001).

3. 시사점: 지성적 정부

오늘날의 정부, 의회를 비롯한 공공부문에서 필요한 것은 문제의 원천이나 경험과 동떨어진 이성이나 폐쇄적 이념, 기술적 합리성이 아니라 바로 실천적 지성이다. 지성을 통해 조직과 자유롭고 행복한 미래를 건설하는 데 관심을 갖는 사람, 조직과의 협력이 가능하다. 지성은 과거의 누적된 경험과 선견지명의 계획능력이 조화를 이루어야 유효하게 작용할 수 있다. 지성적 정부란 유사한 문제 상황에서 문제해결을 위해 과거의 사용했던 방식을 그대로 모방하여 무의식적으로 반복 적용하지 않는다. 새로운 조건과 상황에 적합한 새로운 방법을 발견하고 탐구하는 태도를 견지한다. 실험적·과학적·반성적·사회적 실천능력을 함축한다.

정부는 사회문제를 해결하고 바람직한 사회를 설계하는 사회적 기술과 지식이 요구되는 전문영역이다. 그래서 정부의 구성원인 정책관료는 전문직 종사자이다. 하지만 지식을 넘어 지성인으로 기능하려면 자기가 종사하는 직업을 넘어 전체적 관심을 가져야 한다. 전문가로서 관료 역시 지성인의 기능과 책무가 요구된다. 지성적 정부와 관료는 전문지식 이상의 능력을 소유하거나 구사할 수 있어야 한다. 즉, 공동사회의 문제에 대해 관심을 갖고 자신의 일을 전체적으로 조망할 수 있는 이해력과 안목이 요구된다. 지식정보는 지성적 정부를 위한 필요조건이지만 그 자체로 충분치 못하다. 지성의 임무는 개인이나 사회가 직면한 문제에 대하여 밝은 습관과 제도와 신념을 현실적 조건에 맞도록 개선함으로써 하나의 조화를 이룩하는 일이다. 또한 낡은 것과 새로운 것을 조화롭게 연결시키는 것이다. 나아가 권위주의적 관료의 벽을 허무는 바탕에서 비판을 수용하면서 반론에 열려 있는 정부다(김광웅, 2003). 그래서 독단과 극단을 경계한다.

지성은 끊임없는 반성적 사고(reflective thinking)의 계속적 과정이다. 충돌과 불일치를 조정하고 새로운 적응을 가능하게 하는 힘이다.

가령 듀이가 말했듯 지성이란 신체적 활동에 연결되어 작용한다. 즉, 인간의 충동이나 욕망을 목적 있는 활동으로 전환시키는 사고활동 그 자체다. 이렇게 개인의 경험을 교육적인 성장으로 이끌어 나갈 수 있게 하는 내적인 힘은 바로 지성에서 비롯된다. 듀이는 인간을 충동, 습관, 지성을 가진 존재로 보았다. 인간은 먼저 자기의 이해와 욕망에 근거해서 행동을 일으키려는 존재로서 그것은 신체적 욕구와 본능적 충동에 기초한다. 충동은 습관이라는 표현방식을 통해 표면에 나타난다. 충동은 외부 자극을 받으면 습관을 부수고 밖으로 나오려고 하면서 양자 간에는 갈등이 생기게 된다. 이러한 충돌의 조절은 바로 지성에 이해 이루어진다. 인간은 지성에 의해 내적 충동과 습관들을 조정하고 인간적 성장을 이룰 수 있다(김동식, 2002; 듀이, 2004). 마찬가지로 정부도 권력지향적이며 권위적 폭력의 충동과 행정관례 및 답습에서 벗어나 국민과 기업이 희망하고 만족하는 바를 추구하는 행정역량의 바탕에서 지속적인 성장을 이루어야 한다.

지성적 정부는 반성적(反省的) 정부를 의미한다. 외부의 비판이나 내부적 성찰을 통해 끊임없이 반성한다. 여기서 반성적 주의력이란 문제해결을 위한 적극적인 사고과정에서 나타나는 능력이다. 충동적이거나 상습적 행동에서 벗어나 예견을 가지고 행동하도록 지도하며 예견된 목적에 따라 계획할 수 있게 한다. 지성적 사고는 사회구성원으로 하여금 진중하고 지향적 태도로 행동하며 미래의 목적을 달성하게 한다. 듀이는 반성적 사고, 즉 지성에 의한 평가과정이 가치판단에 필수적이라고 주장한다. 즉, 가치판단이 있을 때는 언제나 하나의 지성적 요인, 즉 탐구가 있다는 것이 듀이 가치관의 근간을 이룬다. 또한 지성은 인간의 본성 속에 본래적으로 타고나는 기능이라는 것이 그의 인간관에 명시되어 있다. 듀이는 다윈(C. Darwin)의 진화론의 영향을 받아 인간을 생물학적 존재로 파악하였다. 생물학적 존재인 인간은 먼저 자신의 이해와 욕망에 따라 행동하는 존재다. 이러한 사실은 신체적 욕구와 본능적 충동에서 유래한다. 따라서 행동을 가능하게 하는 힘은 본능적 충동이다. 이러한 충동이 삶의 표면에 표출될 때는 습관이라는 표현방식을 통한다. 그런데 인간의 본능과 습관은 대상에 적합할 것을 요구한다. 이때 형성된 개인적 습관과 그것이 모여 역사적 전통을 형성해 온 사회적 습관과의 사이는 반드시 조화가 이루어진다는 보장이 없다. 도리어 충돌이 존재하는 것이 보편적 현상이며 자신과 타인 간의 이해, 혹은 개인적 이해와 사회적 이해 간에 불일치가 일어나기 쉽다. 이때 충돌과 불일치를 조정하기 위하여 사고가 발생하며 이처럼 사고할 수 있는 능력이 곧 지성이다.

좋은 정부를 지향하는 데 고수준의 성과와 신뢰형성이 요구된다. 먼저 성과와 관련하여 역대 정부는 물론 현 정부도 성과에 대한 신뢰 위기를 경험하고 있다. 민주적 절차를 통해 선거에서의 승리가 좋은 정부로 연계되기 위해서는 정당이 개혁에 대한 요구를 결집하고 조직해야 하고, 관료체제를 개혁하면서 지식사회와 전문가집단이 대안형성과 개혁프로그램을 구체화하는 데 참여할 수 있도록 조력해야 한다. 그렇지 않고서는 선출된 정부가 투표자에 대해 책임을 다할 수 없다. 심지어 투표자에 직접 책임지지 않는 행정 관료들의 관성과 기득권자에 의해 포획될 것이다. 이러한 경우 정부의 안정성을 위해 필요한 사회적 지지를 확보할 수 없다. 이러한 경우, 제도적으로는 강력한 대통령, 강력한 정부를 갖지만 실제로는 허약한 대통령, 무력한 정부로 전락할 수 있다(최장집, 2003). 다음으로 좋은 정부를 지향하기 위해 신뢰형성이 필요하다. 그 조건은 높은 수준의 성과와 함께 반부패에 있다. 지식사회는 구성원 간 신뢰를 중심으로 하는 지식공동체의 조직이다. 지식정보의 생산성을 제고시키기 위해서는 공정하고 투명한 경쟁과 보상이 이루어지는 정치·행정에 대한 구성원의 신뢰가 요구된다. 건전한 지식사회의 형성을 위해 정부에 주어진 중요한 과제 중 하나는 바로 투명하고 공정한 시스템을 바탕으로 이룬 성과와 함께 국민 신뢰를 형성하는 것이다. 과거 한국의 국가주도 발전주의 정치·행정패러다임이 사회의 지속적인 발전을 이루지 못하고 실패한 이유는 부정부패로 야기된 시스템의 실패와 이로 인한 사회의 공적 신뢰 상실 때문이라고 지적된다(이재유, 1998). 나아가 지식사회의 심화에 따라 야기되는 부작용이 지성적 기반을 위협할 수 있다. 정보 및 지식의 비대칭성에 따른 전자감시사회의 위험성을 경계해야 한다. 또한 정부기관의 행정적인 필요에 따라 개인의 인적사항과 재산 등에 관한 사항이나 여타 공공 또는 사적인 기업의 데이터베이스도 정보의 오용에 따른 프라이버시의 침해를 야기할 수 있다. 이 외에도 디지털 격차, 정보편식 등은 지성적 정부의 기반을 약화시키는 부작용으로 지성적 정부의 가능성을 제약하는 한계가 될 수 있음을 유의해야 한다.

V. 결어

　근대 산업사회가 낳은 물질주의 뒷면에 깔려 있는 가치가 있다면 그것은 무엇이 옳고 최선인지를 판단할 수 있다는 인간지성에 대한 믿음과 약자에 대한 배려가 담긴 민주주의에 대한 신념이다. 인간에 대한 배려가 없는 권력, 지식이나 부는 존중받을 수 없다. 나아가 지식의 실천에서 실용적 가치를 중시하면서도 인간존엄과 도덕성의 가치를 새겨야 한다. 그래야 좋은 지식이다. 지식사회에서 가치의 원천인 지식은 고정되어 있는 것이 아니라 변화, 진보한다. 물론 지식을 위한 지식이 아니다. 왜냐하면 생활세계에 변화를 주지 못하고 그 자체로 추구되는 지식은 의미가 없기 때문이다. 지식은 일상생활을 살아가기 위한 도구일 때 가치가 있다. 특히 정부에 의해 산출되는 정책의 경우에 그렇다. 정책 그 자체로서는 가치가 없다. 정책의 가치는 정책이 존재하지 않을 경우보다 유용한 결과와 상태를 낳느냐에 따라 의미가 부여된다. 이처럼 지식을 그 자체로 추구하지 않고 생활에 도움이 되는 수단으로 여겨야 한다. 이런 맥락에서 좋은 정부는 그 자체로 중요한 것이 아니다. 진정 가치 있는 것은 좋은 정부 자체에 대한 탐구보다는 정부의 선한 영향력을 통하여 국민들이 선하고 좋은 행동을 하게 하며 사회공동체를 발전시키는 것이다. 앞서 살펴보았듯이 절대적으로 좋은 정부는 존재할 수 없다. 물론 '좋다'는 것도 시대와 상황에 따라 변한다. 중요한 것은 무엇이 좋은 것인지를 밝혀내기 것이라기보다는 지성을 최대한 발휘하여 각각의 상황에서 개인과 사회를 발전시킬 수 있는 판단과 행위를 자극, 유도하는 것이다.

참고문헌

강승영 옮김, 헨리 데이비드 소로우 지음(199).『시민의 불복종』. 이레.

곽재석(2001). 「지식정보사회에서 좋은 정부와 그 문화적 기반」.『정신문화연구』 2001 가을호, 제24권 제3호(통권 84호). 한국정신문화연구원.

기 소르망 지음, 조정훈 옮김(2008).『경제는 거짓말을 하지 않는다』. 문학세계사.

김광웅(2003).『바람직한 정부』. 박영사.

김동식(2002).『프래그머티즘』. 아카넷.

김동춘(2000).『근대의 그늘-한국의 근대성과 민족주의』. 서울: 당대, 제1부.

김석준 외(2000).『뉴 거버넌스 연구』. 서울: 대영문화사.

듀이(2004).『사고의 방법』. 도그마.

박우순(1999). 「한국의 행정문화와 지식정부의 가능성」.『사회과학논집』. 한국외국어대학교 사회과학연구소, 17권 1호.

맥킨지 금융팀(2004).『맥킨지 금융보고서』. 한국경제신문사.

세릴짐렐킹 외, 오수길 외 역(2001).『반정부 시대의 행정』. 대영문화사.

유완빈 외(1994). 「해방 후 한국 정치문화와 행정문화의 관계」.『한국의 정치문화와 행정문화』. 성남: 한국정신문화연구원.

이동기(2000). 「지식정부를 위한 지식창출의 의미」. 한국행정학회 편.『지식정부 구현을 위한 전략과 과제』. 서울: 성림문화.

이병천(1998). 「한국의 발전국가 자본주의와 발전딜레마」.『창작과 비평』 26권 3호.

이재유(1998). 「민주주의, 사회적 자본, 사회적 신뢰」.『계간 사상』 1998년 여름호.

이근식·서병훈 편저(2007).『자유주의와 한국사회』. 철학과 현실사.

장자크 루소, 이환 역(1999).『사회계약론』. 서울대학교 출판부.

장석인(1999). 「지식기반경제의 이해: 기초개념과 발전전략」.『경제논총』(명지대학교 경제연구소). Vol.18, No.1.

재정경제부 외(2000).『지식기반경제발전전략』.

최장집(2003). 「한국 민주주의와 좋은 정부의 조건에 관하여」.『시민과 세계』 제3호. 2003 상반기.

한국IBM(2007).『IBM 한국보고서』. 한국경제신문사.

한세억(1999).「지식사회에서 행정신뢰 확보방안: 투명성과 접근성」. 한국행정학회 춘계학술대회발표논문.

______(2000).「지식정부의 구조와 기능」. 한국행정학회 편.『지식정부 구현을 위한 전략과 과제』. 서울: 성림문화.

______(2011).「창조성기반 전자정부의 탐색과 실천」. 한국행정학회 춘계학술대회 발표논문.

황성돈(2000).「지식정부의 미래모습과 정책과제」.『한국행정연구』9권 1호.

Blanca Heredia, and Ben Ross Schneider(1998). The Political Economy of Administrative Reform: Building State Capacity in Developing Countries, in http://lasa. international. pitt.edu/LASA98/Heredia-Schneider.pdf.

British Council(1993). Development Priorities: Good Government(London: British Council).

Charles Murray(1994). In Pursuit of Happiness and Good Government(San Francisco: ICS Press).

David Rober(2001). "Installing anti-corruption upgrades for the new public sector," Independent Commission Against Corruption, 21-22 May. Australia.

Kumon Shumpei(1999). "How Japan Fell Behind in Informatization," http://www.glocom. ac.jp/lib/kumon/99/informatization.html.

Lee Kuan Yew(1992). "What people want is good government," A Keynote speech delivered at the Create Asahi Forum, Nov. 20.

__________(1993). "Can Singapore's Experience Be Relevant to Africa?" Keynote Address at Conference by Africa Leadership Forum and Singapore International Foundation, 8-10 November.

Tendler Judith(1997). Good Government in the Tropics(Baltimore: The Johns Hopkins University Press).

World Bank(1998). World Development Report: Knowledge for Development (Washington, D.C.: World Bank).

World Bank Group(1999 · 2000). "The Changing World," World Bank Report.

제3장

좋은 정부란?:
윤리적 관점과 사회적 요구의 관점에서

최도림*

I. 서론

　좋은 정부란? 쉽고도 또한 어려운 질문임에 틀림없다. 쉬운 측면에서 보면 '좋은 정부'는 현실적으로 국민과 나라를 위해서 필요로 하는 어떤 문제나 이상을 실현해 줄 수 있는 정부일 것이다. '좋은 정부는 어떤 정부인가'라는 질문에 수많은 답을 제시할 수 있다. 예를 들면, 현실적인 상황에서 각 개인에게 절실한 것을 충족시켜 줄 수 있는 정부도 좋은 정부가 될 수 있다. 정의로운 사회를 구현할 수 있는 정부도 좋은 정부가 될 수 있다. 능력과 경쟁력을 갖춘 정부도 좋은 정부가 될 수 있다. 부정부패가 없는 청렴한 정부도 좋은 정부가 될 수 있다. 어려운 측면에서 보면 이렇게 수많은 답변이 가능하다는 것

---

* 충남대학교 행정학과 교수.

은 답이 없는 것이나 마찬가지이다. 수많은 답변을 포괄할 수 있는 하나 또는 몇 개의 답변을 찾아내기가 쉽지 않을 수 있다.

이 글에서는 좋은 정부란 어떤 정부인지에 대한 이론적 관점과 현실 사회에서 요구하는 좋은 정부의 상을 살펴본 후에 그들이 주는 의미에 대해서 고민해 보고자 한다.

Ⅱ. 좋은 정부에 대한 이론적 관점들

1. 윤리적 관점에서 좋은 정부

윤리라 함은 행동의 이면에 숨겨져 있는 가치나 전제 등에 대한 논의라고 하기도 하고, 무엇이 옳은지, 공평한지, 좋은지 등에 대한 논의라고 정의되기도 한다. 이러한 논의에 기준 역할을 할 수 있는 것이 절대주의와 상대주의이다.

1) 절대주의

절대주의란 옳고 그름에 대한 보편적인 기준이 있다는 시각이다. 옳은 행동에 대한 이러한 절대적 기준에 맞추어 좋은 정부는 어떤 정부인지를 생각해볼 수 있다. 절대주의적 관점은 다시 의무론·목적론·덕론·직관론 등으로 구분할 수 있다(Geuras & Garofalo, 2005).

(1) 의무론적 관점

의무론적 관점은 어떤 원칙에 입각해서 행동해야만 하는 것을 말

한다. 결과에 관계없이 행하여야 하는 옳은 것을 찾아서 실천에 옮기
는 것을 말한다. 그러므로 행위의 옳고 그름에 대한 판단이 최종 결과
에 따르는 것이 아니라 행위 그 자체의 중요성에 달려 있다. 의무론적
관점에 속하는 가장 대표적인 이론이 칸트주의이다. 칸트주의는 어떤
원칙이 되었든지 그 원칙의 가장 중요한 측면은 일관성(consistency)이
라고 한다. 행동과 행동 간에 모순이 발생하지 않아야 한다. 이러한
일관성을 실천하기 위한 한 원칙으로 칸트에 의해서 제시되는 황금
률은 '다른 사람이 너에게 해 주기를 바라는 것처럼 너도 다른 사람
에게 그렇게 하라'는 것이다. 이러한 황금률이 이기적 목적을 위해서
이용되지 않도록 하기 위해서 제기되는 중요한 가치가 사람을 수단
이 아닌 목적으로 대우하라는 것이다. 개인의 권리와 자유를 강조하
는 관점이다.

　이러한 관점에 따르면 좋은 정부란 원칙에 입각해서 해야 할 의무
를 다하는 정부일 것이다. 그 과정에서 지켜져야 하는 중요한 가치는
일관성과 인간의 존중일 것이다. 이 관점에서 좋은 정부는 말과 행동
이 일치하여 하며, 조직적·정치적 목적을 위해서 국민을 수단으로
이용하지 않는 정부일 것이다. 예를 들면, 서민과 가난한 사람들을 위
한 정책을 강조하면서 부자들에게 유리한 세금정책을 펴는 것은 일
관성이 없는 것이다. 공직자의 청렴과 부정부패의 척결을 중요시하면
서 과거의 잘못된 관행이나 불법을 행한 경력이 있는 사람을 고위직
에 임명하는 것은 좋은 정부라고 할 수 없다. 어제 한 약속을 다른 이
유를 들어 오늘 바꾸는 정부 또한 좋은 정부라고 할 수 없다. 권력을
잡기 전에 하는 말과 권력을 잡은 후에 하는 행동이 다른 것 역시 일
관성이 없는 것이며 좋은 정부라 하기 어렵다.

이 관점의 주요 단점은 지켜야 할 원칙을 개인의 이익을 위해서 악용할 수 있다는 점이다.

(2) 목적론적 관점

목적론적 관점에서 좋고 나쁨의 판단은 결과에 기초한다. 이 관점에서 결과를 평가하는 척도는 행복이다. 즉, 공동체를 구성하고 있는 많은 사람들에게 많은 행복을 가져다줄 수 있다면 옳고 좋다는 것이다. 목적론적 관점에 속하는 대표적인 이론은 벤담의 공리주의이다. 공리주의를 대변하는 슬로건은 "최대 다수를 위한 최대 행복"이다. 가장 많은 사람들에게 가장 많은 행복을 가져올 수 있다면 옳거나 좋다는 것이다. 여러 행동 중 최적의 행동 대안은 이 슬로건을 충족시킬 수 있는 행동이 된다. 또한 여러 규칙 중 최적의 규칙 대안도 역시 이 슬로건을 충족시킬 수 있는 규칙이 된다. 공동체의 공공선의 증진을 강조하는 관점이다.

정부의 중요한 역할 중의 하나가 국민의 행복을 증진시키는 것이다. 즉, 교육, 건강, 안전, 경제 등의 거의 모든 영역에서 국민의 행복을 증진시키는 것이 공무원 또는 정부가 해야 할 역할이다. 예를 들면, 자유무역협정(FTA)에서 농산물을 개방하는 대신에 자동차나 철강 산업 등의 수출에 우호적인 교역환경을 형성함으로서 국가 전체적으로는 더 많은 효용을 창출함으로써 더 많은 사람들의 행복을 증진시키는 것이다. 또한 우리나라의 지역적으로 편중된 발전을 극복하고 균형발전을 이루기 위해서 정부조직을 다른 지역으로 옮기는 정책도 목적론적 관점으로 이해할 수 있다. 정부조직이 기존의 장소에 있음으로써 편익을 얻고 있는 사람들이 있는데 이들의 이익을 어느 정도 위태롭게 하면서 국가 전체의 효용을 극대화하려는 정책이라고 할 수 있다.

이 관점의 주요 단점은 다수의 이익을 위해서 소수의 희생이 당연시될 수 있다는 점과 행복은 주관적인 것이라서 각 개인의 행복을 동일한 기준으로 측정할 수 없다는 것이다.

(3) 덕론적 관점

덕론은 고대 철학자 아리스토텔레스 및 현대 철학자 맥인타이어와 밀접하게 연계가 되어 있다. 덕론은 행위가 보여 주는 특성에 기초하여 해당 행위가 좋은 것으로 간주되는 것을 말한다. 조직 내에서 대부분의 구성원들이 잘못된 관행을 따르고 있는 상황에서 그 관행에 대항할 수 있는 용기, 더 어려운 계층의 사람들에게 더 많은 혜택이 돌아갈 수 있도록 하는 관용과 아량, 잘못된 것을 감추거나 합리화하지 않고 인정하는 정직함 등이 덕의 예가 된다. 덕론은 어떤 사람의 모든 행동을 따져 보기보다는 전체로서 그 사람의 가치를 평가하는 것이다. 우리가 어떤 사람이 덕이 있다고 할 때 한두 번의 좋은 행동을 보고 인품이 뛰어나다고 하지는 않는다. 전체로서 그 사람의 특성을 평가함으로써 덕이 높은지 낮은지를 말한다. 실제로 좋은 정부는 어떤 정부인지에 대한 기준은 너무 많아서 모든 기준에 따라 분석을 한 후에 좋은 정부인지 아닌지를 판단하는 것은 불가능하다.

이러한 관점에서 좋은 정부란 좋은 특성을 갖는 행동을 실천하는 정부이다. 정직, 용기, 아량, 청렴, 다른 사람에 대한 배려, 근면, 협력 등의 특성을 보이는 행동을 실천할 때 좋은 정부라고 할 수 있을 것이다.

어떤 특성이 좋고 나쁜지를 어떻게 평가하는지 물을 수 있다. 이 질문에 대한 답은 좋은 결과를 가져오는 특성은 좋은 것이고, 나쁜 결과를 가져오는 특성은 나쁜 것이 된다. 이런 점에서 결과적으로는 목적론과 그 맥을 같이한다.

(4) 직관론적 관점

직관론이란 옳거나 좋음을 판단하는 것이 사람들의 도덕적 민감성에 의존하는 것을 말한다. 이 관점에 따르면 사람들은 어떤 행위의 도덕적 특성을 인지하는 감각을 가지고 있다고 한다. 그러므로 어떤 판단의 대상에 직면하면 순간적으로 논리적이고 객관적인 분석 없이 도덕적 감각을 통해서 옳고 그름과 좋고 나쁨을 판단한다는 것이다. 너무나 자명하게 옳고 그름이 가려지는 것은 대부분의 사람들이 동일한 결론에 도달할 것이고, 그렇지 않은 경우는 차이를 보일 수 있다. 도덕적 감각이 의무론적 관점에 맞추어져 있는 사람들과 목적론적 관점에 맞추어져 있는 사람들은 많은 경우에 순간적으로 서로 다른 결론에 도달할 것이다.

이러한 관점에서 좋은 정부란 얼마나 국민들의 도덕적 정서에 합치되는 정책이나 행동을 실천에 옮기고 있는지가 중요한 판단의 기준이 된다. 현실에서 대부분의 사람들은 복잡한 논리적 분석을 통해서 정부를 평가하기보다는 본인의 느낌, 특히 중요한 정책이나 사건들에서 보여 준 정부의 대응에 대한 느낌에 기초해서 좋은 정부의 여부를 평가한다. 예를 들면, 현 정부의 인사정책, 천안함 사건, 연평도 사건, 4대강 개발, 세종시 정책 등의 문제에 대처하는 방식이 좋은 정부 여부에 대한 직관적 판단에 영향을 미친다.

어떤 이성적·논리적 논의와 분석도 거부되는 이러한 관점이 무슨 의미가 있냐고 할 수도 있지만 이유에 상관없이 좋은 정부 또는 나쁜 정부로 판단하는 그 자체로도 충분한 의미를 갖는다.

2) 상대주의적 관점

상대주의적 관점은 절대주의적 관점과 달리 옳고 그름을 판단하는 데 있어 정해진 기준이 있는 것이 아니라 사람에 따라 상황에 따라 그 기준이 다를 수 있다는 것이다. 모든 상황이나 개인에게 동일하게 적용될 수 있는 보편적인 기준은 없다는 것이다. 사형제도, 낙태, 동성결혼, 일부다처제(일처다부제) 등이 그 예가 된다. 이러한 정책이나 제도는 그 나라의 정서나 역사적 전통에 따라서 서로 다른 관점을 가질 수 있음을 인정하는 것이다.

그러나 상대주의적 관점을 어디까지 인정하느냐에 따라 상대주의를 좋은 정부 여부를 판단하는 관점으로 인정할 것인지에 영향을 미친다. 한 나라 내에서도 지역과 개인에 따라 관점이 달라질 수 있는데 이들이 모두 인정된다면 그 어떤 합의에 도달하는 것이 어렵고 공유되는 가치를 갖고 더불어 살아가는 견고한 공동체를 형성하기 어렵게 된다.

그럼에도 불구하고 절대주의적 관점과 더불어 상대주의적 관점을 설명하는 것은 경우에 따라서 그 차이를 인정하고 서로 이해를 도모해야 할 때가 있기 때문이다. 특히 거버넌스적 정부운영이 보편화되어 가는 상황에서는 상호 간의 인정, 이해, 협력이 뒷받침되어야 원만한 문제해결을 이루어 낼 수 있다. 좋은 정부로 평가받을 수 있을 것이다. 그러나 상대주의의 지나친 인정은 기회주의와 공동체의 분열을 초래할 수도 있다.

2. 정부개입의 관점

정부개입이라는 말은 정부가 시장의 영역에 개입하는 정도를 말한다. 오랜 기간 동안 작은 정부와 큰 정부에 대한 논쟁이 있어 왔고 지금도 정치적 이념에 따라 추구하는 정부의 규모가 서로 다르다.

1) 작은 정부: 시장 지향적 정부

정부의 규모를 측정하는 기준은 일반적으로 예산과 구성원의 수가 사용되어진다. 작은 정부라 함은 예산이나 구성원의 수가 적은 상태를 말하는 것으로 가능한 한 시장의 영역에 개입하지 않고 사람들의 선택권이나 자유를 최대한 인정하는 사회구조를 의미한다. 자유주의, 신자유주의, 신공공관리 등의 이념에서 추구하는 정부형태이다.

애덤 스미스의 '보이지 않는 손'의 메커니즘에 의해서 자동적으로 수요와 공급, 생산과 소비, 가격 등이 결정됨으로 다른 형태의 개입이 오히려 시장의 효율성과 생산성을 떨어뜨린다는 것이다. 그러므로 정부는 시장의 질서를 유지하는 최소한의 역할만을 하고 나머지는 시장기능에 맡겨 두는 것이 좋은 정부라고 한다. 그러나 시장의 실패도 발생한다.

2) 큰 정부: 정부개입 지향적 정부

큰 정부는 예산이나 구성원의 수가 큰 정부를 말한다. 예산이나 구성원의 수가 많다는 것은 그만큼 할 일이 많음을 보여 주는 지표이다. 큰 정부에서는 개인의 선택권과 자유보다는 정부가 직·간접적으로 필요한 것을 국민들에게 제공하려고 한다. 기본 전제는 시장이 사회에서 요구하는 것을 제대로 해결하지 못한다고 믿기 때문이다. 또한 국민 한 사람당 공직자의 수를 계산함으로써 공직자의 수가 많을수록 국민들에게 양질의 서비스를 제공할 가능성이 높다고 한다.

시장이 올바로 작동하기 위해서는 기본적으로 갖추어져야 할 조건들이 있다. 다수의 수요자와 공급자, 재화의 동질성, 자유로운 진입과 퇴거, 완전한 정보 등이 그 기본적인 조건들이다. 이러한 조건들이 제대로 작동하지 않는 상황에서는 시장이 올바로 작동하지 못하고 시장실패로 귀결된다. 이러한 시장의 실패는 시장에서 힘이 강한 시장의 행위자들이 나타남으로써 자유롭고 공정한 경쟁이 불가능한 경우 나타나게 된다.

이러한 시장의 실패는 잘못된 것을 바로 잡아 줄 다른 역할자의 필요성이 제기되고 결과적으로 정부가 개입하게 된다. 이러한 정부의 개입을 통해서 가난, 균형발전, 부익부 빈익빈 등의 사회문제를 해결하고자 한다. 그러나 역시 시장실패와 마찬가지로 정부실패도 발생하고 있다.

3) 작은 정부와 큰 정부 논쟁의 한계

작은 정부가 좋은가, 아니면 큰 정부가 좋은가? 사실 이 질문에 대한 대답은 없다. 어느 한쪽이 모든 상황에서 항상 좋을 수는 없기 때문이다. 작은 정부나 큰 정부나 더 나은 행정을 하기 위한 수단이지 목표는 아니다. 그러므로 정치적 이념에 따라, 그리고 국가가 처한 상황에 따라, 국민의 요구에 따라 선택할 수 있는 수단이지 주변 상황을 배제한 상태에서 어느 한 쪽이 좋은 거라고 할 수는 없다. 미국의 경우를 예를 들면, 공화당은 보수주의적 성향을 띠는 정당으로 정부의 간섭을 줄이고 시장의 역할에 의존하는 이념을 갖고 있다. 그러므로 공화당은 작은 정부와 그 맥을 같이한다. 반대로 민주당은 진보적 성향을 띠고 있어서 사회의 다양한 영역에 정부가 개입하여 문제를 해결하고자 하므로 정부의 규모가 커질 수밖에 없다.

물론 필요 이상으로 비대해져 있는 정부인 경우는 너무 큰 정부이므로 더 적어질 필요가 있다고 말할 수는 있다. 또한 반대로 정부규모가 너무 적어서 국민에게 제대로 된 서비스를 제공할 수 없을 경우는 정부의 규모를 더 키워야 한다는 목표 지향적 언급을 할 수가 있다. 그렇지만 단순히 정부조직의 규모가 작은 것은 나쁘고 큰 것은 좋다거나, 반대로 큰 것은 좋고 작은 것은 나쁘다고 할 수는 없다. 더 중요한 것은 크고 작은 것이 아니라, 목표한 것을 달성하였는지, 또는 더 적은 비용으로 목표한 것을 달성하였는지 일 것이다.

Ⅲ. 사회가 요구하는 좋은 정부

사회에서 회자하는 '좋은 정부'는 어떤 정부일까를 알아보기 위해서 인터넷에 있는 자료에 접근하였다. Google에서 '좋은 정부'를 입력하여 나타난 자료를 분석하였다. 좋은 정부와 관련된 자료가 수만 건이 검색되었지만 처음부터 약 50건까지의 자료를 검토한 후에는 관심을 가질 만한 자료가 나타나지 않았다. 검색된 자료들을 정리하면 다음과 같다. 좋은 정부란 하나의 시각이나 각도에서만 논의될 수 있는 개념이 아니라 다양한 각도와 시각에서 평가되어져야 하기 때문에 이러한 접근방법이 시각의 다양성을 확보할 수 있을 것이다.

1. 시장경제가 제대로 작동하도록 역할을 하는 정부

시장경제가 제대로 작동하도록 역할을 하는 정부가 좋은 정부라고 한다. 이를 위해서는 좋은 제도와 제도적 안정성을 확보하는 정부가 필요하게 된다. 위에서 언급한 시장이 올바로 작동하기 위해서 필요한 조건을 확보·유지하는 데 필요한 제도적 장치를 말한다. 예를 들면, 독립적인 중앙은행, 예측 가능한 경영시스템, 인플레이션을 유발하는 통화 발행의 억제, 믿을 만하고 비용이 덜 드는 사법제도, 매매의 자유 등이다(기 소르망, 2008). 이러한 제도적 장치들을 통해서 모순들로 가득 찬 자유시장 자본주의가 올바로 작동하도록 정부가 통제할 수 있어야 좋은 정부이다(장하준, 2010; 안희정, 2008).

이러한 시각에서 보면 정부의 규모를 이야기하고 있지는 않지만 기본적으로 시장의 역할을 강조하고 있으며 정부는 시장에 제대로 역할을 할 수 있도록 필요한 수단을 만들고 그 수단들이 효과를 낼 수 있도록 하는 데 중점을 두어야 함을 강조하고 있다.

2. 언로가 열려 있는 민주주의 시스템을 유지하는 정부

좋은 정부란 서로 소통할 수 있는 언로가 개방되어 있어야 한다. 개인의 생각이나 의견을 표현할 수 있는 채널이 막혀 있는 정부는 민주주의 시스템이 제대로 작동하고 있다고 할 수 없다. 민주주의가 가장 성숙되어 있다고 하는 영국과 미국의 민주주의의 큰 특징은 관용과 개방성에서 찾을 수 있다(박원순, 2009). 우리나라의 시각에서 보면 지나칠 정도로 표현의 자유가 보장되어 있다. 예를 들면, 현 정부의 권력자들을 비판하고 조소하는 내용을 TV프로그램에서 쉽게 접할 수 있다. 그러나 우리나라에서는 이러한 위험한 도전은 피하려는 경향이 있다. 이러한 요구는 특히 일방통행식의 행정과 표현의 자유에 대한 지나친 제재를 가하는 정부에게 요구되는 항목일 것이다.

3. 공익을 추구하는 정부

공익이 무엇인지에 대한 논의는 다양하지만 확실한 것은 사익의 추구와는 반한다는 것이다. 사익이 아닌 공익을 추구하는 정부가 좋은 정부이다. 개인, 집단, 조직의 이익이 아닌 공공의 이익 실현을 위해서 정부는 최선을 다해야 한다. 부정부패와 비리가 수시로 터지고, 이들에 대한 처벌은 미미한 정부를 좋은 정부라고 할 수 없을 것이다.

4. 르네상스 작품으로 보는 좋은 정부: 암브로조 로렌체티의 '좋은 정부의 알레고리'

시에나의 푸블리코 궁에 그려진 화려한 프레스코화를 통해 알 수 있는 좋은 정부가 갖추어야 할 덕목들이다. 좋은 정부가 갖추어야 할 덕목은 정의, 조화, 믿음, 자비, 희망, 평화, 힘, 신중(분별), 관용, 중용 등이다.

5. 신뢰할 수 있는 정부

국민에게 신뢰를 주는 정부가 좋은 정부이다. 특히, 정책에 대한 믿음을 주는 정부가 좋은 정부라고 한다. 주택가격의 예측가능성을 예로 들 수 있다. 우리나라는 많은 직장인들의 삶의 목표 중 하나가 내 집을 장만하는 것이다. 이러한 상황에서 주택가격이 장기적으로 예측불가능하다면 보통 사람들은 내 집 마련 계획에 많은 차질이 생길 것이다. 정책신뢰의 또 다른 예는 세종시에서도 찾아볼 수 있다. 이전 정부에서 많은 갈등과 사회적 비용을 치르고 결정된 정책이 세종시 건설이다. 그런데 그러한 정책이 옳은지 그른지를 떠나서 이미 오랜 논의와 갈등을 거치면서 결론이 난 정책을 다시 바꾸려고 하는 것은 정부 정책에 대한 신뢰를 약하게 만드는 것이다. 정책에 따라 개인, 조직, 지방정부 등 활동의 주체들이 나름대로의 계획을 세우게 되는데 그러한 정책이 언제 바뀔지 모른다면 좋은 정부라고 칭하기 어려울 것이다.

6. 민심에 귀 기울이는 정부

여론이나 국민의 목소리에 귀 기울이는 정부가 좋은 정부라는 것이다. 국민의 불만족과 반대에도 불구하고 정부가 옳다고 기존의 입장을 강행하면서 국민과 대치하는 행태는 좋은 정부의 모습이라고 하기 어렵다. 설사 국민의 생각과 판단이 잘못되었다 하더라도 시간을 갖고 설득하는 과정을 통해서 서로 함께하는 모습이 좋은 정부의 모습일 것이다.

7. 국민의 선택권을 넓혀 주는 정부

국민의 선택권을 넓혀 주는 정부가 좋은 정부라는 시각은 한편으로 작은 정부적 시각과 연결되어 있다. 가능한 정부의 간섭을 줄이고 국민 개개인이 스스로 자신의 욕구에 따라 선택을 할 수 있게 하자는 것이다. 자유주의적 관점에서 개인의 권리를 최대한 존중해 주는 정부가 좋은 정부라는 것이다.

더불어서 정부는 획일적 가치가 아닌 다양성이 인정되는 사회를 형성할 수 있어야 좋은 정부라고 한다. 성공의 기준이 어느 특정 직업군에 맞추어져 있다든지, 경제적 풍요로움에 맞추어져 있다든지, 거쳐야 하는 과정이 정해져 있다든지 함으로써 다양성이 인정되지 않는 경우 건강한 사회라고 하기 어렵다. 개인들은 자신들이 즐거운 마음으로 하고 싶은 것을 하면서 삶을 영위해 갈 수 있을 때 행복할 수 있을 것이다(동아일보, 2009).

최근에 한 공공기관이 비인기 종목에 속하는 핸드볼 팀의 해체를 계획하면서 국민의 관심을 끈 사례가 있다. 이 사례의 한 측면을 보면, 선수들은 열정을 갖고 핸드볼을 해 왔고, 앞으로도 사랑과 열정을 갖고 그 운동을 하면서 살아가고 싶어 한다. 물론 실력도 국내외적으로 상당한 수준이 올라와 있는 선수들이다. 이러한 선수들이 자신들이 하고 싶어 하는 것을 할 수 있는 기회가 사라질 지경에 놓여 있는 것이다. 경제적 풍요로움과 사회적 인정은 없더라도 하고 싶은 것을 하고 살 수 있는 기회가 박탈당하게 될 수도 있다. 이처럼 많은 것이 너무 지나치게 시장논리에 의해서 평가되는 것은 다양성을 확보하기 어렵다. 건강한 다양성이 자리 잡을 수 있도록 노력하는 정부가 좋은 정부일 것이다.

8. 수단보다는 본질에 초점을 두는 정부

수단보다는 본질에 초점을 두는 정부가 좋은 정부라는 것이다. 현실에서 많은 경우 문제의 핵심 내용은 뒤로하고 부차적인 것을 가지고 논쟁을 한다. 예를 들면, 정부의 규모가 중요한 쟁점이 되기보다는 정부가 수행해야 하는 역할을 제대로 하고 있는지, 그렇지 못하다면 어떤 수단이나 방법이 강구되어야 하는지가 쟁점이 되어야 한다.

9. 능력 있고 국민을 보살필 줄 아는 정부

능력 있고 국민을 보살필 줄 아는 정부는 다양한 시각에서 접근할 수 있을 것이다. 일단 능력이 있는 정부라 함은 외부의 압력이나 공격으로부터 국가와 국민을 지켜 낼 수 있어야 한다. 자국민이 세계 어느 곳에 있든 안전하게 살아갈 수 있도록 할 수 있어야 한다. 어렵고 힘든 상황에 처한 국민을 곤경에서 벗어나게 할 수 있어야 한다.

10. 기능적 관점에서의 좋은 정부

행정을 하는 데 있어서 중요한 이념적 목표들이 제대로 수행되고 있는지에 따라 좋은 정부인지 여부를 판단하는 것이다. 일반적으로 행정이념으로 논의되는 것들은 대응성, 효율성, 효과성, 민주성, 형평성, 정의 등이 있는데, 이러한 이념들이 잘 구현되는 경우 좋은 정부라고 할 수 있다. 대응성은 '국민들의 요구를 얼마나 잘 정책에 반영하고 있는가'를 의미하며, 효율성은 '최소의 비용으로 정책의 목표를 얼마나 잘 수행했는가'로 설명되며, 효과성은 '정부의 정책이 기대한 효과를 적절하게 산출했는가'로 표현될 수 있다.

Ⅳ. 실제적 함의

지금까지 '좋은 정부'란 어떤 정부이어야 하는지를 윤리적 관점과 실제 사회로부터의 요구를 통해서 살펴보았다. 이 부분에서는 이론적 관점과 실제적 관점으로부터 얻을 수 있는 함의(implication)에 대해서 생각해 보고자 한다.

1. 관점의 다양성

좋은 정부란 어떤 정부인지에 대한 시각은 이론적·실제적 관점에서 살펴본 것처럼 다양하다. 또한 경우에 따라서는 서로 동시에 양립하기 어려운 관점들도 있다. 의무론과 목적론이 한 예가 될 것이다. 민주주의에 대한 초점과 효율성에 대한 초점도 양립하기 어려운 점이 있다.

그러므로 어느 한 시각에서 보면 좋은 정부일 수 있지만, 다른 시각에서 보면 좋은 정부라 하기 어려운 측면이 존재한다. 서로 다른 관점에 대한 이해와 적절한 조화가 요구된다.

2. 보는 주체에 따른 차이

개인, 집단, 계층, 자치단체 등에 따라 '좋은 정부란'에 대한 대답이 달라질 수 있다. 대학생들에게 물어보면 4대강에 투입되는 예산을 줄여서 대학등록금을 줄여 주는 정부가 좋은 정부일 것이다. 정부관계자들은 4대강 사업이 국가의 장기적 발전에 중요한 사업이라고 할 것이다. 직장인들에게 물어보면 안정된 근무환경을 제공해 주는 정부가 좋은 정부일 것이다. 기업인들에게 물어보면 신축성 있는 인력정책이 가능한 체제를 허락하는 정부가 좋은 정부일 것이다. 이처럼 동일 사안에 대해서도 보는 주체에 따라서 좋은 정부라 평가하는 기준이 달라질 수 있다.

3. 상황의 상이성

어떤 정부는 정부의 규모를 줄이면서 좋은 정부가 될 수 있고 어떤 정부는 규모를 키우면서 좋은 정부가 될 수 있다. 정부가 처하고 있는 현재의 상황이 다르기 때문이다. 어떤 정부는 현재의 정부가 하는 일에 비해서 너무 비대해져 있는 경우 지금보다는 작은 정부 규모로 회귀하는 것이 더 좋은 정부가 될 것이지만, 규모가 너무 작아서 계획한 일을 원만하게 수행할 수 없을 경우에는 정부의 규모를 늘려야 할 것이다.

또 다른 예를 살펴보면, 국가경제의 발전이 먼저인지 아니면 복지국가 형성이 먼저인지가 국가마다 다를 수 있다. 경제적으로 후진성을 벗어나지 못하는 가난한 국가의 경우는 국부를 늘릴 수 있는 정부가 좋은 정부이겠지만, 국부가 어느 정도 선에 도달한 국가는 국가 전체의 복지에도 관심을 가져야 할 것이다.

4. 판단과 선택의 문제

현재의 상황이 정부의 규모를 늘려야 할 상황인지, 복지보다는 경제발전에 더 치중해야 하는지, 어떻게 하는 것이 국민을 잘 보살피는 것인지 등 실제 결정권을 가지는 주체가 어떤 생각을 하고 어떤 판단을 하느냐에 따라 좋은 정부를 만드는 대안에 대한 생각이 다를 수 있다. 중요한 것은 그 판단과 선택이 얼마나 순수한지의 문제이다. 사심이 없는 판단과 선택이 되어야 할 것이다. 어느 선택을 하든 그 선택에 대한 합리화는 항상 가능하다. 그러므로 판단과 선택을 하는 사람의 양심이 가장 중요할 것이다.

V. 결론

좋은 정부란 어떤 정부인지를 구상하는 단계에서 윤리론적 관점과 현실적인 요구에 따른 좋은 정부의 관점에 대해서 살펴보았다. 윤리적 관점에서는 목적론, 의무론, 덕론, 직관론, 상대주의 등이 논의되었고, 현실적 요구의 관점에서는 시장경제가 제대로 작동하도록 역할을 하는 정부, 언로가 열려 있는 민주주의 시스템을 유지하는 정부, 공익을 추구하는 정부, 능력 있고 국민을 보살필 줄 아는 정부 등이 제시되었다. 마지막 단계에서 이러한 좋은 정부에 대한 논의가 주는 현실적 또는 정책적 함의에 대해서 생각해 보았다. 논의된 주요 이슈는 좋은 정부에 대한 관점의 다양성, 보는 주체에 따른 차이, 상황의 상이성, 판단과 선택의 문제 등이다.

참고문헌

기 소르망(2008). 『경제는 거짓말을 하지 않는다』. 문학세계사.
김상철(2009). 좋은 나라 좋은 정부. MBC 뉴스, 5월 21일.
동아일보(2009). 국민 선택권 넓혀줘야 '좋은 정부'. IGM지식클럽, 2월 24일.
박원순(2009). 박원순 "좋은 정부 만들기 고민"…… 정치참여?. 오마이뉴스.
안희정(2008). 더 좋은 정부, 더 좋은 사회, 더 좋은 국가. 블로그.
장하준(2010). 『그들이 말하지 않는 23가지』. 부키.
Geuras, Dean & Garofalo, Charles(2005). Practical Ethics in Public Administration,
    Managementconcepts.

제2부

좋은 정부 만들기

제4장

좋은 정부를 위한 만물지능
IT 기반의 구상과 전략

최남희*

Ⅰ. 서론: 좋은 정부에 대한 논의에 어떻게 접근할 것인가?

좋은 정부에 대한 정의는 좋은 정부가 되기 위한 노력만큼이나 다양하다. 좋은 정부에 대한 개념은 명확하게 정립되어 있지 않으며, 세상에서 가장 훌륭한 좋은 정부의 모델을 찾는 것도 용이한 일은 아니다. 역사와 사회발전은 끊임없이 진행되는 과정이기 때문에 좋은 정부란 어느 수준에서 어떤 모습으로 완성되는 것인지도 판단하기 쉽지 않다.

그렇다고 해서 유사 이래로 좋은 정부가 무엇이고 좋은 정부가 되기 위해서는 어떻게 해야 하는가에 대한 철학적·정치적·행정적 관심과 논의가 사라졌었던 시기는 없을 것이다. 몽테스키외, 로크, 루소 등과 같은 근대철학자들은 이미 좋은 정부에 대한 이론적 토대를 제시

한 바 있으며, 최근에는 신자유주의의 이론적 틀 내에서 좋은 정부로 가기 위한 개혁들이 봇물처럼 쏟아져 나오기도 했다.[1] 그럼에도 불구하고 여전히 좋은 정부가 무엇인가에 대한 철학적 기조는 다소 혼란스러우며, 좋은 정부로 가기 위한 개혁들에는 찬반이 엇갈리고 있다.[2]

최소한의 문제해결과 역할로 개인의 자유와 시장 메커니즘을 존중하는 것이 좋은 정부인가, 아니면 보다 적극적으로 개인의 행복추구와 시장 메커니즘이 작동하도록 개입하는 정부가 좋은 정부인가에 대한 주장이 여전히 대립되고 있다. 또한 오늘날의 정부정책들을 보면 특정 문제에 대한 인식과 해결수단을 둘러싸고 벌어지는 논쟁이 이들 두 가지 시각에서 첨예하게 대립되고 있다. 동일 정부 내에서도 어떤 정책들은 정부의 소극적 역할과 개입에 기조를 두고 있는 반면 어떤 정책들은 정부의 적극적 역할과 개입이 기조가 되기도 한다. 더군다나 이들 두 시각에 기조하고 있는 정책들에 대한 개인이나 시장의 평가도 일관되지 않고 사안에 따라서는 상반되게 나타나는 경우도 적지 않다.

이 논문에서는 작은 정부가 좋은 정부인가, 큰 정부가 좋은 정부인가와 같은 철학적 논의보다는 국민들이 피부로 느끼는 좋은 정부 만들기에 초점을 두고자 한다. 그 이유는 고대 희랍철학에서부터 국가(정부)의 바람직한 역할이 무엇인가에 대한 끊임없는 논의와 토론, 합

---

1) 좋은 정부에 대한 이론적 논의는 '좋은 정부 연구모임'에서 발표된 한세억, 왕재선·최창현, 정용덕 교수 등 세 분의 논문에 정리되어 있으므로 추가적인 검토는 생략한다.

2) 장하준 교수는 더 나은 자본주를 모색하고자 한 그의 저서 『그들이 말하지 않은 23가지』(2011)에서 자유시장주의를 형성하고 있는 이기적인 개인들은 더 이상 소시민이 아니라, 거대 자본력을 형성한 재벌이자 글로벌 기업이 되었으며, 신자유주의 정책은 시장에 좀 더 많은 자유를 주어 투자를 활성화시키고 이를 통해 고용과 성장을 달성하며 동시에 배분할 파이가 커진다고 주장하지만 커진 파이는 세상의 변화를 가져오지 않고 오직 부자들의 주머니를 채우는 데 그쳤다고 비판하고 있다. 반면에 장하준 교수는 정부의 올바른 정책에 의한 적절한 시장 통제를 통해서만 자유시장 자본주의의 모순을 해결할 수 있다고 주장한다.

의와 충돌이 있었지만 그것은 좋은 정부에 대한 두 관점 중 어느 한 측면만을 강조하거나 양자의 조화라는 결론에 도달할 수밖에 없을 것이라고 보았기 때문이다.3) 반면에 이러한 논의보다 더 중요한 것은 국민들은 언제나 '어떠한 좋은 정부가 어떻게 더 살기 좋은 세상을 만들 것인가'라는 기대를 갖고 있으며, 그렇기 때문에 이러한 기대에 부응할 수 있는 좋은 정부가 무엇인지를 살펴볼 필요가 있다는 것이다.

좋은 정부가 무엇인가를 논의할 때 민주적인 정부, 반응성과 책임성 있는 정부, 공정성과 형평성을 지키는 정부, 부패하지 않고 신뢰할 만한 정부, 효율적인 정부, 투명한 정부, 필요 이상으로 간섭하지 않는 정부 등과 같은 신화적인 가치들에 대해서는 누구도 이의를 제기하지 않는다. 이러한 가치들은 지금까지 많은 학자들의 주장과 정치적인 노력에 힘입어 좋은 정부가 지향해야 할 방향임에 틀림없다.

그러나 좋은 정부는 마땅히 이러해야 한다는 규범적인 가치도 중요하지만 우리나라가 직면해 있는 상황을 고려해 볼 때 다음과 같은 세 가지의 실질적인 가치를 실현할 수 있는 정부라고 할 수 있다. 그것은 첫째, 어느 순간에 직면할지 모르는 미래사회의 위기에 성공적으로 대응하여 국가사회를 생존시키고, 둘째, 대외적인 경쟁력과 안정된 고용을 창출할 수 있는 시장경제체제를 지속가능하게 하며, 셋째, 국민들이 보다 행복하게 삶을 영위할 수 있는 사회를 발전시킬 수 있는 의지와 능력을 갖추고 있으며, 그것을 실행하여 국민·기업을 만족시켜 주는 정부라고 할 수 있다.4)

---

3) 극단적으로 말하면 이러한 좋은 정부에 대한 상반된 이론적 검토는 좋은 정부 또는 더 나은 정부로 가기 위한 방향을 설정하는 데 크게 도움이 되지 않고 오히려 소모적인 논쟁만을 초래하거나 더 좋은 정부로 가기 위한 행위 지연을 초래할 위험이 있다.

4) 한세억 교수는 같은 시각에서 좋은 정부는 창조적 정부를 통해 국민생활 패턴이나 기업의 비즈니스 패턴에

그렇다면 좋은 정부가 되기 위해 앞에서 제시한 세 가지의 가치를 어떻게 실현시킬 수 있을 것인가? 이 논문에서는 먼저 대한민국이 직면하게 될 미래사회의 위기가 무엇인지를 살펴보고, 이러한 위기에 성공적으로 대응함은 물론 앞에서 언급한 세 가지의 가치를 달성할 수 있는 좋은 정부의 기반으로서 만물지능 IT 패러다임을 제시하였으며, 좋은 정부가 되기 위한 방안들에 대한 구상과 전략을 살펴보았다.

Ⅱ. 대한민국의 위기와 좋은 정부

좋은 정부가 무엇이고 어떻게 좋은 정부가 될 수 있는가를 논의하는 데 있어서는 규범적인 논의뿐만 아니라 국가가 현재 및 미래사회에 직면하게 될 위기 등과 같은 상황인식이 필요하다. 위기 상황에 따라서는 좋은 정부가 지향해야 할 가치의 종류와 우선순위가 달라질 수도 있기 때문이다. 즉, 미래사회에 직면하게 될 국가적 위기상황에 대응하지 못하고 국가의 존재까지 위태로워진다거나, 글로벌 경제에서 국가경쟁력이 크게 떨어지고, 국민들이 행복한 삶을 유지할 수 있는 사회를 만들지 못한다면 결코 좋은 정부가 될 수는 없다.

1. 대한민국의 미래와 화이트 아웃 위기

위기와 기회는 공존한다. 위기 속에서 시스템을 성공적으로 개혁

맞추고, 부처 간 장벽이 없는 하나의 통합된 정부를 지향해야 한다고 주장한다(2011).

할 경우에는 기회가 되지만 위기를 맞아 개혁은 고사하고 방향감각까지 잃어 갈팡질팡하게 되면 생존마저 위태로워지게 될 것이다. 생존마저 위태로워지는 상황에서 좋은 정부는 의미가 없다. 미래에 대한민국은 지금까지 많은 학자들이 예견했던 수많은 위기와 도전으로부터 자유로울 수 없다. 오일피크(Oil Peak)의 시기가 점점 다가오고 있는 것처럼 2030년을 전후로 대한민국은 청년층의 고갈(Youth Peak), 일자리의 고갈(Job Peak), 신선한 물의 고갈(Water Peak), 복지재정의 고갈(Money Peak), 1등 상품의 고갈(Best Product Peak)이라는 위기에 직면하게 될 것이다. 이 시기가 되면 대한민국은 국가의 존폐를 걱정해야 할 정도로 수많은 위기에 직면하게 될 것이다.[5]

　이러한 미래사회의 위기에 대해서 약간의 관심과 준비하는 척하는 수준의 노력으로는 성공적으로 대응할 수 없다. 경제 위기, 빈곤과 식량 위기, 환경오염과 물 부족 현상, 전쟁과 테러, 에너지와 자원 고갈, 기후 변화, 고령화 현상 등은 특별한 해결책을 찾기 어려운 글로벌 난제로서 어느 특정 국가나 지역의 위기가 아니라 범지구적인 위기로 꼽히고 있다. 문명의 충돌이나 사회적 통합의 위기도 같은 맥락에서 볼 수 있는 심각한 위기라 할 수 있다.

　한마디로 대한민국은 2030년에 가서 모든 지탱가능성의 에너지원이 끊기고(拙), 그로부터 모든 것이 고갈되어 시스템이 붕괴되는 위기에 직면하게 될지도 모른다(危). 그러나 무엇보다 더 큰 위기는 위기

---

5) 최근 Futurist(2011년 5월·6월호)에 실린 논문에 따르면 지구는 멀지 않은 장래에 기후변화에 따른 자연재해, 물·에너지·식량부족, 금융과 같은 사회제도의 붕괴, 대량살상무기, 사이버공간에서의 테러 등으로 인해 커다란 위기(Mega Crisis)에 직면할 것임을 경고하고 있다. 물론 우리나라도 지구의 Mega Crisis에서 자유롭지는 못할 것이다. 이 논문에서 제시하고 있는 최악의 시나리오인 '재앙으로 인한 파멸에(Deciline to Disater)'의 가능성은 25%이며, 그 도달 시기는 2029년으로 보고 있다.

에 귀를 기울이지 않고 위기를 위기로 느끼지 않는 것이다. 국정의 리더십과 사회경제시스템이 위기에 관심 정도만 있고 실행력 있게 준비하지 않으면 말의 향연으로 그치고 그러한 말의 향연에 대다수 사회경제 주체들이 안주하고 있을 때 거대한 위기의 쓰나미가 무방비 상태에서 밀어닥칠 가능성이 높다.[6]

더군다나 이러한 상황에서 대한민국 정치가들의 당리당략밖에 모르는 국정운영과 포퓰리즘, 공무원들의 무사안일과 허술한 정책설계, 오늘 당장의 이익밖에 모르는 기업의 사회적 무책임성, 그리고, 희미해진 국민들의 공동체의식은 대한민국을 망하게 하는 경로의존적인 고리로 작용할 가능성이 크다.

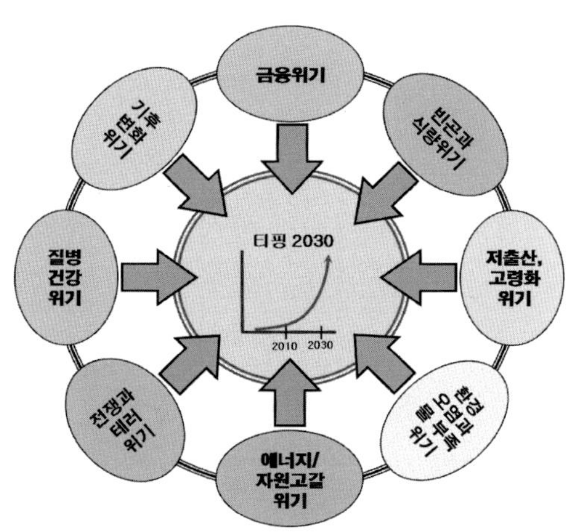

〈그림 1〉 2030년 대한민국 위기 증폭의 구도

---

6) 우리나라에는 법적으로도 각종 재난이나 위기에 대처할 수 있는 시설 등을 의무적으로 갖추게 하는 규정조차 없어 위험에 무방비로 노출되어 있는 사각지대가 매우 많다. 예를 들면, 최근 개통된 경춘선 복선전철 노선의 경우 터널이 차지하는 비중이 약 40%에 달하지만 비상사태에 대비한 구조시설이 전혀 없고 그 이유가 관련 규정이 없었기 때문이라고 한다. 연합뉴스 2010년 12월 19일 자.

위기가 증폭되기 전에 좋은 정부로 국가사회경제시스템을 개조하지 못한 대한민국은 마치 허술한 등산장비를 갖춰 입은 등반가가 화이트 아웃(White out) 상황에 처한 것과 같을 것이다. 화이트 아웃 상황에서는 나아갈 진로도 찾기 어렵고, 어떠한 장비나 강한 의지로도 상황을 통제하기 어렵다. 우리가 미래 사회에 국내 위기와 범지구적 위기가 일순간에 몰아쳐 어떠한 대응도 할 수 없는 화이트 아웃 상황에 직면하지 않기 위해서는 각 위기상황을 돌파할 수 있는 철저한 대응을 서둘러야 할 것이다.

과학자들이 문제를 지적하고 하나둘 연구 결과를 내놓고 있는데도 불구하고 우리나라와 국제사회는 이러한 상황에 대하여 급박하게 대처하기보다는 오히려 보수적인 태도를 유지하고 있을 뿐이다. 헌트는 이러한 태연함이 사라지지 않는 현상을 NIML(Not In My Lifetime, 내가 살아 있을 때는 아니다) 증후군이라 말하고 있다.

물론 이들 위기의 원인들은 복잡성(complexity), 티핑성(tipping), 연결·연쇄성(linkage·domino)이라는 특징을 가지고 있으며, 본질적으로 특정 상황에서 그 증상이 증폭되는 구조를 잉태하고 있다. 세상 모든 만물이 연결되어 있고 정치, 경제, 사회, 문화적으로 국가 간의 경계가 사라지며 힘이 강한 쪽으로 동조되는 상황에서는 더욱더 위기가 증폭되기 쉽다.

그러나 무엇보다 지구를 더 위기에 빠뜨리는 위기 증폭의 지렛대는 지구가 지금까지 그래 왔던 것처럼 견딜 만하다든가 위기가 현실로 나타나려면 수백 년 지나서일 것이라는 NIML과 같은 안일한 사고 때문일 것이다. 위기의 원인 자체가 문제가 아니라 위기를 해결하지 않고 방치하거나 위기가 증폭되는 메커니즘을 스스로 자초하는 행동들일 것이다.

〈표 1〉 2030년 대한민국의 미래 '화이트 아웃' 위기의 원인

위기 영역	2030년 최악의 위기 증폭 원인
글로벌 위기: 대한민국이 감당하기 어려운 범위의 문제	· 세계적인 온난화와 기후 변화 · 에너지 · 자원 · 물 · 식량 부족 · 새로운 질병 창궐 · 문명의 다차원 충돌 · 서방세계와 중국의 무한 갈등 · 중국의 소득증대로 인한 전 세계 자원 · 상품 등의 블랙홀 현상 극대화
국가적 위기: 다른 나라가 도와줄 수 없는 대한민국만의 문제	· 저출산, 고령화 · 재정지출 팽창과 국가채무 · 비축자원의 고갈 · 사교육비 지출 폭등 · 대형재난과 안전사고 · 청년실업 · 의료비 및 조세부담 폭등 · 국민의 삶의 피로도 고조
경쟁력의 위기: 후진국으로의 전락과 소멸	· 중국 등 후발주자와의 격차 소멸 · 세계시장 점유율 1위 상품의 감소 · 계란을 한 바구니에 담은 것과 같은 대기업 중심의 경제체질 · 내수시장의 지속적 위축
거버넌스의 위기: 국정리더십의 실종과 작동하지 않는 낡은 사회경제 시스템	· 정치적 갈등과 분열로 인한 혼란 극심 · 국정 관리 역량의 실종 · 중국의 외교 · 국방 위세 극대화와 남북한 간의 비대칭 전력 확대 · 시민사회의 응집력 실종 · 작동불능과 역부족인 사회경제시스템

2. 대한민국이 망하는 단계와 시나리오

중국의 고사에 "같은 일을 반복하면서 다른 결과가 나오기를 기대하는 것은 미친 짓이다"라는 말이 있다.[7] 아인슈타인도 "다른 결과를 기대하면서 같은 일을 반복하는 것보다 더 확실한 정신병 증세는 없다"라는 말을 했다. 좋은 방향으로의 변화를 바라면서도 스스로 변화하지 않고 과거의 어리석은 방법을 고집하거나, 기대하는 바는 원대

---

7) 짐 토머스 저, 이현우(역), 『협상의 기술』, 세종서적, 2007, p.29.

하지만 실천하려는 행동이 어설픈 과거의 방식을 답습하는 경우에는 미친 짓이 되는 것이다.

건강해지기를 바라면서도 계속해서 흡연을 하는 경우, 아름다운 자연환경을 원하면서도 여전히 무단으로 쓰레기를 버리는 생활태도, 안전한 사회에 살기를 바라면서도 대형사고가 터지기 전까지는 안전 불감증에 걸려 있는 사회적 관행들이 바로 미친 짓에 해당된다. 아주 냉정하게 우리나라 사회 곳곳을 둘러보면 미친 짓이나 정신병 증세가 너무 많다. 아인슈타인이 지적한 대로 우리나라 사회에서 개인, 기업, 정부가 보여 주는 정신병들은 한두 가지가 아니다.

역사를 살펴보면 찬란한 문명을 꽃피우다 어느 시기에 갑자기 이유도 없이 사라진 마야문명이나 안락한 자연환경 속에서 천적도 없이 살다 갑자기 멸종된 도도새의[8) 교훈을 생각하지 않을 수 없다. 언제 역사 속으로 사라질지도 모르는 미래의 운명 속에서 과거와 같은 방식을 고수한다면 정신병 차원의 문제가 아니라 존재 자체가 위태롭게 된다는 것을 냉철하게 인식해야 할 때다.

미국의 포춘지는 매해 세계 500대 기업을 선정하여 발표하지만 채 5년도 지나지 않아 이 중 3분의 1이 500대 기업에서 퇴출당하는 것으로 알려지고 있다.[9) 1955년 국내 100대기업 가운데 현재까지 살아남은 기업은 7개에 불과하다(삼성경제연구소, 2005).[10) 사라진 기업들은 성장과 발전을 바라면서도 새로운 생각과 방법을 도입하지 않고

---

8) 동화책 『이상한 나라의 앨리스』에 나오는 새 이름으로 인도양의 작은 섬 모리셔스에 서식하는 새였다고 한다. 이 새는 먹이가 풍부하고, 천적도 없어 애써 날아오를 필요도 없는 낙원과 같은 섬에서 살았기 때문에 포르투갈 사람들이 이 섬을 찾았을 때 날아오르지도 않았다고 한다. 그 이후로 이 새는 사람들이 늘어나고 다른 동물들이 유입되면서 멸종하고 말았다.

9) http://newsinbook.blog.me/120110759017.

10) 삼성경제연구소. (2005). 『한국기업 성장 50년의 재조명』, 삼성경제연구소.

과거의 관행을 답습했기 때문에 도도새의 운명과도 같은 신세가 될 수밖에 없었을 것이다. 이대로 가면 대한민국은 짐 콜린스가 말한 전형적인 기업이 망하는 단계를 거칠지 모른다.

우리나라는 2011년 세계에서 아홉 번째로 무역규모가 1조 달러를 넘어서는 국가가 되었다. 세계에서 가장 빠른 경제성장과 성공신화를 만들어 낸 국가이다. 그러나 역설적으로 대한민국이 망하는 피드백 구조의 시작은 한국적 성공에 대한 자만심에서 시작될 수 있다.

자만심이 이성을 잃은 욕심과 투자로 이어지고 혁신과 개조는 멀리 하면서 단기적인 성과에 집착하다 보면 장기적인 역량확보에는 관심이 없어지고 다가오는 위기에 대한 대응에는 소홀해지게 된다. 성공의 자만심은 크나 지속적인 역량확보와 체질개선에는 더디고, 국가사회 경제시스템이 여전히 허술한 것을 깨닫지 못한다. 그러나 멀지 않은 장래에 대응하는 흉내만 냈던 미래의 위기들은 현실이 되어 혹독한 시련을 가져오지만 국가·사회적으로 준비된 대응방안은 없고 그저 구원자만 허둥대면서 찾아다니게 된다. 극단적인 처방을 모색해 보지만 사회경제적 체질이 허약하여 오히려 파국을 초래할 수 있는 가능성이 높으며, 점점 더 상황이 악화되어 사회적 혼란이 증폭되게 된다.

국론은 분열되고, 재정은 회생불능 상태에 빠지며, 외국 정부의 도움의 손길이 멀어질 때 대한민국은 망하는 것이다. 아인슈타인이 지적한 정신병에 걸리면 대한민국은 분명히 망할 수밖에 없다. 좋은 정부는 고사하고 망하는 정부가 될 위험이 있다는 것이다.

좋은 정부가 되기 전에 망하지 않기 위해서는 변해야 한다. 단순히 생각만 변화는 차원이 아니라 국가사회 전반적으로 시스템을 완전히 개조하여 좋은 정부를 실현해야 한다. 허술하고, 효과 없고, 불완전하고, 신뢰하기 어렵고, 비싸고, 소수들만을 위한 그런 시스템이 아닌 총체적이고, 효과 있고, 완전하고, 신뢰할 수 있고, 저렴하고, 보편적인 시스템으로 개조해야 한다.

<표 2> 짐 콜린스의 기업이 망하는 단계와 대한민국이 망하는 단계

기업이 망하는 단계[11]	대한민국이 망하는 단계
1단계 – 성공에 대한 자만심 단계(Hubris born of success): 성공에 심취하거나 자만심을 갖게 되고, 외부환경 변화에 소홀하기 시작	– 빠른 시간에 선진국 문턱에 들어선 경제성장에 스스로 놀라며 자만심이 생김. – 중국 등의 후발주자가 얼마나 무섭게 성장하는지에 둔감하며, 혁신을 추구하는 동기를 잃어버림. – 성공한 기존의 방식이 최고라는 인식 만연
2단계 – 욕심이 과하고 원칙 없이 사업을 확장하는 단계(Undisciplined pursuit of more): 자만심으로 인해 자신의 핵심역량에서 벗어난 분야에 까지 뛰어들어 더 큰 규모, 더 빠른 성장에 집착	– 섣부르게 성공한 자만심만으로 핵심역량도 없이 대규모 투자를 하거나 단기간의 성과에 집착 – 인재등용이 부적절하고, 국가운영시스템이 방만해짐. – 단기적인 성과지향의 재정운영과 사업에만 집착하여 비능률과 낭비가 심한 허술한 부분이 많아지기 시작
3단계 – 위험과 위기의 가능성을 무시하는 단계(Denial of risk and peril): 기업경영의 위기를 알려 주는 부정적인 수치들은 무시하고 긍정적인 수치에만 관심, 단기적 해결 몰두	– 국정운영에서 부정적인 지표를 무시하거나 낙관적인 지표들만을 선호하는 경향 팽배 – 미래예측을 게을리하고 다가오는 위기에 대한 대응을 자신의 문제와 책임으로 보지 않는 사고방식이 팽배 – 다가올 위기와 위험에 대해서 대응하는 시늉만 내며 여전히 기존의 관행과 방식 고집
4단계 – 구원을 찾아 헤매는 단계(Grasping for salvation): 발등에 떨어진 불을 끄기 위하여 극단적인 개혁조치를 취하지만 우왕좌왕할 뿐이고, 재정적인 위기 상태에 빠짐, 구원자만을 기다림.	– 사회경제시스템의 고비용, 저효율이 누적되고 위기의 증상들이 갑자기 악화됨에 따라 각종 국정운영시스템이 불능에 빠지며, 사회적 혼란이 증폭됨. – 때늦은 개혁에 호소하고 극단적인 조치를 취하지만 국론이 분열되고, 국민들의 혼란만을 초래 – 국가재정 운영의 건전성이 중요함을 뒤늦게 깨닫지만 재정위기는 회생불능 상태에 빠지고, 외국 정부의 도움만을 기대
5단계 – 망하거나 유명무실해지는 단계(Capitulation to irrelevance or death): 회생가능성 없이 망하거나 유명무실해짐.	– 국가의 자율성을 상실하는 위기에 빠짐. – 혼란과 분열로 역사적 존립의 위기에 직면 – 선진국 문턱에서 좌절하거나 중진국으로 후퇴 – 새로운 국가재건의 험난한 길로 진입

---

11) 짐 콜린스 저, 『위대한 기업은 다 어디로 갔을까』(김영사, 2010)를 참조하여 재구성.

Ⅲ. 좋은 정부를 위한 만물지능 IT 패러다임

1. 미래사회의 위기와 IT의 진화방향

　미래라는 시간은 누구에게나 공평하게 다가오지만 무엇을 어떻게 준비하느냐에 따라 돌이킬 수 없는 위기에 직면할 수도 있고 새로운 도약의 기회를 잡을 수도 있다. 이러한 이유 때문에 세계적으로 성공한 기업을 이끄는 CEO들은 가장 큰 경쟁력의 원천은 바로 누구보다 먼저 미래비전을 갖는 것이라고 말한다. 좋은 정부가 되기 위해서는 무엇보다 먼저 미래사회의 위기를 포착하고, 여기에 성공적으로 대응하는 것이 중요하다.

　정보통신기술은 국내외적으로 21세기 미래사회 변화의 가장 큰 원동력이면서 대한민국이 직면할 미래사회의 위기 극복과 강대국으로 도약할 수 있는 기회를 가져다줄 열쇠라고 할 수 있다. 기후변화와 환경오염, 자원 및 에너지 부족, 사회적 분열과 일자리 실종, 질병, 재난, 범죄, 사교육비, 저출산·고령화, 금융위기, 재정위기, 남북 간 갈등 고조 등은 향후 10~20년 안에 심각한 상황으로 전개될 가능성이 적지 않은 위기들이다. 이러한 위기들을 어떻게 극복할 것인가에 대한 해답은 IT에서 찾을 수밖에 없는 것이 현실이다.[12]

　정보기술의 진화방향은 여타 기술들과는 본질적으로 다른 지능성·이동성·가상성·동시성·융합성·경제성·사회성·자율성·이동

---

12) Futurist(2011년 5월·6월호: 26-33)에 게재된 Global Mega Crisis 논문에 따르면 파멸에 이르는 지구의 위기를 해결할 수 있는 수단은 새롭게 부상하는 의식기술(Technology of Consciousness)이라고 언급하고 있다. 의식기술은 인공지능, 생체피드백, 가상현실, 가상두뇌와 같은 하드 의식기술과 협업기업, 갈등해결 등의 소프트 의식기술을 말한다.

성과 같은 8가지 내재적인 특성에서 살펴볼 수 있다. IT는 연결성을 중심으로 이 8가지 속성 측면에서 끊임없이 진화해 나가고 있다. 즉, IT는 과거보다는 현재가, 현재보다는 미래에 더 높은 수준의 지능성·이동성·가상성·동시성·융합성·경제성·사회성·자율성·이동성을 확보하려고 할 것이다. 정보기술이 갖는 이러한 8가지 속성의 진화는 미래사회의 인간의 삶과 각종 사회경제적 니즈들과 결합되어 진행되어 온 것이다.

인간은 미래사회의 불확실성을 극복하고 위기를 통제하기 위하여 각종 기술을 개발해 오고 있다. 이러한 기술들은 생활은 물론이고 국가사회경제시스템에서 분출된 욕구와 각종 미래사회의 문제를 해결해 줄 솔루션이 될 것으로 기대하게 된다. 즉, 새롭게 부상하고 있는 보다 더 지능화된 IT 기술은 에너지 부족, 기후변화, 환경오염, 전쟁·테러, 재난·재해, 질병과 응급사태, 저출산·고령화, 금융위기와 각종 시장실패, 세상에서 일어나는 수많은 속임수와 범죄, 정보지연과·정보과잉, 고비용·저효율, 사회분열 등의 문제를 해결하여 좋은 정부를 구현하는 기반이 될 것이다.

IT의 진화하는 속성 중 이동성을 예로 들면 현재의 스마트폰은 IT의 진화속성인 어디서든 연결하고자 하는 욕구인 이동성을 끊임없이 추구한 결과이며, 이는 앞으로 더욱더 진화하여 손으로 모든 것을 들고 다니는 세상(Hand Held Heaven) 또는 생각만으로 통신하는 텔레파시통신의 세계로까지 진화할 수 있을 것으로 전망되고 있다.

또한, 디지털 세계와 실제 세계가 동시에 연결되어 움직이는 것을 꿈꾸는 동시성의 니즈는 전자 세계와 실제 세계의 연동을 실현하는 원격제어와 같은 기술의 진화를 가져왔으며 이러한 진화과정에서 모

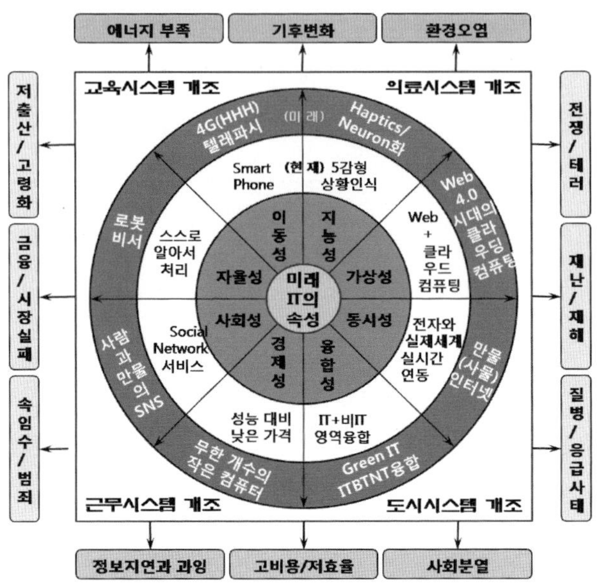

〈그림 2〉 만물지능 IT의 8가지 특성과 문제해결 분야

든 사물이 인터넷에 연결되는 사물인터넷(Internet of Things)의 세계가 만들어져 가고 있다. 사물인터넷을 통해 인간은 수많은 문제와 위기를 해결하려고 한다.

지능성은 정보통신기술의 수준이 인간의 오감을 구현하고, 동시에 인간의 신경계와 같은 수준으로 세상을 인식하고 파악하는 기술이 고도화되어 가는 것을 의미한다. IT가 갖는 지능성의 확장은 우주론적인 입장에서 IT 기술을 통해 가능한 세계의 무한한 확장을 의미한다.

IT의 사회성은 인간의 사회성과는 비교할 수 없는 세계이다. 인간을 포함한 모든 만물들 상호 간의 관계성이 유기체화되고 한 사람의 인간에 의해서도 언제, 어디서나 그러한 만물들의 사회적 관계가 생명의 그물처럼 엮여 상호 작용할 수 있는 수준을 말한다. 만물의 사회적 그물 위에서 인간은 모든 위험과 불행으로부터 자유로워질 수 있을 것이다.

가상성은 웹과 클라우드 컴퓨팅의 세계로 인해 펼쳐지는 무한한 세계를 의미한다. 클라우드 컴퓨팅은 하늘에 떠 있는 태양과 같다. 태양이 태양계 내의 모든 행성들에게 무한한 생명의 에너지를 공급하는 것과 같이 클라우드 컴퓨팅은 모든 가상세계의 사용자들에게 언제, 어디서든지 활용할 수 있는 무한한 지능과 지식을 제공한다.

물론 이러한 정보기술의 진화는 인간의 IT 기술에 대한 니즈의 발전과정이며 이를 통해 인간이 미래사회에 직면하게 될 위기를 극복하고자 하는 사회적 노력의 결과라고 할 수 있다. 미래사회에서 좋은 정부의 기술적 조건은 바로 이러한 IT 기술의 진화, 특히 만물지능 IT와 같은 새로운 IT 패러다임에 달려 있다. 만물지능 IT 패러다임은 이미 정부의 2009년 'IT Korea 5대 미래전략'에서 미래의 IT는 종전의 '인간과 인간의 의사소통'에서 '인간과 사물 간의 의사소통'으로 확장되어 모든 것이 네트워크화(만물지능통신망)되어 삶의 방식을 획기적으로 바꾸어 줄 수 있다고 밝힌 바 있으며, 방송통신미래 10대 서비스로서 사물지능통신이 선정된 바 있다(방송통신위원회, 2010;한국정보화진흥원, 2009).[13) 14)]

---

13) 방송통신위원회, 방통위, 미래 방송통신 서비스의 청사진을 제시, 보도자료, 2010. 5. 10.
14) 한국정보화진흥원, 「국내외 전문가가 보는 미래정보사회 이슈」, 『IT & Future Strategy』, 12(2009. 12.).

2. 만물지능 IT 패러다임과 좋은 정부

1) 만물지능 IT 패러다임: 만물지능 네트워크

만물지능 IT 패러다임은 지금까지 우리가 생각해 온 네트워크나 인터넷에서 크게 진화된 상상력과 기술들의 집합체다. 만물지능 IT 개념은 초기에는 아이디어나 희망에 가까웠지만, 지금은 미국, 유럽, 일본 등 IT 선진국에서 이를 구체화시키기 위한 연구 개발이나 계획들이 쏟아져 나오고 있다. 그 이유는 지금의 인터넷 같은 네트워크의 한계를 뛰어넘어 세계적으로 모든 국가가 직면하고 있는 매우 복잡한 문제들을 해결하기 위해 만물지능 IT라는 패러다임을 자연스럽게 그릴 수밖에 없었기 때문이다.

만물지능 IT 패러다임에서 정보화의 대상은 세상 만물 모든 것 그 자체다. 이 지구상에 존재하는 모든 만물은 시간과 공간을 축으로 상호 작용한다. 세상 만물은 보이지 않는 그물로 연결되어 있기 때문에 언제, 어디서나 영향을 주고받으며 상호 작용한다. 만물지능 네트워크는 인간에 의해 인간을 위하여 구축되지만, 인간은 세상에 존재하는 부분이지 세상의 모든 것은 아니다. 인간은 단지 세상에서 가장 의식적이고, 자유 의지를 갖는 존재라는 차이만 있을 뿐이다.

만물지능 네트워크의 가치는 세상 만물을 지능화하고 이를 네트워크로 연결해 인간을 세상의 중심에 놓는다는 데 있다. 반대로 인간도 세상을 이해하고 동화되도록 하는 것이 만물지능 IT의 지향하는 이상이다.

만물지능 네트워크는 모든 사람, 모든 사물, 모든 공간이 시간 축, 위치 축, 관계 축에 따라 접속되어 있는 네트워크이다. 실시간으로 상황과 의지를 조절하고, 예외 없이 목표로 하는 수준과 범위 내에서

일체화된 문제 해결의 실행성을 보여 줄 수 있는 인프라 중의 인프라이다. 만물지능 네트워크에서는 전 세계에 뿔뿔이 흩어져 있는 지성이 모여 집단 지성을 형성하고, 다른 한편으로는 IT−BT−NT−CT가 융합된 기술들로 이루어진 상황 인식 시스템을 통해 모든 지능이 통합되어 집단 지능이 인간의 두뇌처럼 쌓이게 된다. 또한 모든 만물(萬物)과 모든 공간(萬空)의 실체적인 가상화가 이루어져 전자적인 가상 세계와 실제적인 현실 세계가 연동된다.

만물 지능 통신망의 또 다른 핵심은 인간과 사물의 인터페이스가 아주 자연스럽게 이루어진다는 사실이다. 사물과 사물들 간의 인터페이스뿐 아니라 인간과 사물들 간의 소통을 위해서는 아주 자연스럽고, 친근하면서도 기계적·시공간적·계층적으로 제약이 없는 인터페이스가 구현되어야 한다. 만물 지능 통신망 힘은 바로 이 3대 구도에서 나온다.

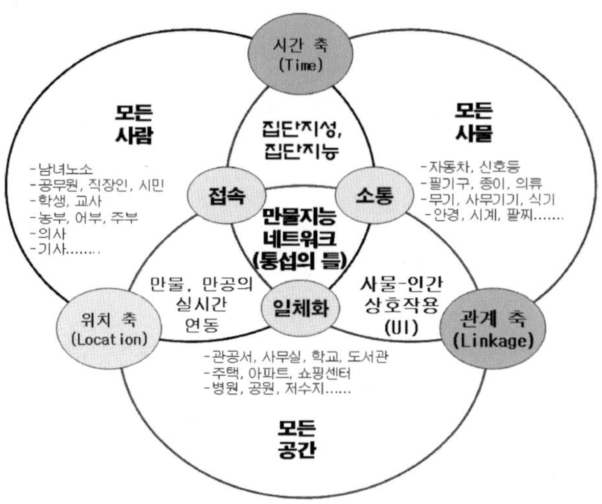

〈그림 3〉 만물지능 IT 패러다임에서 만물지능 네트워크의 구도

2) 만물통섭과 좋은 정부

만물지능 IT 패러다임과 만물지능 네트워크 기반은 궁극적으로 만물 간의 통섭(consilience)을 지향한다. 통섭을 실현하는 것이야말로 만물지능 IT 패러다임의 가장 중요한 요체이며 좋은 정부를 실현하기 위한 기반이다. 우리나라 화엄 사상에서 자주 사용되었다고 하는 통섭은 정치적으로는 '총괄하여 관할한다'는 뜻이기도 하다. 통(統)은 '큰 줄기' 또는 '실마리'의 의미이고, 섭(攝)은 '잡다' 또는 '쥐다'를 뜻한다.15) 16)

그렇다면 통섭은 '세상 모든 것이 상호 작용하는 관계가 조화를 이루고, 만물이 각자 저마다의 돌아가는 이치에 충실할 수 있도록 지식과 지능이 소통되는 것'으로 해석할 수 있다. 격물치지(格物致知)와도 같은 맥락이다.

죽어 있는 것(animate)과 살아 있는 것(innmate), 아주 작은 세계와 우주처럼 아주 넓은 세계들은 모두 전체론적인 관점에서 보면 하나로 연결되어 있다. 이러한 관점에서 세상을 바라볼 때 앞으로 다가올 미래의 위기들은 무수히 많은 요인들과 관련되어 있고, 사회적으로 연결된 행위의 대상자들이 무수히 많기 때문에 이를 해결하기 위해서는 거대한 그물이 필요하다.

만물지능 네트워크는 지식이나 학문적 수준의 통섭이라는 한계를

---

15) 통섭은 하버드 대학의 생물학 교수 윌슨(Edward Osborne Wilson, 1929~)의 『Consilience: The Unity of Knowledge』를 최재천(1954~) 교수가 '통섭 – 지식의 대통합'이라는 제목으로 'Consilience'라는 단어를 번역한 데에서 유래한다. 'Consilience'는 19세기 영국의 자연 철학자 휴얼(William Whewell, 1794~1866)이 소개한 어휘를 새롭게 부활시킨 개념이다. 다양한 학문 분야들을 가로지르며 사실과 그 사실에 기초한 이론들을 한데 묶어 공통된 하나의 설명 체계를 이끌어 내는 것을 의미한다.

16) 최근 'Consilience'를 중심으로 지속가능한 개발을 연구하는 세계적인 연구자들의 모임과 여기에서 발간하는 논문집(Consilience: The Journal of Sustainable Development, 2008)이 주목할 만하다. http://consiliencejournal.readux.org.

초월해 전체론적 관점(holistic approach)에서 정보와 지식, 지능, 거버넌스, 사회적 연결망, 생태계 더 나아가 인간의 삶과 관련된 모든 활동 체계들의 통섭 기반이라 할 수 있다. 곧, 만물지능 네트워크는 만물통섭의 연결망이자 공간이다.

만물지능 네트워크 공간 위에서는 모든 만물 간의 최적 행동 원리에 입각한 정보의 흐름, 에너지 흐름, 물질의 흐름 등과 관련된 모든 것이 하나의 거대한 플랫폼 위에서 전방위로 막힘없이 소통 가능하다.

인간의 삶과 관련된 활동 영역은 매우 다양하다. 행정, 주거, 학습, 생산, 교통, 건강, 방범, 쇼핑 등 사회적으로 매우 광범위하고 개개인의 니즈도 조금씩 다르다. 그럼에도 불구하고 이러한 활동들이 좀 더 체계적이고, 개인의 요구를 가장 잘 실현시키기 위해서는 만물지능 네트워크 기반이 가장 효과적인 대안이다. 인간의 삶은 원자, 분자, 세포 하나에서부터 공동체, 사회, 심지어 환경 속의 다른 종(Species)들까지도 관계되어 있기 때문이다.

<그림 4>는 만물지능 IT 기반을 통해 세상 모든 만물 간의 통섭을 실현시킬 힘이 어디에서 시작되는지를 보여 주고 있다. 만물지능 IT 기반의 힘의 원천은 다른 말로 표현하면 만물지능 IT 기반이 갖추어야 할 핵심적인 조건이기도 하다. 이러한 조건이 잘 갖추어질 때 그 힘의 원천이 발휘되어 만물지능 IT 기반은 국가사회적으로 당면하게 될 미래 사회의 위기를 해결하고, 국가 경쟁력 제고와 국민의 삶의 질을 높임으로써 좋은 정부를 실현하는 역량이 되는 것이다:

① 만물 접속의 지능화: 만물이 언제, 어디에 존재하더라도 지능적으로 네트워크에 접속될 수 있다.

② 만물 인터페이스의 지능화: 사람이 만물과 소통하기를 원할 때 어떤 디바이스를 사용하더라도 오감을 사용하는 것처럼 가장 인간적이며 자연스럽다.

③ 만물 제어의 지능화: 언제, 어디서나, 어떠한 공간에 존재하는 만물일지라도 최적의 상태로 제어할 수 있어야 한다.

④ 만물 실시간화의 지능화: 만물지능 통신망에서는 만물이 정보를 공유하거나 업무를 처리할 때 주어진 경계에 있는 객체들이 동시에 정해진 목표를 달성할 수 있도록 상호 대응의 실시간화와 동조화가 시간 지연이나 오류 없이 가능하다.

⑤ 만물 세큐리티의 지능화: 만물지능 통신망은 연결된 모든 만물이 스스로 자기의 보안과 안전성을 지킬 수 있도록 설계되고, 네트워크의 안전성이 보장된다.

⑥ 만물 상황 인식의 지능화: 만물지능 통신망은 스스로 관련 상황을 실시간으로 인식하고, 만물 간에 실시간으로 공유하도록 최적의 역할을 수행한다.

⑦ 만물 거버넌스의 지능화: 만물지능 통신망에서 만물이 주어진 공동의 목표를 스스로 달성할 수 있도록 자신의 역할을 해야 하고, 이때 협력을 위한 원칙이 제도적·시스템적으로 내재화되어 있다.

⑧ 만물 소셜 네트워크 지능화: 만물 간에 존재하는 사회적 연결성(Social network)이 국가, 사회, 개인의 삶과 관련되어 빠짐없이 탐색, 체계적으로 분석·설계되고, 중앙성 등을 고려해, 이를 기반으로 위기에 대응하는 시나리오를 개발하고 서비스가 제공될 수 있다.

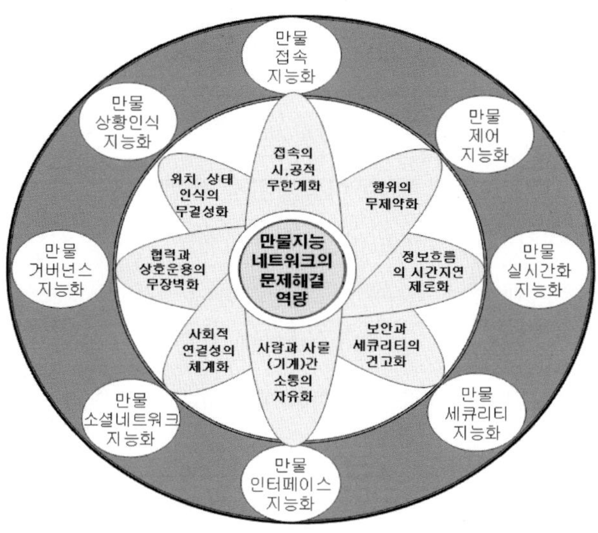

〈그림 4〉 세상의 통섭을 이루는 만물지능 통신망의 힘의 원천

건재하던 질서와 시스템이 하루아침에 무너졌다는 기사가 언론보도에 자주 등장한다. 1990년대에는 건재하던 소비에트연방이 하루아침에 무너졌고 2008년에는 미국의 리먼 브라더스가 파산하면서 전세계에 금융위기가 시작되었다.

이러한 현상과 관련하여 존로(John law)는 세상의 모든 것들은 사회, 조직, 행위자, 기계, 사물 등 무수히 많은 이종적 진료의 구성체로 이루어진 이종 네트워크로 연결되어 있다고 주장한다. 즉, 진정한 네트워크라는 것은 그 자체가 인간뿐만 아니라 기계, 동물, 문서, 돈, 건축물 등과 같이 이종적인 성질을 갖는 것들로 이루어져 있다는 것이다. 이것이 바로 이종적 행위자 네트워크이다. 존로에 따르면 사회는 이러한 이종적 네트워크가 없으면 이루어질 수 없다고 주장한다. 사회가 진화하기 위해서는 네트워크의 균형과 기능이 결절되지 않고,

다양한 상호 작용의 매개를 통해 가변적으로 정교화되어야 한다고 주장한다(홍성욱, 2010).[17]

　좋은 정부를 실현하기 위한 만물지능 IT 기반은 존로의 주장과 같이 사회 자체가 무수히 많은 이종행위자 네트워크로 이루어져 있다는 견해에 대하여 동의하며, 대한민국 사회의 발전과 쇠퇴는 무수한 이종 네트워크에 의해 좌우된다고 생각한다. 아무리 정보통신기술이 발달하였다고 해도 무수히 많은 사람과 사물의 상호 작용으로 이루어진 이종 네트워크 사회를 단순히 재단하여 개조한다는 것은 발상부터 잘못된 것이다.

　정부가 만들어 가야 하는 사회는 이종의 만물사회행위자 네트워크이기 때문에 이 사회를 좋은 사회로 발전시킬 수 있는 좋은 정부가 되기 위해서는 무엇보다 먼저 만물지능 IT 기반에 대한 검토가 우선적으로 이루어져야 하며 이를 토대로 이종의 만물사회행위자 네트워크가 통섭을 이루고 지속적으로 발전되어야 한다.

Ⅳ. 만물지능 IT 기반의 좋은 정부 만들기 구상: 도시시스템 사례[18]

1. 우리나라 도시시스템의 반지능성

　도시는 타 지역보다 인구가 밀집된 장소로서 도시 거주자에게 집

---

17) 브루노 라투르, 홍성욱(역), 『인간·사물·동맹』, 도서출판 이음, 2010.

18) 이 내용은 한국전자통신연구원에서 발간한 이만형·최남희 외 공저의 『EU의 FP7 프로젝트의 분석 기반 국가시스템 혁신체계연구』(2010) 보고서에서 인용함.

적(集積)에 의한 다양한 편익을 제공한다. 그러나 도시의 밀도나 그 규모가 일정 수준 이상이면 오히려 사회·경제적으로 많은 문제점들이 발생하게 된다. 특히, 대도시의 경우는 많은 집적의 이익에도 불구하고, 과밀의 폐해가 더 크다.

대도시에서 초래되는 문제점은 그 규모 및 거주인구의 과밀로 인하여 전반적인 도시시스템의 효율성이 저하되고 이에 따른 사회경제적 측면의 비용이 증대되는 것이라고 할 수 있다. 그 대표적인 예가 우리나라뿐만 아니라 세계 대부분의 대도시에서 발생하고 있는 차량혼잡 및 교통사고 등의 교통문제, 대기오염 및 소음 등의 도시환경문제, 그리고 범죄다발 등의 도시사회문제를 들 수 있다.

우리나라 도시는 세계의 도시들과 비교해 보았을 때 과연 얼마나 살기 좋은 도시인가? 여기에 대한 대답은 매우 부정적일 수밖에 없다. '세계에서 가장 살기 좋은 도시' 순위에서 서울은 세계 86위로 평가 되었다고 한다. 인적자원 컨설팅 회사인 '머서'가 세계 215개 도시의 치안과 경제적 여건, 주거·위생·교육·자연환경 등 삶의 질을 비교한 결과에 따르면 우리나라를 대표하는 도시인 서울은 세계경제 10위권을 넘보는 국가의 수도로서는 어울리지 않는 매우 낮은 순위였다.

우리나라 도시의 반지능성은 교통측면에서 가장 극명하게 나타난다. 교통은 최종적인 목적이 아니라 수단이다. 그렇기 때문에 교통이 모든 활동의 중심이 되어서는 안 된다. 더군다나 교통이 인간의 사회경제적 활동에 비용을 유발하고 생명을 위협하는 주된 원인이 되어서는 안 된다.

그러나 자동차에 대한 의존도가 커지면서 자동차는 도로교통 용량을 초과하여 급속히 늘어났고 그 결과 교통체증이라는 불경제적 현상을 초래하고 있다. 또한, 교통사고로 인해 인간의 생명을 가장 크게 위협하는 존재가 되어 버렸다.

경찰청의 교통사고 통계분석에 따르면 2008년 한 해 동안 우리나라의 교통사고는 21만 5천8백 건이 발생하여 5천8백7십 명이 사망하고, 3십3만 8천9백6십 명이 부상을 당했다. 이는 하루 591건의 사고가 일어나고 그로 인해 16.1명이 죽고, 929명이 부상을 당하는 매우 심각한 수준이다. 교통사고로 1년에 죽는 사람이 6천여 명에 이른다는 것은 매우 엄청난 전쟁을 치른 결과와 같은 수치라고 할 수 있다.

우리나라의 교통사고 발생 수준을 OECD 국가 평균과 비교해 보면 차량 1만 대당 사망자 수와 인구 10만 명당 사망자 수는 두 배 정도, 인구 10만 명당 보행자 교통사고 사망자 수는 5.28명으로 OECD 회원국 평균의 3배에 이르는 실정이다. 우리나라의 교통사고 문제는 경제규모와 OECD 회원국에 어울리지 않게 교통후진국의 모습을 보여 주고 있다.

특히, 우리나라 교통의 반지능성은 2010년 7월 3일 24명의 사상자가 발생한 인천대교 버스추락 사고에서 극명히 드러난다. 이 사고는 우리나라 도시시스템의 전형적인 반지능성을 보여 준다. 도시는 무수히 많은 이종행위자 네트워크로 이루어져 있는 특성을 갖는다. 때문에 도시는 만약 무수히 많은 인간과 사물들로 구성된 이종행위자 네트워크들이 균형을 잃거나 분절되어 기능을 상실한다면 그 때부터는 시스템붕괴의 위험이 나타날 수밖에 없다는 것이다. 이것이 도시의 본질이다.

우리나라 도시시스템의 반지능성은 크게 세 가지로 요약 가능하다.

첫째 무수히 많은 사람과 사물들로 구성된 도시에서 어떤 중요한 상황이 발생했을 때 그 상황을 실시간으로 도시 전체의 이종행위자 네트워크들이 인식하는 데 너무나 많은 시간지연이 일어나고 있다는 것이다. 더군다나 도시에서 일어나는 모든 상황을 실시간으로 인식한다는 것은 상상도 할 수 없는 일이다.

두 번째 도시시스템의 반지능성은 첫 번째 반지능성의 여건에 의해 결정 지워진 것이라고도 볼 수 있지만 발생된 상황정보가 도시 내의 이종행위자 네트워크들 간에 공유되는 데 상당한 시간지연이 발생한다는 것이다. 고속도로 전방에서 사고가 일어나고 있어도 그 상황정보가 다른 사람이나 사물 등 이종행위자 네트워크에 전달되거나 공유되는 것이 이루어지지 않고 있다는 것이다. 이러한 정보공유지연은 더 큰 상황악화 및 부정적 효과의 증폭을 초래하게 된다.

세 번째는 상황 인식의 지연과 상황정보 공유지연에 이어 나타나는 문제해결을 위한 대응 지연의 반지능성을 들 수 있다. 즉, 도시에서 어떤 상황이 발생하였을 때 수많은 이종 행위자가 어떻게 대응할 것인가에 대한 설계가 전혀 돼있지 않으며, 상황에 따라 우연히 이루어지는 대응으로 결과도 불확실하다는 것이다. 뒤죽박죽 쓰레기통에서 일어나는 대응과도 같기 때문에 결과는 매번 다르다.

우리나라 도시 시스템에서 발생한 버스추락 사고의 반지능성은 다음 그림에서 보는 바와 같다.

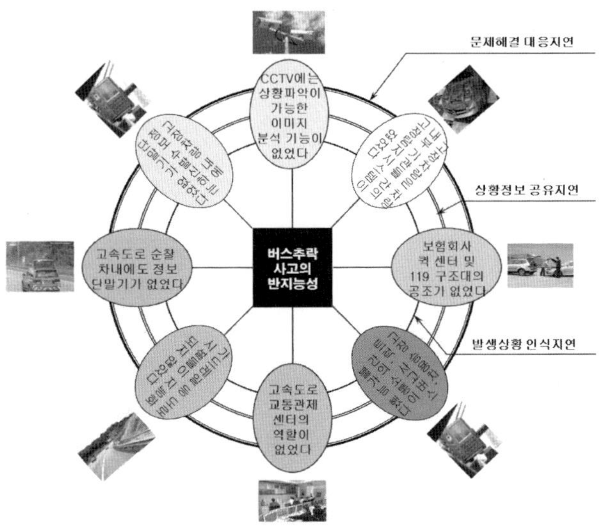

〈그림 5〉 인천대교 버스추락 사고의 반지능성

2. 좋은 도시시스템으로의 개조를 위한 만물지능 IT 기반의 활용

24명의 사상자가 발생한 인천대교 버스추락 사고의 경우 만약 고속도로교통시스템이 개조되어 아래의 그림에서 보는 바와 같은 만물지능 IT 기반의 통신기반 지능형 고속도로시스템이 구축되어 있었다면 사고를 사전에 예방할 수 있었을 것이다. 앞에서 살펴본 반지능성을 제거할 수 있는 만물지능 행위자 네트워크로서 만물지능 IT 기반이 구축되고 그 토대 위에서 고속도로 교통안전시스템이 개조되었었다면 사고는 발생하지 않았을 것이다.

즉, 고장 난 자동차의 내부기기, 운전자의 차내 단말기, 운전자의 휴대폰, 뒤따르던 모든 차량의 차내 단말기(트럭과 버스 포함), 사각지대 없이 고속도로의 모든 상황을 판단할 수 있는 이미지 분석이 가능한 CCTV, 가드레일, 고속도로 감시차량, 경찰차량, 119차량, 보험 회사, 고속도로운영 통제센터들 간의 만물지능 네트워크가 구축되어 있었다면 이들 사물들과 사람들(운전자 및 관련 관리자)들 간의 소통 및 협력이 이루어져 승용차에 고장이 난 직후 또는 주행 중 고속도로 한가운데 멈춰 선 즉시 문제가 해결되어 대형 참사는 일어나지 않았 을 것이다.

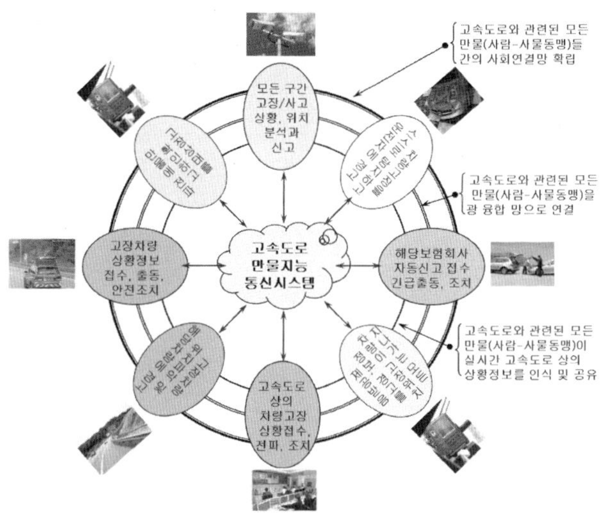

〈그림 6〉 만물지능 IT 기반 인천대교 버스추락 사고 예방 지능흐름도

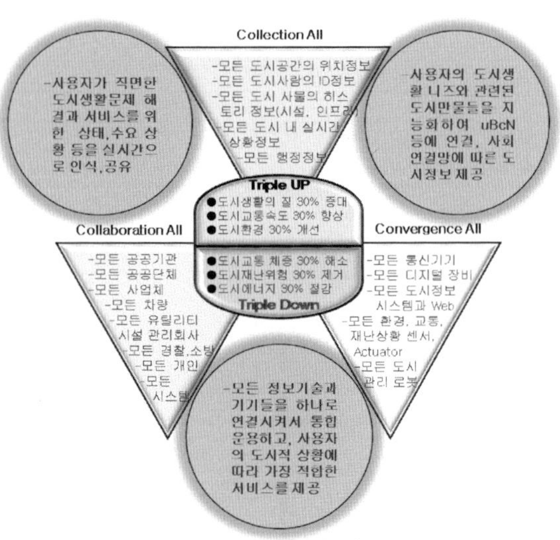

〈그림 7〉 만물지능 IT 기반을 통한 도시시스템 개조의 구상

한편, 만물지능 IT 기반을 구축하여 대한민국의 도시시스템을 개조하는 데 있어 가장 중요한 요소들은 아래의 표와 같이 정리할 수 있다.

〈표 3〉 만물지능통신기반의 도시시스템 개혁을 위한 핵심 요소

주요 요소	만물지능 IT 기반의 활용
도시지능공유지대 구축 전략 (Urban Intelligence Commons)	도시에서 일어나는 모든 실시간 상황정보를 클라우드 기반에서 공유하고 이것을 공공재화하기 위한 '지능공유지대'화를 실현해야 함. 이를 통해 도시만물지능의 거대한 소셜 플랫폼으로서의 역할을 수행하도록 함.
만물 도시지능 네트워크 구축 전략 (City Network of All Thing)	인간의 모든 삶과 경제활동을 지탱시켜 주는 모든 사물들이 상호 소통하도록 하며, 도시 만물들의 소셜 네트워킹이 설계될 수 있는 만물지능 네트워크를 전면적으로 구축
스마트 도시프로슈머 행동전략 (Urban Smart prosumer)	만물지능통신 기반 위에서 지능형 도시서비스를 도시정부가 함께 설계하고, 시민들이 스스로 협력적으로 지능형 서비스를 활용하는 역할을 하도록 함. 시민들이 스스로 지능형서비스의 협력적 팔로우어가 되어 스스로 삶을 윤택케 하는 사회적으로 연계된 삶을 영위함.

V. 만물지능 IT 기반의 좋은 사회 만들기 전략

1. 격물치지를 위한 만물지능 IT 기반이 정점이다

논어, 맹자, 중용과 더불어 사서 중의 하나인 대학에는 3강령과 8조목이 있다. 3강령은 '明明德, 親民, 止於至善'으로 밝은 덕을 밝히고 백성을 가깝게 하며, 훌륭한 경지에 이르게 하는 것을 말한다. 8조목은 3강령을 실현하는 단계를 뜻하는 것으로 그 단계는 사물의 이치를 구명하는 격물(格物)과 온전한 지식을 이루는 치지(致知), 그리고 성실한 마음으로 지혜에 이르는 성의(誠意)의 단계와 마음을 바르게 하는 정심(正心)의 단계가 있다. 그 뒤에야 몸을 닦는 수신(修身), 집안을 꾸미는 제가(齊家)가 된 다음 나라가 다스려지는 치국(治國), 결국 천하가 화평해지는 평천하(平天下)가 된다.

격물치지는 만물은 제각각 이치를 가지고 있고 이 이치를 캐 들어가면 어느 땐가는 만물의 표리(表裏)와 정조(精粗)를 밝힐 수 있다는 뜻이다. 대학의 논리에 따르면 만물의 이치를 이해하고, 온전한 지식을 이루는 것이 수신, 제가, 치국, 평천하의 기본이 된다는 것이다(이세동, 2007). 그렇다면 세상을 다스리기 위한 '만물의 이치'를 이해하고 '온전한 지식'은 어떻게 얻을 수 있겠는가? 지금까지 인류역사 속에서 인간은 '만물의 이치'를 이해하고 '온전한 지식'을 얻기 위하여 수많은 노력을 기울여 왔으며, '만물의 이치'를 이해하지 못하고 '온전한 지식'을 얻지 못해 무수히 많은 시련을 당하기도 했다.

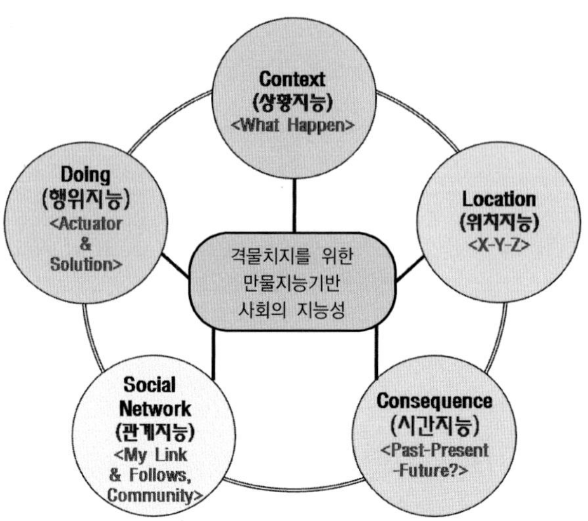

〈그림 8〉 격물치지를 위한 만물지능통신 기반의 의미

이 글에서 제안하고자 하는 만물지능 IT 기반은 '만물의 이치'를 이해하고 '온전한 지식'을 얻을 수 있게 해 주는 좋은 정부 만들기를 위한 종결자이다. 즉, 만물지능 IT 기반은 격물치지를 실현하기 위한 다섯 가지의 지능(상황지능, 위치지능, 시간지능, 관계지능, 행위지능)을 얻고 이를 통해 만물의 이치를 깨닫게 해 준다. 만물지능통신 기반을 응용할 경우 수신(修身=건강과 교육), 제가(齊家=건강, 교육, 일) 치국(治國=일과, 도시문제 해결), 평천하(平天下=글로벌 과제 해결)가 실현된다. 격물치지를 위한 만물지능 네트워크를 종결자로 인식하는 전략이야말로 좋은 정부가 되기 위한 제일의 실행전략이다.

2. 초연결사회로 가는 만물 소셜 네트워크 전략

만물지능 IT 기반의 구축은 초연결사회로 이행해 나가기 위한 토대를 만들어 나가는 과정이다. 초연결사회는 세상 모든 만물들이 서로 통섭하고 교감함으로써 범지구적인 문제를 해결해 나가는 사회이다. 범지구적 문제와 위기는 초연결사회가 아니고서는 해결할 수 없다.

초연결사회의 조건은 만물지능통신 네트워크의 IT 융합 기술 등으로만 실현되는 것이 아니라 만물지능통신 네트워크가 통섭할 수 있는 사회연결망으로 이루어진 '지능적 소셜 사물 연방체제(Union of all intelligent socialian Internet of Things)'에서 가능한 일이다.

이는 단순히 무수한 사람과 사물들의 행위자 네트워크를 연결해 놓은 것이 아니라 모든 행위자 네트워크들의 관계가 격물지지를 위해 설계된 것이다. 예를 들어 내 자신의 '지능적 소셜 연방체계'가 구축되어 초연결사회에 편입되었다는 것은 나와 나를 중심으로 연결된 무수히 많은 만물팔로우어들의 관계가 다섯 가지 지능에 따라 질서화되고 나의 의지에 따라 나를 위하여 설계될 수 있는 것을 의미한다. 2030년 대한민국의 개조는 이 초연결사회에서 가능하다.

3. 反 '100−1=0'과 '100×0=0'의 전략

향후 10~20년 안에 우리나라를 좋은 사회로 성공적으로 개조하기 위해서는 '100−1=0'과 '100×0=0'이 되지 않기 위한 전략이 필요하다. '100−1=0' 전략은 만물지능통신 기반에서 어떤 하나의 작은 요소라도 누락되는, 즉 디테일이 완벽하지 않으면 없는 것과 마찬가지라는 것이다.

또한 ‘100×0=0’의 전략은 만물지능통신 기반에서 어떤 하나의 작은 요소라도 기능적으로 작동하지 않거나 신뢰할 수 없다면 전체시스템 역시 신뢰할 수 없고 응용 가능하지 못하다는 것이다.

만약 우리나라 의료시스템을 개조하기 위한 만물지능기반 원격의료 기반에서 특정 부분이 누락되었거나 신뢰할 수 없다면 전체적으로 기능을 발휘할 수 없게 된다는 것이다. 원격의료에 대한 개념이 나온 지 10년 이상이 지났으나 그 시스템이 아직도 보편화되지 못하는 이유는 바로 여기에 있다. 전혀 만나지도 못했고, 알지도 못하는 사물이 나의 생명을 구원해 줄 수도 있으며 나를 완전히 치명적으로 위태롭게 만들 수도 있는 것이 만물지능 네트워크, 소셜 네트워크의 힘이다.

4. 생활에 스며들기 전략(일상화, everydayness)

가장 위대한 혁명은 생활에서 시작되어 일상생활에 정착되는 것이다. 시범사업이나 신문보도에 오르내리기 위한 것도 아니며 기업의 특허를 장식하기 위해서도 아니다. 만물지능통신 기반 국가시스템 개조에서 가장 중요한 것은 만물지능 네트워크의 구축 그 자체가 아니라 그것이 일상생활 수준에서 실용 가능한 것이어야 한다는 것이다.

5. 지능적 공유지대(Intelligent Commons) 구축 전략

미래의 국가시스템이 세계 최고의 시스템으로 개조되기 위해서는 만물지능통신 기반의 소셜 네트워크화가 성공적으로 구현되고 여기에서 다시 만물의 이치를 이해하는 데 필요한 세상에서 가장 온전한 지식·지능이 얻어져야 한다. 그리고 그다음에는 이 온전한 지식이 세상 모든 사람들에게 호혜적으로 공유되고 활용될 수 있는 지능의 공유지대(Intelligent Commons)가 구축되어야 한다. 격물치지 기반은 나쁜 자본주의처럼 특정인의 이익이나 행복, 특정기업의 비즈니스 수단으로만 사용되어서는 안 될 것이다.

VI. 결론: 만물지능 IT 기반의 좋은 정부로 다시 일어나기

좋은 차는 모든 시스템의 성능이 좋아 빨리 달릴 수 있으며(Speed), 언제 일어날지 모르는 충돌이라는 위기에서 안전성이 높고(Safety), 연비가 높아 기름이 적게 들며(efficiency), 운전자에 맞게 사양이 편리하며(Convenience), 오랫동안 사용할 수 있고(Sustainable), 소유하는 데 가격부담(Price)이 적당해야 한다. 또한 자동차를 이용할 때는 교통법규를 준수하는 이상(차가 작다고 해도) 도로에서 어떠한 차별 대우도 받아서는 안 된다(Fairness).

국민들의 입장에서 볼 때 좋은 정부는 좋은 자동차와 같다. 정부는 모든 조직·제도·공무원이라는 구성요소들의 성능이 좋아 일을 하는 성과가 뛰어나고 처리속도가 빨라야 한다. 정부를 믿고 이 사회에 사는 삶이 언제나 안심할 수 있도록 안전하여야 하며, 정부에서 제공하는 서비스들은 국민들 저마다의 욕구에 부응하여 행복하고 만족스러워야 한다. 정부가 제공하는 공공서비스는 낭비 없이 효율적이고, 국민들의 경제활동을 위축시키는 조세부담을 주어서는 안 된다. 그리고 정부는 수요자인 국민들을 대하는 데 있어 공평하고 정의로워야 한다.

만물지능 IT 기반은 그 가능성을 잘 활용할 경우 살기 좋은 사회를 만드는 좋은 정부를 구현하는 데 있어 중요한 수단이 될 것이다. 그 것은 정부로 하여금 개인의 자유를 존중하고, 시장의 건전한 메커니 즘을 유지하며, 민주주의 정치제도에의 참여를 확대하는 데 크게 기 여할 것이다. 또한 정부의 효율성, 신뢰성, 투명성, 공평성, 대응성, 지 속가능성 등을 제고하는 데 있어서도 지금까지의 어떠한 수단보다 더 크게 기여할 것이다. 물론 만물지능 IT 기반은 미래사회의 위기에 대한 정부의 대응능력을 높이고 국가사회의 생존과 지속가능한 발전 을 이루어 나가는 데 가장 중요한 조건이 될 것임에 틀림없다.

인간이 삶을 영위하는 데 있어 만물은 인간의 삶을 유지시켜 주는 지지기반이면서도 위협이 되기도 한다. 세상 모든 만물들이 인간이 원하는 방향으로 통제할 수 있는 것도 아니며, 인간이 합리적이라고 믿고 있는 수많은 사회경제적 활동들이 인간과 만물들 간의 상생적 결과만을 가져오는 것은 아니다.

인간이 만물과의 관계 속에서 홍수와 같은 수많은 위기에 직면하고 환경오염과 같은 상생의 질서를 깨는 행동을 하게 되는 근본적인 이 유는 인간의 의지와 사물들 간의 비동조화, 즉 시간과 공간을 초월한 상황인식의 부재, 상황정보 공유의 실패, 그리고 상황에 기반한 즉시 대응이 이루어지지 않고 있기 때문이다. 상황인식과 동조화의 지연은 행위지연을 증폭시키고 인간의 욕구와 행동의지의 좌절을 초래한다.

어떤 가정에서 자식들이 외출한 사이 노인이 심장마비로 쓰러지는 상황이 발생했을 때를 가정해 보자. 융합화, 동조화, 지능화가 실현된 언제, 어디서나 전지전능한 만물지능 IT 기반이 구축되어 있다면 모든 사람, 공간, 사물, 시스템, 서비스체계, 법제도들이 예외나 공백 없이, 시간지연이나 행동의 오류 없이 이 독거노인을 살리기 위한 최선의 조치를 취할 수 있을 것이다.

독거노인의 건강상태를 체크하는 몸에 부착된 센서 네트워크의 작동부터 의사의 응급 수술까지 모든 상황별 대응 경로에 결함이 있다면 이 독거노인은 소생하기 어려울 것이다. 119는 일찍 출동했는데 집을 못 찾는다거나, 도로가 막힐 줄은 몰랐다거나, 마침 병원에 도착했는데 담당의사가 외출 중이었다든가, RH-혈액이 없다든가 하는 상황을 미처 파악하지 못해 노인이 소생하지 못했다면 수많은 비용을 투자하여 구축한 각종 의료정보시스템들은 무용지물일 수밖에 없다.

국민들의 삶을 행복하게 해 줄 수 있는 좋은 정부가 되기 위해서는 만물지능 IT 기반의 구축이 필수 불가결한 이유는 사람, 사물, 조직, 시스템이 지능화, 융합화, 동조화하여 통섭하지 않으면 그것은 완전하게 국가·사회적 위기와 문제를 해결하지 못하고 개인의 삶의 질도 제고하지 못하는 상태일 것이라는 데 있다. 21세기에는 만물지능 IT 기반을 통해 좋은 정부를 구형하는 것이 사회발전 및 지속가능한 국가발전의 핵심이다.

국민의 삶의 질이 높고, 경쟁력이 강한 좋은 정부는 허약함 없이 모든 면에서 빠짐없이 강하고(Strong), 국가의 모든 활동은 지식과 지능을 기반으로 보다 효율적이고 똑똑하게 수행되며(Smart), 모든 사람들이 어떠한 상황 속에서도 안심·안전하게 삶을 영위할 수 있고(Safe), 모든 생산과 소비활동이 지속가능한(Sustainable) 메커니즘을 유지할 수 있는 정부이다.

참고문헌

방송통신위원회. (2010). 「방통위, 미래 방송통신 서비스의 청사진을 제시」. 보도자료, 5. 10.

브루노 라투르, 홍성욱(역). (2010). 『인간・사물・동맹』. 도서출판 이음.

연합뉴스. 2010년 12월 19일 자.

왕재선・최창현. (2011). 「좋은 정부(good government)에 대한 이론적 小考」. 좋은 정부 연구회 발표자료.

이만형・최남희 외. (2009). 『만물지능통신 네트워크 진화 방향 도출 및 요구기술 발굴』. 한국전자통신연구원.

이만형・최남희 외. (2010). 『EU의 FP7 프로젝트의 분석 기반 국가시스템 혁신체계』. 한국전자통신연구원.

자유기업원. 좋은 정부와 나쁜 정부. http://www.cfe.org.

장하준. (2011). 『그들이 말하지 않는 23가지』. 부키.

짐 토머스 저, 이현우(역). (2007). 『협상의 기술』. 세종서적.

한국정보화진흥원. (2009). 「국내외전문가가 보는 미래정보사회 이슈」. 『IT & Future Strategy』, 12.

한세억. (2011). 「좋은 정부의 Praxis: 이론과 실천」. 좋은 정부 연구회 발표자료.

Executive Committee of the Better Government Initiative. (2010). GOOD GOVERNMENT: Reforming Parliament and the Executive. www.bettergovernmentinitiative.co.uk.

William E. Halal & Michael Marien. (2011). Global Mega Crisis: Four Scenarios, Two Perspectives. FUTURIST, May-Jun.

제5장

기업하기 힘든 나라, 정치하기 좋은 나라

최광*

칼 포퍼(Karl Popper)

"아마 모든 정치적 이상 가운데 인간을 행복하게 만들겠다는 소망이 가장 위험할 것이다. 왜냐하면 지상에 천국을 건설하겠다는 의도가 늘 지옥을 만들어 내기 때문이다."

밀턴 프리드먼(Milton Friedman)

"자유시장 덕분에 쌓아 올린 번영이 비대해져 가는 정부에 의해서 산산이 부서질 날이 올지도 모를 일이다."

애덤 스미스(Adam Smith)

"위대한 국가일지라도 민간부문에서의 낭비에 의해서는 큰 피해가 없으나 공공부문에서의 낭비에 의해서는 그 국가가 가난해지거나 망할 수 있다."

---

* 한국외국어대학교 경제학부 교수.

제퍼슨(Thomas Jefferson)

"당신의 모든 문제를 해결해 줄 수 있을 정도로 큰 정부는 당신에게서 모든 것을 빼앗아 갈 수도 있다."

쿨리지(Calvin Coolidge) 대통령

"公金을 쓰는 것보다 더 쉬운 일은 없다. 주인 없는 돈이기 때문이다. 公金을 그 누군가에게 나누어 주려는 유혹은 억제가 불가능할 정도이다."

맬서스(Thomas Malthus)

"국가의 보조 정책은 빈곤의 일시 완화제가 될 수 있어도 해결책은 되지 않는다. 보조를 늘리는 것은 근로의욕과 자립심을 저해하여 보조 수혜층을 증가시키게 된다."

상자(商子) 거강(去强)

「國富而貧治, 曰重富, 重富者强, 國貧而富治, 曰重貧, 重貧者弱」

"나라가 부유한데도 가난한 살림처럼 아끼고 줄여 쓰면 더욱 부유해지고 더욱 부유해지면 강해진다. 나라가 가난한데도 부자살림처럼 흥청망청 쓰면 더욱 가난해지고 더욱 가난해지면 약해진다."

*富國安民*에 이르는 길의 세 가지 핵심은 첫째, 역사적 통찰력에 바탕한 비전과 확신을 가진 정치 지도자를 갖는 것이고, 둘째, 경제제도로서 자본주의 자유시장경제체제의 우월성을 구성원이 확신하며 그 원리가 국가정책의 중심에 작동하는 것이며, 셋째, 좌파적 가치의 덫에서 벗어나 (고전적) 자유주의 우파 이념이 사회의 지배 이념으로 자리매김하는 것이다.

I. 한국경제의 위상과 현황

2003년까지만 해도 11위 경제 규모를 자랑하며 10대 경제 강국 진입을 눈앞에 뒀다고 여겼던 한국경제가 5년 새 4단계나 하락해 2008년에 15위를 기록했다. 앞으로가 더 문제로 IMF는 한국경제가 올해에는 16위까지 밀릴 것으로 전망하고 있다. UN 회원국이 210여 나라이니 경제의 총규모가 세계 16위권으로 밀려도 총규모 지표로 볼 때 우리의 국력은 대단하다. 그러나 우리의 1인당 국민소득은 2만 달러인데 이를 국제적으로 비교하면 40위권 안팎에 불과해 G20과는 거리가 멀다. 우리의 목표는 1인당 소득으로 G20이 되는 것이다.

오늘의 문제는 활력이 넘쳐야 할 기업이 탈진한 상태이고, 수동적 입장이어야 할 정부가 적극적인 데 있다. 작금의 상황을 면밀히 관찰해 보면 정부가 문제의 해결사이기는커녕 문제의 원인 제공자이다. 기업은 대외 경쟁과 각종 질곡에 억눌려 힘이 쇠진해지고 있으며 자생력을 키우기보다는 정부에게 캄풀 주사와 당의정을 요구하고 있다.

오늘날 우리 경제 근본적 문제는 우리가 가지고 있는 귀중한 자원을 생산성이 없거나 생산성이 낮은 부문에 계속 투입하여 국제경쟁력이 약화되는 데 있다. 진단이 이러함에도 불구하고 세금이 모자라 국·공채를 발행하여 조달되는 자금도 예산에서 새로운 가치창출과는 무관한 비생산적인 사업에 방대한 규모로 투입되고 있다.

경제의 수많은 지표 중 가장 중요한 지표는 저축과 투자이다. 이는 각각 개인과 기업의 경제하려는 의지를 반영한다. 불행하게도 투자율도 최근 계속 하락하여 잠재성장률 하락의 원인이 되고 있다. 최근의 저축률과 투자율의 하락은 매우 우려할 사항인데 정책 당국과 전문가들은 주목하지 않고 있다. 낮은 저축률과 투자율은 국가적 재앙 도래의 전주곡(前奏曲)이다. 재앙이 오기 전에 국민과 정부 모두 대비책을 마련해야 한다.

요즈음의 경제정책은 병 주고 약 주는 식이다. 균형발전의 미명으로 각종 개발 계획을 쏟아 내고 금리를 계속 내리면서 부동산 가격을 잡겠단다. 기업의 자율성을 제약하면서 경기를 부양하고 성장잠재력을 확충하겠단다. 평준화를 강조하면서 세계 일류가 되겠단다. 국내에서는 물론 국외에서도 정부 스스로 만인에 대한 싸움을 걸면서 소비자와 기업가의 심리안정을 기대한단다.

정치지도자들과 경제정책 책임자들이 크게 착각하고 있는 것 중의 하나가 아무리 정책을 잘못하더라도 우리 경제가 현 수준을 유지하거나 계속 성장하리라는 것이다. 반드시는 그렇지 않다는 것이 역사의 교훈이다. 19세기 말 북미의 미국과 남미의 몇 나라는 어깨를 나란히 하는 세계의 선진국이었다. 지도자를 잘못 만나 남미의 옛 선진국들은 계속 추락하고 있으며 빈부격차는 더 확대되고 있다. 유럽의 여러 나라에서도 어느 정당 어느 지도자가 어떤 정책을 택하느냐에 따라 국가의 흥망성쇠가 크게 요동쳐 왔다.

오늘날의 경제·사회·정치 등 모든 분야가 전문가의 눈에도 너무 복잡해졌고 그 움직이는 속도 역시 상상을 초월할 정도로 빨라졌다. 이러한 상황에서 4차원의 공간 개념으로 빛의 속도로 움직이는 민간 부문을 자신의 이익과 논리를 앞세우는 관료와 정치가가 주체인 느림보 정부가 관리하는 것은 불가능에 가깝다. 그런데도 정부가 계속 설치니 경제는 피멍이 들 수밖에 없다.

Ⅱ. 정책대립의 근원은 이념대립

진보(좌파) 진영과 보수(우파) 진영 간의 이념적 갈등은 어느 시대 어느 나라에서도 있어 왔으나 최근 우리나라에서의 진보와 보수, 좌파와 우파의 이념적 대립은 그 정도에서 전례가 없을 정도로 심각하다. 외형상으로는 논쟁이 매우 뜨거운 것 같으나 정치적·개인적 동기에서 수사적(修辭的)으로 이념을 이용하는 수준에 불과하다. 도대체 보수가 무엇이고, 진보가 무엇인지 각자 추구하는 가치가 무엇인지에 대해 진지한 성찰이 없이 편 가르기나 상대방을 비난하고 제압하는 수단으로 논쟁이 공허하게 진행되는 것이 정말 큰 문제이다.

이념은 개인 차원에서나 정당 차원에서 그 자체로서 큰 의미를 갖고 각기의 존재 이유와 결부된다. '정치의 장'과 '정책의 장'의 연결고리가 이념이라는 사실이 인지되고 있지 못하다. 국가의 중요 정책들의 우선순위와 구체적 내용을 두고 진보·좌파와 보수·우파 간의 극명한 대립은 각자가 착용하고 있는 이념 안경의 색깔의 차이 때문인 경우가 대부분이다. 이념의 차이에 따른 정책 대립을 과학적 논의로서 해결하려는 노력은 실패하기 마련이다. 정책에서의 이념의 중요성을 모르고 이념 자체에 대한 인식이 부재한 상태에서 정책을 논의하다 보니 정책 논의가 제대로 이루어지지 않고 겉돌기만 한다.

사실 경제정책에 관한 논쟁의 대부분은 가치판단(value judgement), 즉 이념의 차이에 기인한다. 두 사람의 경제학자가 주어진 어떤 문제에 대한 공청회에서 완전히 다른 해답을 제시하는 것을 종종 보게 된다. 많은 경우 이들의 견해 차이는 그들이 알고 있는 경제 원칙과 이론에 대해서 합일점을 찾을 수 없기 때문이라기보다는, 자유민주주의 국가의 한 시민으로서 사회가 지향해야 할 방향에 대하여 각기 다른 이념을 가지고 있기 때문이다.

요즈음 계속 논의되고 있는 것으로 현재의 정부 규모가 너무 비대한가 아닌가에 관한 논쟁과 복지를 확대해야 하느냐 축소해야 하느냐 하는 논쟁은 어떤 결정적인 경제이론이나 실증적 자료에 근거하고 있다기보다는 비대한 정부는 곧 개인 자유의 침해라고 생각하는 자유주의 사상과, 국가가 소득재분배 등의 경제활동에 더 관여해야 한다고 믿는 사회주의 사상 간의 사상 대립이다.

누진적인 소득세율을 현상대로 유지할 것인가, 폐지하고 비례적인 세율로 바꿀 것인가에 대한 문제가 대두됐을 때, 부자들은 비례세율의 채택으로 저축 및 투자증대를 도모하여 보다 높은 경제성장을 달성하여야 한다고 주장할 것이다. 그러나 가난한 사람들은 조세의 소득재분배기능을 근거로 현행의 누진적 세율제도를 유지하도록 요구할 것이다. 소득세 세율을 누진적으로 할 것인가 비례적으로 할 것인가에 대한 정책 대립은 이념 대립과 이해(利害) 대립의 합작품이다. 보수주의자와 부자는 비례세율을 그리고 진보주의자와 가난한 사람은 누진세율을 주장한다.

Ⅲ. 정부의 역할과 기능

정부의 정의 그리고 정부의 존재 이유와 역할은 전문가는 물론 일반 국민도 다 아는 것으로 이해되고 있다. 그러나 현실은 그렇지 않다. 우리나라의 초·중·고·대학 교과서 모두를 살펴봐도 정부의 기능과 역할에 대해 올바르게 제대로 기술되어 있는 경우가 거의 없다. 많은 경우 시장의 실패를 전면에 내세우고 정부 개입에 의한 미시적·거시적 시장실패를 교정하는 것이 정부의 역할이라고 서술되어 있다. 틀린 주장은 아니다. 그러나 정부의 역할에 대한 이러한 불충분한 서술은 국민을 오도하고 정부정책 수립에 오류를 범하게 하는 요인이 될 수 있다.

정부의 역할을 두고 선각자들에 의해 많은 논의가 있어 왔다. 정부의 역할과 관련하여 대표적인 세 학자의 견해를 살펴보자.

1. 머스그레이브의 견해

"정부의 역할이 무엇인가?"에 대해 국내외 경제학 공공경제학 교과서에서 가장 널리 수용되고 있는 견해는 머스그레이브(Richard A. Musgrave)의 견해이다. 1959년에 출간된 그의 명저『재정이론(The Theory of Public Finance)』에서 머스그레이브는 정부의 역할을 자원배분기능, 소득분배기능, 경제안정화기능 등 셋으로 규정한 것으로 알려지고 있다. 물론 틀린 주장은 아니다. 그러나 정부의 역할에 대한 머스그레이브식 서술은 학생들과 국민을 오도하고 정부 정책 수립에 오류를 범하게 될 가능성을 배제할 수 없다. 그가 의도했던 것은 모든 정부의 정책이 자원배분, 소득분배 그리고 경제안정화에 영향을 미친다는 것이었지 이들 세 기능이 정부의 역할이라고는 하지 않았다.

머스그레이브의 잘 알려진 정부의 3대 기능을 원전(原典)에서 읽어보면 정부의 기능으로 설명한 것이 아니다. 예산정책의 3대 목표(three objectives of budget policy)를 논하면서 가상적 나라의 재정부(Fiscal Department)의 업무상의 책임을 논하는 과정에서 배분지부, 분배지부, 안정지부 등 세 지부(branch)를 구분했던 것에 불과하다. 예산의 규모와 내역이 세 부서의 목적과 행동원칙의 상호 작용에 의해 결정됨을 보여 주고자 했을 뿐인데 이후 머스그레이브에 의한 정부의 3대 기능으로 확대 미화되었다.

2. 스미스의 견해

경제학의 창시자인 스미스(A. Smith)에 의하면 자연적 자유(natural liberty) 질서 아래서 왕이 해야 할 일은 세 가지뿐이다. 즉, 왕이 해야 할 세 가지 의무는 "첫째로 다른 독립된 사회로부터의 침입이나 전쟁으로부터 사회를 방위하는 임무이고, 둘째는 가능한 한 사회구성원 간의 억압, 불법을 막는 일로서 법질서의 확립이며, 셋째는 공공사업과 공공기관을 설립하고 운영하는 일"이다.

첫 번째와 두 번째 의무조항은 명백하고 직설적이다. 외부에서건 내부의 동료시민으로부터건 강제와 억압으로부터 사회구성원을 국가가 보호하는 것은 당연하다. 만일 그러한 보호가 없다면 진실로 선택할 자유가 있다고는 할 수 없다. 목숨이 아깝거든 돈을 내놔라 하는 무장 강도 앞에서 자발적인 교환이 가능하다고는 할 수 없는 일이다.

스미스가 지적한 정부의 세 번째 의무는 다소 논란이 많은 항목이다. 스미스가 아주 좁은 의미에서 설파한 이 대목은 그 후에 수많은 정부활동을 정당화시켜 주는 데 일조를 해 왔다. 본래의 의도는 자유사회를 유지하고 발전시키는 데 필요한 정부활동을 올바르게 지적하는 것이었지만 이 세 번째 기능이 정부의 역할을 무한하게 확대시키는 구실로 작용해 왔다. 오늘날 논의되는 복지 기능이 스미스의 세 번째 의무에 포함되는지는 사실 분명하지 않다. 스미스가 "정부의 비대에 따른 낭비에 의해 국가가 가난해지거나 망할 수 있음"을 걱정했던 사실에 미뤄 볼 때 복지와 관련하여 스미스는 정부의 역할을 최소한에 한정한 것으로 유추할 수 있다.

3. 뷰캐넌의 견해

노벨 경제학상 수상자인 뷰캐넌(James M. Buchanan) 교수에 따르면 정부가 해야 할 일은 기본적으로 두 가지이다. 첫째는 경제적 번영을 구가하기 위한 경제체제의 기본 틀을 잘 짜 주는 것이고, 둘째는 시장을 통하여 제공되지 못하거나 제공되더라도 완벽하게 제공되지 못하는 재화나 용역을 공급하는 것이다. 뷰캐넌은 첫 번째 기능을 정부의 보호적 기능(protective function), 두 번째 기능을 생산적 기능(productive function)이라 불렀다.

정부의 보호적 기능은 스미스의 첫 번째와 두 번째 의무조항을 포괄하는 것으로 국민들이 자유로운 환경에서 자신들의 능력을 최대한 발휘할 수 있도록 기본적인 제도를 마련해 주는 것으로서 이에는 법과 질서의 유지가 포함된다. 정부는 시민들 서로 간에 또는 외부 침입자에 의하여 범법활동이 저질러져 피해를 입지 않도록 보장해 주는 합법적인 힘을 독점적으로 갖고 있다. 개개인이 타인으로부터 고통을 당하지 않고 살 수 있도록 하고 수많은 사람들이 조화를 이루어 서로 교분(交分)할 수 있도록 각종 법령체계를 확립해 주는 것이 정부의 보호적 기능의 중심이다.

정부의 두 번째 기능인 생산적 기능은 소위 말하는 시장의 실패를 교정하는 기능이다. 시장의 실패는 여러 가지 형태로 나타난다. 통상적으로 언급되는 대표적인 시장실패는 첫째, 시장의 기능 장애에 의하여 나타나는 것으로 독점의 시장 지배력과 가격 경직성에서 오는 불황이나 실업이며, 둘째, 시장의 내재적 결함에 의한 것으로 외부효과, 공공재, 비용체감 산업, 불확실성 등이 있으며, 셋째, 시장이 이상적으로 기능한다고 해도 해결할 수 없는 시장의 외재적 결함에 의한 소득분배의 불공정성이다.

뷰캐넌의 논의에 따를 경우 정부의 복지 기능은 시장의 외재적 결함에 따른 소득분배 불공정의 개선 기능에서 찾아진다. 사회의 안정을 저해할 정도의 불평등은 당연히 개선되어야 하나 퍼 주기 식 복지는 정부의 역할이 아님이 분명하다.

스미스를 따르든 뷰캐넌을 따르든 국민의 세 부담 증대를 통하여 복지사회건설을 도모하기 전에 정부가 먼저 해야 할 일이 있다. 이는 복지정책의 추구 이전에 사회제도와 기본질서의 확립을 통하여 국민 각자가 자신의 업무에서 보람을 찾고 장래에 대하여 밝은 희망을 가지며 자신이 열심히 일하여 얻는 경제적 과실을 향유하며 만족하고 보람을 갖는 사회풍토를 조성하는 것이다.

IV. 역대 대통령들의 말씀과 정책

1. 김대중 대통령

김대중 대통령은 8·15 경축사(1999)에서 "지금은 시장이 재벌구조를 받아들이지 않는 시대"라고 진단하면서 "한국 역사상 처음으로 재벌을 개혁하고 중산층 중심으로 경제를 바로잡는" 것이 앞으로의 경제정책의 중심임을 천명했다. 시장경제를 창달하겠다는 집권 초기의 정책기조는 서민과 중산층 중심의 경제체제를 만들겠다고 전환되었다.

재벌 총수나 재벌 2세, 3세를 이야기하면서 한 고위당국자는 "능력도 없고 경영 책임도 지지 않으면서 권한을 행사하려는 것은 잘못이다"라고 주장한 바 있다. 여기서 제기하고 싶은 것은 그 고위당국자를 포함하여 우리나라 관료들 자신들은 자신들이 하는 일과 관련하여 얼마나 능력이 있으며 자신들의 잘잘못에 대하여 얼마나 책임을 져 왔느냐 하는 점이다.

국민의 정부는 복지 분야에서의 핵심적 정책을 생산적 복지사회의 구현으로 표방하였다. 생산적 복지는 말 자체가 풍기는 만큼 구체적 내용이 없는 개념인데 마치 대단한 것이 포함되어 있는 양 오도하였다. "선거를 앞두고 잘 보이기 위해 화장을 좀 고치는 것이 무엇이 문제냐"는 국민회의 어느 당직자의 생각은 정말로 위험한 것이었다. 왜냐하면 우리가 처한 현실이 너무도 냉엄하기 때문이다. 무한경쟁 범지구화의 시대에 국민의 환심을 사는 정책을 펴기보다는 국민에게 고통과 인내를 호소하는 정책을 펴 우리 경제의 내실을 탄탄히 다지는 것이 필요했었다.

2. 노무현 대통령

취임 직후 행한 연세대 특강에서 노무현 대통령은 보수에 대해 "힘센 사람이 좀 맘대로 하자, 경쟁에서 이긴 사람에게 거의 모든 보상을 하자, 약육강식이 우주 섭리 아니냐, 그렇게 말하는 쪽에 가깝다"고 했다. 한걸음 더 나아가 대통령은 "합리적 보수, 따뜻한 보수, 별놈의 보수를 갖다 놔도 보수는 '바꾸지 말자'다"고 지적했다. 진보에 대해선 "인간은 어차피 사회를 이뤄 살도록 만들어져 있으니 더불어 살자는 것"이라고 설명한 바 있다.

한창 배움에 불타는 대학생들 앞에서 대통령은 세 가지 잘못을 했다. 첫째, 지도자로서 사회 선배로서 표현이 매우 거칠다. 둘째, 진보·보수에 대해 공부가 부족하다. 셋째, 나라를 통합하고 갈등을 아우르며 가야 할 대통령이 '보수=악, 진보=선'이란 이분법에 사로잡혀 있었다.

노무현 대통령은 자신을 "좌파 신자유주의자다"라고 했다. 참으로 혼동스럽다. 좌파면 좌파지 어떻게 좌파이면서 우파 신자유주의자가 될 수 있는가?

하긴 이러한 무지는 대통령에 한정되지 않고 당시 보수·진보 이념논쟁에 참여하는 전문가들의 경우도 마찬가지였으며 지금도 마찬가지이다. 우선 '보수 대 진보'에서 사용되는 용어 자체가 잘못되어 있다. '보수 대 진보'가 아니고 '보수 대 급진' 또는 '보수 대 혁신'이거나 더 정확하게는 '좌파 대 우파' 또는 '개인주의 대 집단주의'가 맞는 표현이다.

3. 이명박 대통령

2011년 5월 16일 이명박 대통령께서 "대기업 최고경영자들은 실적 위주로 하는데 실적 위주는 남의 희생을 유발하는 결과를 낳는다",

"따뜻한 경쟁이 아니라 살벌한, 냉혹한 경쟁이 될 수 있다"라고 하셨다. 다음 날인 17일 정운찬 전 총리는 "실적 위주의 대기업 문화가 바뀌어야 한다"고 했다. 참으로 안타까운 말씀들이다.

정 전 총리야 상아탑의 서생 출신이라 그렇다 하더라도 국내 유수 대기업의 회장을 지냈던 대통령께서 실적 위주의 경영이 잘못된 것이라니 어리둥절하기만 하다. 기업이든, 국가든, 관료 조직이든 모든 조직의 장이 그 조직에 부여된 업무의 실적을 올리도록 노력하지 않는다면 무엇을 위해 노력해야 한단 말인가? 인식이 잘못되어도 한참 잘못되었다. 바뀌어야 하는 것은 정치인 문화이고 관료 문화이다.

이명박 정부 3년의 국정운영 전반에 대한 평가는 잘했다와 잘못했다가 반반인 것으로 조사되고 있다. 경제운영의 경우 좌파 신문의 '헛말 된 경제대통령'과 우파 신문의 '살림살이가 나빠졌다 54%'에 나타나듯 당초의 기대에는 다소 미흡한 것으로 조사되고 있다.

이명박 대통령은 '경제 대통령'의 기치로 당선되었다. 대선 공약과 취임 초기의 MB노믹스의 정책기조는 7-4-7과 대운하로 상징된 '성장론'이었으나 국내외적 여건 변화에 따라 '안정론', '부양론', '민생론'으로 전환되었다. 그 과정에서 MB노믹스는 형체가 모호해졌다. 청와대 홈피에서 출범 초기에 마련된 국정 철학과 지표를 다시 보니 오래되어 빛바랜 사진 모습이다.

정권 초기엔 민심 이반이 소고기 파동으로 표출되었고 최근엔 전세난, 구제역 파동, 물가 상승 등으로 이어지고 있다. 그러나 민심 이반의 근본 원인은 이들 개별 사항에 있지 않다. 뜬금없는 실용으로 스스로 정체성에 혼란을 자초하고, '강부자', '고소영', '회전문 인사'로 도덕적 신뢰성을 상실하고, 덧셈의 정치보다 뺄셈의 정치를 함으로써 기대했던 강력한 리더십을 구축하지 못해 민심이 이반되었다. 이들 정체성·도덕성 지도력을 두고는 지금도 핵심 인사들이 그 내용과 심각성을 제대로 인지하고 있다는 믿음을 주지 못하고 있다.

'정치의 장'과 '정책의 장'의 연결고리가 이념이다. 정책 논쟁의 근원은 이념 논쟁이며 이념 논쟁에서 이겨야 정책 논쟁에서 이긴다. 그런데 MB 정부는 이념이 모호하며 이념논쟁에서 이길 생각을 하지 않는다. 묘약이라 제시된 것이 실용주의이다. "이념을 넘어선 실용"이라는 구호는 매력적으로 보이나 경제정책의 주된 기치가 될 수 없다. 정책에서의 이념의 중요성을 모르고 이념 자체에 대한 인식이 부재한 상태에서 정책을 논의하다 보니 정책의 구심점이 없고 상황에 따라 경제정책의 우선순위가 조변석개하여 왔다.

MB 정부는 처음엔 親기업을 외치다 최근 親서민으로 전환했다. 親서민이라는 구호는 그 자체도 문제이나 그보다 더 중요한 것은 정권 자체의 이념적 정체성에 혼란을 야기하는 점이다. 같은 대통령, 같은 집권 여당이 우파 좌파 양극단의 정책을 어떻게 그렇게 스스럼없이 연이어 내놓을 수 있단 말인가? 親서민, 親기업, 親부자 정책 모두 국민을 편 가르고 분열시키는 정책이다. 대통령은 전체 국민의 지도자이지 서민, 부자 등 일부 계층의 지도자가 아니지 않는가?

도대체 서민은 누구인가? 빈곤층인가, 중산층인가, 노동자인가, 농민인가? 국어사전은 서민을 '아무 벼슬이 없는 평민', '중류 이하의 넉넉하지 못한 백성'으로 설명하고 있다. 옛 왕조시대의 서민은 귀족이 아닌 평민으로 오늘날 그 의미가 사라진 지 오래이다. 아마도 중류 이하의 소득자, 즉 '저소득층'을 염두에 두었을 법한데 그러한 의도라면 親저소득층 하면 되지 굳이 생경한 親서민을 정책 구호로 사용할 필요가 없다. 親서민 정책의 일환인 서민금융대책은 금융 소외자들의 자활을 돕는다는 취지는 좋지만 금융질서를 무너트릴 위험을 안고 있으며 신용등급이 높은 사람을 오히려 역차별하고 대출자들의 도덕적 해이를 부추기며 종국적으로 금융위기를 초래할 위험을 안고 있다. 親서민 구호로 反기업정서를 부추겨 지지도가 올라간다고 우쭐거리는 사이 국가의 기강과 경쟁력이 근본에서 뒤틀리고 그 결과 종국적으로 저소득층이 최대의 피해자가 될 수 있음을 왜 인지하지 못하는가?

사실 상생이란 구호가 MB 정부에서 처음 사용되는 것은 아니다. 최근 경제위기 극복 사례의 자칭 세계적 모범국 한국에서 잠재성장률을 상회하는 경제성장에도 불구하고 경기회복의 훈기가 바닥에까지 돌지 않자 MB 정부가 들고 나온 것이 대기업과 중소기업의 상생이다. 최근 대통령은 "대기업이 소상공인을 지원하는 따뜻한 마음이 필요"하다고 하셨다. 말씀을 하신 취지는 이해할 수 있으나 기업 간의 거래가 마음이 본질이 아님은 누구보다 현장 경험으로 잘 아시는 분의 말씀이라 매우 의아스러울 뿐이다. 대통령과 장관들이 대기업더러 툭하면 더 투자하라 신규채용 더하라 윽박지르는데 이러한 정책은 후진국에서는 물론 사회주의 국가들에서도 하지 않는 정책이다. 대통령께서 大-中企 상생을 강조하자 각료 등이 대기업 비판에 나서는 것은 문제이다. 대기업이 잘못한 것이 있다면 평상시에 개별부처가 문제를 책임지고 시정했어야 했다. 자신들의 직무유기 가능성은 뒷전인 채 재계를 부도덕한 집단으로 몰아가는 우를 범하고 있다.

상생의 의미도 제대로 이해하는 것이 필요하다. 정치활동에서는 너 죽고 나 살자가 원칙이기에 상생은 불가능하다. 그러나 경제활동에서는 중소기업이든 대기업이든 거래 당사자 모두 서로 혜택을 향유하기에 언제나 상생이 이루어지고 있다. 중소기업의 특허를 불법 탈취하는 대기업이 있다면 법과 제도로 다스리면 되는 것이지 몇 가지 작은 사례를 침소봉대하며 신문 첫 면을 장식하는 일은 언론도 정치권도 이제는 멈추어야 한다. 대기업이든 중소기업이든 싸고 질 좋은 제품을 생산하여 소비자를 만족시키는 것이 기업의 본질이다. 그럼에도 싸고 질 좋은 제품의 생산 능력이 없는 중소기업의 제품을 대기업더러 구매하라고 따뜻한 마음을 강요하는 것은 한마디로 어불성설이다. 개인 간의 상생을 제3자가 하라 말라 할 수 없듯 기업 간의 상생 그것도 사업상의 거래를 정부가 어떻게 이래 하라 저래 하라 말할 수 있는가?

제65주년 광복절 경축사에서 이명박 대통령은 공정한 사회를 주창하며 "공정한 사회는 출발과 과정에서 공평한 기회를 주되, 결과에 대해서는 스스로 책임지는 사회입니다", "공정한 사회는 개인의 자유와 개성, 근면과 창의를 장려합니다"라고 하시고 덧붙여 "공정한 사회에서는 패자에게 또 다른 기회가 주어집니다. 승자가 독식하지 않습니다"라고 하셨다. 문제는 앞서 강조하신 말과 뒤에 덧붙인 말이 일관성을 갖지 못하는 데 있다. 관련 정책을 입안할 때 어디에 초점을 맞추느냐에 따라 구체적 내용이 판이하게 달라진다. 승자가 독식하는 것이 시장경제의 본질인데 본질을 부인하겠다는 것이 대통령의 의도인가? 아님 어떻게 하겠다는 것인가?

공정한 사회를 세우고 지켜 나가는 것을 반대하는 것이 아니다. 문제는 어떤 공정사회를 무슨 방법으로 이뤄낼 것인가이다. 어떠한 사회가 공정한 사회인가에 대해서는 태고 이래로 인류가 고민해 왔으나 이념에 따라 서로 다른 견해가 제시되었을 뿐이지 합의된 정의가 없다. 대통령이 경축사에서 공정한 사회를 주창하려면 사전에 엄청난 준비를 했어야만 했다. 공정한 사회와 거리가 먼 사면이 이루어진 후 그리고 문제 많은 인물들이 공직에 천거된 후 청문회에서 연쇄 낙마 사태로 문제가 대두되자 이번이 "공정사회를 만드는 마지막 기회"라며 의욕을 과시하고 있다. 그러면서 "공직사회, 권력 가진 자, 힘을 가진 자, 가진 사람, 잘사는 사람" 등 "기득권자들이 공정사회의 기준을 철저히 지켜야 한다"고 한다. 진정성이 있다 하더라도 이러한 인식으론 일이 되지 않는다. 좌파(진보)가 우파(보수)를 맹공할 때 써먹는 수로써 과연 목적을 달성할 수 있을까?

V. 한국 정치와 정치 지도자

정권과 관계없이, 여·야 관계없이 지도자들은 역사적 통찰력이 부족하여 나라를 잘못 이끌고 있다. 인류의 역사를 통틀어 위대한 지도자와 나라의 번영은 언제나 함께했다. 지도자는 시대정신을 창출하여 국민을 앞에서 끌고 나가는 사람(leader)이어야지 오늘날 우리와 같이 국민의 눈치를 보는 추종자(follower)이어서는 참으로 곤란하다.

리더십의 힘은 '자신감'에서 나온다. 위기 때는 더욱 그렇다. 지도자 스스로 자신감으로 무장되어 있어야 추종자들을 확신시킬 수 있고 열정을 불러일으킬 수 있다. 루스벨트 대통령의 뉴딜정책이 미국 경제를 구했느냐에 대한 토론은 아직 끝나지 않았지만, 그의 공적 중 하나는 '벽난로 옆에서의 대화'로 믿을 수 있는 지도자로 자리매김했다는 점이다. 프랭클린 루스벨트는 특출한 정치 개혁가였다. 그가 정부를 훨씬 크게 만든 점은 논란의 여지가 있으나 훨씬 깨끗하게 만들었던 것은 두고두고 귀감이 된다.

이에 반해 MB의 청와대는 경제 불안에 대한 대응책으로 비상상황을 연상시키는 지하벙커를 택했고, 이로 인한 경제 리더십에 대한 불안감은 원·달러 환율의 불안감 등으로 나타났다. 열정과 심정은 이해되나 대통령이 '경제대통령', '경제전문가'라며 '경제 살리기'를 내세우며 너무 설친다. 경제 현상에 대한 얘기는 담당부처에서 하는 것으로, 지도자는 그런 어려운 발표가 나올 때 두렵고 어려워할 국민들을 안심시키고 희망을 줄 수 있는 얘기를 해야 한다.

경제 우선주의는 굉장히 잘못된 주문이다. "경제를 살리겠다"고 지도자들이 약속하는데 경제는 지도자에 의해 인위적으로 살아나는 대상이 아님을 분명히 인식해야 한다. 낮은 세금, 정부 보조, 행정 지도, 낮은 이자율로 경제가 살아나는 것은 아니다. 안타까운 사실은 잘못된 지도자, 잘못된 정책이 경제를 망치기는 쉽게 한다는 것이다.

우리 국민들이 편하게 살지 못하는 이유는 우리의 위정자들이 정치권력을 놓고 벌이는 추악한 정치게임 때문이다. 우리 경제가 휘청거리는 중요한 이유는 정치논리가 경제논리를 압제하기 때문이다. 위정자들의 정치게임에 싫증난 민초들이 제발 정치를 제대로 하여 국민들이 차분히 각자 편안하게 살도록 해 달라는 주문을 해야지, 흐트러진 정치를 팽개친 채 정치논리를 들이밀며 경제에 올인 하도록 요구하면 경제는 더욱 망가지게 되고, 잘사는 것은 요원해진다.

정치의 궁극적 목표가 무엇인가라는 질문에 대한 답은 한 마디로 국민이 잘 살고 편안하게 사는 것에 대해 시대정신을 창조하고 비전

을 제시하는 것이다. 시대정신을 팽개친 채 자화자찬을 일삼는 지도
층의 비양심적 언행, 그리고 각 부문 간에 알력을 조장하는 후안무치
(厚顔無恥)의 소행은 국민을 못살게 하고 불안하게 하는 것이다. 그 결
과 우리 국민은 정치와 정당을 원천에서부터 불신하는 것이다.

정치권은 미래에 대한 비전의 제시 없이 정파 간 또는 한 정파 내
의 주요 지도자 간 이해 다툼이나 또는 자기 몫 챙기기에 많은 시간
을 보내고 있다. 우리의 경제 수준에서 소화하기 어려운 정책도 언필
칭 국민을 의식하여 경제가 치러야 하는 비용에 대한 배려는 전혀 없
이, 무책임하게 서로 앞다투어 발표하고 있다. 그나마 어렵사리 추진
된 몇 가지 개혁도 국민을 설득시켜 정착이 되도록 노력하기보다는
특정 집단의 이익을 위해 개혁의 본질을 훼손하는 방향으로 유도하
는 데 앞장서고 있는 사례가 종종 발견된다.

경제정책에 대해서는 정치권의 책임과 역할이 매우 크다. 정치권
이 할 수 있는 일, 그리고 해야 하는 일은 기본적으로 두 가지이다.
하나는 우리 경제의 각종 구조적 문제의 해결을 위해 국민을 설득시
키는 정치적 결단을 이루어 내거나 정치적 지도력을 발휘하는 것이
고, 다른 하나는 미래에 대한 청사진과 비전을 제시하는 것이다.

한 사회의 전반적인 경제제도의 장기적 방향에 대해서는 정치 지
도자의 이념과 결단이 큰 역할을 한다. 정치 지도자들이 확고한 신념
하에 경제정책을 추진할 때 정책의 일관성이 유지되고 또한 미래에
대한 예측이 가능해진다. 영국이 쇠퇴에서 벗어날 수 있었던 것은 대
처(Thatcher) 총리의 뚜렷한 이념과 결단 때문이었고, 뉴질랜드가 과
감한 경제개혁에 성공할 수 있었던 것은 정치 지도자들의 이념과 방
향이 뚜렷하고 굳건했기 때문이다. 개혁 개방 이래 중국이 잘 나가는

것은 중국 지도자의 지도력 덕분이다. 사실 박정희, 전두환 두 대통령 시대에 우리 경제가 잘나갔던 것은 경제에 관한 두 분의 신념, 결단, 지도력 때문이었다.

Ⅵ. 기업하기 힘든 나라: 재벌 대기업 때리기

재벌과 대기업이 동네북이 된 지는 이미 오래이나 특히 최근에 공정 친서민 상생과 관련하여 재벌기업들이 몰매를 맞고 있다. 정부는 물론이고 전문가 일반국민들 모두 재벌 때리기에 오면 의기가 투합하는 것 같다.

재벌기업 활동의 모든 측면이 성토의 대상이다. 제품시장이 독과점시장이다, 자금을 독차지한다, 문어발식 확장을 한다, 온갖 특혜를 누린다, 정경유착을 한다, 소유가 집중되어 있다, 경영이 투명하지 못하다, 빈익빈 부익부를 초래한다 등등 재벌기업의 문제점에 대한 나열은 그 끝이 보이지 않을 정도이다.

재벌기업에 대해 쏟아지는 수많은 비판에 대해 우리는 두 가지를 짚어 보아야 할 것이다. 첫째는 비판의 내용이 각기 논리적으로 맞고 사실과 부합하며 정부정책이 문제해결에 적정하냐 하는 것이고, 둘째는 재벌기업이 야기하는 각종 문제의 근원적 원인이 무엇이냐 하는 것이다.

재벌그룹에 대해 대출이 증대하면 재벌이 자금을 싹쓸이한다고 지탄하고, 재벌계열 금융기관들의 수신고가 증대되자 재벌들의 금융권에 대한 지배가 확대된다고 야단이다. 정부는 재벌의 금융지배를 막는다며 금융기관 지배구조를 대대적으로 개혁하겠다고 공언한다. 대출편중 문제를 한번 냉정하게 살펴보자. 재벌기업이든 중소기업이든 기업은 수익성이 있는 사업이 있을 때 자기자본으로 사업을 시작하면서 각종 금융기관을 통해 모자라는 자금을 빌려서 충당하게 된다. 재벌기업에 대출편중이 일어나는 근본적 원인은 재벌기업들이 수익성 있는 사업을 보다 더 활발히 추진하기 때문이다.

재벌기업들이 수익성이 낮은 사업에도 문어발식 확장을 하려 하기 때문에 대출편중이 일어난다고 하는데 재벌기업이 수익성이 낮은 사업에 손을 대면 그 불이익은 재벌기업 자신에게 돌아오는 것이고, 금융기관이 대출심사만 제대로 하면 수익성이 높은 사업을 제쳐 놓고 낮은 사업에 대출이 이루어질 수 없다. 자금은 사업의 수익성에 따라 배분되는 것이 원칙이므로 이러한 원칙이 지켜지는 과정에서 나타나는 대출편중은 전혀 문제시될 수도 없고 되어서도 아니 된다. 수익성이 없는 사업에 자금이 지원되지 않도록 금융상의 관행과 제도를 정비하는 것이 올바른 정책방향이다.

재벌그룹들이 지배하는 금융기관들의 수신고 증가문제를 짚어 보자. 재벌계열사 금융기관이든 아니든 모든 금융기관의 수신고 증대는 금융기관 자신들의 노력과 함께 투자자들의 자발적 선택의 결과이다. 물론 재벌계열 기업들이 재벌관련 금융기관들을 지원하는 위법행위를 했다면 이에 대해서는 단호한 문책이 따라야 한다. 재벌계열 금융기관들의 수신고 증대를 문제 삼아 금융기관의 지배구조를 개편하겠다고 하는 것은 문제의 핵심을 전혀 파악하지 못한 발상이다.

재벌기업이 야기한다고 통상적으로 인식되는 문제점의 대부분은 재벌기업이 야기하는 것이 아니고 정부가 문제발생의 근원임이 인식되고 있지 못하다. 정부정책의 실패를 호도하기 위해 재벌기업의 문제를 부각시킨 경우가 적지 않았다.

정부의 역할 및 정부와 기업의 관계는 사거리에 신호등을 설치하는 것에 비유될 수 있다. 신호등이 설치되지 않은 사거리라면 교통은 막히게 마련이다. 정부가 할 수 있는 일 또는 해야 하는 일은 원활한 교통소통을 위해 사거리에 신호등을 설치하는 것이다. 신호등이 없거나 있더라도 제대로 작동되지 못하여 사거리에서 서로 얽힌 차들의 운전자들을 비난하고 야단치는 것은 정부의 역할이 아니다. 이미 얽힌 사거리에 재벌기업들더러 진입하도록 정부가 강요해 놓고 어느 순간에 교통혼잡의 원인이 재벌기업에 있다고 맹비난하는 경우가 비일비재하다.

지금까지의 논의가 우리나라 재벌기업에 문제가 없다는 것을 지적하는 것은 물론 아니다. 재벌기업 문제는 차가운 머리로서 문제의 맥점을 제대로 진단하고 문제를 확실히 풀 수 있는 효과적인 처방이 수반되어야 한다. 이제는 보다 성숙된 정부정책을 기대해 본다.

자본주의 시장경제에서 자본가·기업가 등 고소득자는 신분사회에서의 귀족에 흔히 비유된다. 이들 집단을 제외한 나머지 사람들의 낮은 생활수준과 비교할 때 이들은 엄청 부유하다는 것이다. 그러나 신분사회의 귀족과 시장경제에서의 고소득자는 근본적으로 다르다. 귀족은 계급적 특성에 의해 부를 획득하는 데 반해 시장경제에서 고소득자는 자신이 제공한 서비스를 제공한 대가를 타인으로부터 부를 축적한다. 만약 다른 사람이 더 좋은 제품을 더 싼 가격으로 소비자들에게 제공하면 자신이 가진 것을 통째로 잃어버리게 된다. 시장경제의 불공평함에 대해 불만을 토로하는 사람들에게는 다음과 같은 충고가 필요하다. "그대가 부를 얻고 싶거든 남들에게 좀 더 값이 싼 것 또는 남들이 더 좋아하는 것을 제공함으로써 그들을 만족시키도록 하라." 시장에서 보상을 받는 것은 업적 자체가 훌륭해서가 아니고 수많은 소비자로부터 좋다고 인정을 받기 때문이다.

자본주의의 냉혹함에 대해 말이 많은 이유는 자본주의가 모든 사람들을 각자의 능력과 기여에 따라 달리 대우하기 때문이다. 자본주의 시장경제에서 모든 사람의 지위는 자신들의 판단과 행위에 달려 있다. "개인의 능력과 기여에 따른 대우"라는 원칙은 개인의 부족함에 대해 어떤 변명도 용납하지 않는다. 자본주의 시장경제에서 많은 사람들이 불행함을 느끼는 것은 자본주의가 각자에게 가장 바람직한 상황 또는 지위에 도달할 수 있는 기회는 예외 없이 부여하지만 그 상황 또는 지위는 소수의 사람들만이 도달할 수 있기 때문이다. 모든 사람들의 자존심은 더 큰 능력을 발휘하고 재능을 가진 사람들의 모습을 보고 상처를 받는다. 모든 인간은 자신의 가치와 장점을 과대평가하는 경향이 있다. 자신의 패배와 부족에 눈을 뜰 때 자존심이 상하고 불평불만은 생기게 마련이다.

이전에도 그러했던 경우가 없었던 것은 아니지만 경제 위기, 유가 폭등, 물가 상승, 청년실업 증대, 양극화 등으로 각계각층의 삶이 힘들게 되자 재벌과 대기업 때리기가 최근 부쩍 늘고 있다. 좌파 정치인과 진보 학자야 늘 그래 왔지만 최근엔 일부 우파 논객들까지 가세하고 있다. 기업인이 사업하기가 그리고 처신하기가 요즈음처럼 어려운 때가 없는 것 같다.

일자리 창출을 하지 않는 것, 양극화를 야기하는 것, 재래시장을 짓밟는 것, 중소기업을 후려치며 동반성장을 하지 않는 것 등 우리 사회

만악(萬惡)의 대부분이 기업인, 특히 대기업, 재벌관련 기업인의 탓이란다. 동네북 신세인 자신들의 처지를 놓고 많은 기업인들이 한탄하고 있을 것이며 정말 기업할 의욕이 속되게 말하여 밥맛일 것이다.

기업인은 고객인 소비자가 외면하면 하루아침에 망한다. 소비자가 자신이 지불하는 가격과 그 대가로 받는 서비스를 언제나 저울질하기에 기업가는 싼 가격에 최선의 서비스 제공에 심혈을 기울이며 소비자가 어떤 횡포를 부려도 언제나 미소로써 대한다.

기업인은 항시 경쟁 속에서 체력이 단련된다. 독과점 산업에 종사하는 기업의 경우 경쟁이 없지 않느냐 할지 모르지만 그렇지 않다. 독점기업도 항시 새로운 진입자의 위협 속에 있으며, 특히 오늘날과 같이 국경 없는 범지구화 시대에는 국내에서 독점적 지위를 갖더라도 해외로부터의 거센 경쟁은 정말 기업인들로 하여금 처절하게 투쟁하게 하며 그 결과 살아남는 기업은 대단한 저력을 갖고 있다. 기업의 세계는 냉엄하여 기술, 자금, 판매, 인사 등 어느 한구석이라도 허점이 있으면 부도 도산이라는 처절한 결과로 귀착된다.

정치인과 관료는 어떤가? 물론 국회의원이 되기 위해 선거를 치르고 당선 후에도 주민의 눈치를 볼 수밖에 없다. 관료가 되기 위해서는 경쟁률이 매우 높은 시험도 치르며 승진을 하기 위해 밤낮으로 열심히 일을 한다. 그러나 우리의 현실에서 정치인과 관료는 국민을 위하기보다는 보스나 상급자의 눈치를 살피는 것이 일상의 생활이다. 현직에 있을 때는 예산과 결정권의 크기에 따라 관련자들의 섬김을 받는다. 큰 잘못을 하여도 아주 예외적인 경우가 아니면 퇴출이 되지 않는다. 상당수의 정치인과 관료, 특히 고위직의 경우는 퇴직 후에도 높은 보수의 자리를 꿰차고 잘나간다.

관료와 정치인들이 만들어 낸 정책과 서비스는 불량품인 경우가 부지기수다. 매일 봇물처럼 쏟아 내는 정책의 대부분도 함량미달의 불량품이거나 재탕 삼탕한 것이어서 생선으로 치면 잡은 지 며칠이 지나 선도(鮮度)가 크게 떨어져 국민이 외면하는 것이고 국가의 성장 잠재력을 훼손하는 것들이다. 사실이 이러함에도 관료와 정치인은 자신들의 실수와 실책의 결과인 불량품을 깨닫기보다는 많은 경우 잘하는 기업인들을 닦달하거나 속죄양으로 삼아 사태를 개선하기는커녕 더 악화시키고 있다.

기업 구조조정 하나만 놓고 봐도 정치인과 관료는 자신들의 잘못된 판단으로 문제가 해결되지 않는데도 이를 인정하지 않은 채 기업인들을 손보아야 할 대상으로 비난하며 모든 책임을 전가하고 있다. 기업구조조정과 관련하여 관료와 정치인은 자신들의 제한된 정보에 의거, 승자와 패자를 대부분 결정하면서 동시에 기업의 자발적인 노력만으로 근본적인 구조조정을 이룰 수 있다고 판단한 것 같은데 이것이 바로 근본적으로 잘못된 판단임을 깨닫지 못하고 있다.

정치인과 관료는 국민과의 관계에서 기본적으로 국민의 대리인, 즉 머슴이다. 머슴인 정치인과 관료는 원칙적으로 자신의 이해를 떠나 주인인 국민만을 위해 최선을 다해야 한다. 그런데 문제는 머슴에 불과한 관료와 정치인이 주인인 기업인 위에 군림하려는 데 있다. 많은 경우 머슴이 주인의 의사에 반하게 자신의 이익을 챙긴다.

관료와 정치인은 자신들은 스스로 변화하지 않으면서 여건의 변화에 민첩하게 변화하는 기업인을 호통 치는 경우가 비일비재하다. 우리 사회의 개혁대상 제1호가 관료와 정치인이라는 사실은 공감대가 형성된 지 오래이다. 국가 경쟁력 또는 성장 잠재력과 관련한 국내외

기관들의 연구에 따르면 우리나라 정치인 또는 관료 그리고 그들이 만든 제도와 정책이 문제인 것으로 나타나는 데 반해 기업과 기업인들은 언제나 상당한 경쟁력이 있는 것으로 나타나고 있다. 못하는 집단이 잘하는 집단을 호통치는 코미디가 연출되고 있는 셈이다.

정치인과 관료는 엄청난 힘을 가지고 있다. 그 힘은 국민의 생명과 재산을 보호하는 데 사용되어야 하지 가계나 기업의 일상적 생활과 의사결정에 개입하는 것이 힘의 용도가 아니다. 힘의 사용이 제대로 되려면 그 과정에 견제와 경쟁이 있으면 된다. 정치인과 관료가 제공하는 서비스의 대부분은 독점적으로 제공되는 서비스이기에 애초부터 경쟁이 없으며 입법부, 사법부, 행정부가 상호 견제하면 오류가 상당 수준 줄어들고 불량품이 퇴출될 수 있을 터인데 우리나라의 경우 세 부가 한통속으로 놀기에 견제는 애당초 기대하기 힘들다. 견제하고 감독하라고 설치한 기관들도 한통속으로 유착하여 국민의 세금을 낭비하거나 불량품 생산을 방조하고 있다. 수많은 위원회에서 혈세를 들여 작성되는 것은 탁상놀음의 로드맵이고 말의 유희와 성찬(盛饌)이 대부분이다.

재벌이 왜 재벌이 되고 대기업이 왜 대기업이 되었는가? 관료와 정치가 같이 거드름을 피우고 위세를 부려서 그렇게 되었는가? 아님 근로자, 중소기업가, 납품업자를 착취하여 그렇게 되었는가? 거드름 피고 위세 부리고 착취한 일이 없다. 그러한 일이 없고 그러할 수도 없다. 대기업과 재벌이 오늘의 위치에 오른 것은 그들이 영위하는 산업과 그들이 봉사하는 전 세계 고객들의 성원에 힘입어 그렇게 된 것이다. 오늘날과 같이 된 것이 정부가 주는 특혜 때문이라면 중소기업이 더 잘 되어 있어야 한다.

재벌과 대기업이 오늘의 위치에 오른 것은 고객들에게 경쟁자들보다 더 나은 제품이나 서비스를 더 싼 가격에 공급했기 때문이다. 소비자들이 외면하면 하루아침에 망하는 것이 기업이다. 정치가와 관료도 기업이 고객에게 봉사하듯 국민과 기업인에게 봉사해야 한다. 고객이 외면하는 기업은 퇴출로 직결되는데도 국민이 외면하는 정치가와 관료는 계속 자리를 지키는 경우가 허다하다. 그러면서 문제없는 기업, 잘하는 기업을 문제시하고 시비한다.

제발 남을 탓하지 말고 자기 일을 잘하자. 우리나라가 선진국에 뒤진 부분이 있다면 그 부분은 상대적으로 정치가와 관료와 관련된 것이지 대기업이나 재벌과 관련된 것이 아니다. 대기업이나 재벌이 무결(無缺)하다는 이야기가 아니다. 정치가나 관료가 작금에 질책하는 부분을 두고는 재벌과 대기업이 크게 잘못하는 것이 없다. 정치가와 관료는 좋은 정책으로 국민에게 봉사하고 기업은 전 세계의 소비자를 대상으로 싸고 질 좋은 상품으로 봉사하는 봉사의 경쟁을 벌이자.

재벌에 문제가 없다는 것이 아니고 필요하면 재벌해체를 하지 말라는 것이 아니다. 그러나 실체도 없는 국민정서를 바탕으로 정권 재창출을 위해 인기를 얻는 방편으로 재벌개혁이 활용될 때 원하는 결과는 손에 쥐지 못하면서 장기적으로 새로운 문제만 야기된다. 아무리 내용이 좋더라도 강요가 아닌 자발적 개혁이라는 모양을 갖추고 책임을 피하기 위해 되풀이되는 정·재계 간담회의 개최도 사실은 큰 문제이다. 선·후진국을 막론하고 지구상의 어느 나라가 정·재계 간담회를 통해 정책을 추진하는가?

경제현상을 놓고 선한 것과 악한 것을 구분하려는 것만큼 경제현상을 이해하지 못하는 경우가 없다. 재벌경제가 따로 없으며 중산층 경제도 따로 존재하지 않는데 재벌경제는 나쁘고, 중산층 경제는 좋다는 식으로 자신들이 이해하고 이러한 몰이해(沒理解)를 남에게 강요하는 무지(無知)에서 벗어나지 않는 한 우리는 제대로 된 경제정책을 가질 수 없다.

자본주의 시장경제에는 재벌총수도 있고 부자도 있고 중산층도 있고 서민도 있으며 빈곤층도 있는 법이다. 가상적으로 어느 한 시점에 모든 사람에게 재산을 똑같이 갖게 하여도 상당시간이 지난 후에는 이들의 재산과 소득에는 격차가 나게 마련이다. 물론 국가가 생계가 곤란한 계층의 의식주 문제해결에 나서야 한다. 그러나 정부의 정책으로 중산층이 육성된 것은 인류역사상 없는 일이다. 재벌개혁과 중산층 보호가 필요하다는 것은 온 국민이 주지하고 공감하는 바이다. 그러나 재벌개혁과 고소득층과 저소득층 간의 분배개선 문제가 혼동되어서는 아니 된다.

정부와 기업의 관계에서 정책당국이 기업에 대해 할 수 있는 것은 기업을 지도하는 것이 아니고 기업을 경쟁의 와중으로 내모는 것이다. 오늘날 기업은 정보와 인력 면에서 그 어느 집단보다 우수하므로 정책당국이 해야 할 일은 이러한 기업이 능력을 최대한 발휘할 수 있도록 여건을 조성하는 것이다. 우리 경제의 활성화는 정부의 지원이나 지도에 의해서가 아니고 경제의 개별주체가 각자의 책임하에 환경의 변화에 적응하며 자생력을 갖추는 것으로써만 가능하다. 개별 경제주체는 언제나 주어진 상황에서 최선을 다해 자신의 이익을 챙기게 마련이므로 정부정책의 핵심은 공정하고 투명한 경기규칙을 확립하고 확립된 경기규칙을 엄격히 집행하는 것이다.

영어에 길들이기(taming)라는 표현이 있다. 필자가 아는 한 길들이

기의 대상은 정부자체(taming the government)이다. 정부가 기업을 길들이는 것은 자본주의 시장경제에서는 개념적으로 상상도 할 수 없는 사항이다. 기업을 길들이는 것은 소비자의 선호이고 기업 간의 경쟁이지 결코 정부의 몫이 아니다.

Ⅶ. 복지 포퓰리즘: 참으로 걱정되는 나라의 장래

어느 나라든 그 나라의 앞날은 그 구성원의 의식, 구성원 상호 간의 경기규칙, 그리고 제도 등 세 가지에 달려 있는데 우리나라의 경우 이들 세 가지 중 어느 것도 좋은 결과를 가져오는 방향으로 작동하기보다는 문제를 야기하는 방향으로 점차 작동하고 있다. 자신의 삶을 스스로 책임지는 의식은 실종되었고, 결과의 평등이 정의의 중심에 자리 잡기 시작했으며, 인류를 빈곤의 질곡에서 벗어나게 만든 자본주의 시장경제체제가 문제 있는 체제로 각인되고 있다.

분명 대한민국의 시계가 거꾸로 돌아가기 시작한다. 아프리카 오지에서도 제기되지 않는 무상급식 무상의료 무상교육의 무상복지가 오랜 역사와 전통을 가진 정당들에 의해 제기되고 이에 일부 지식인들이 부화뇌동(附和雷同)하고 있다. 일반 국민들이야 현재로선 침묵하고 있으나 다음 선거에서는 투표소의 휘장 속에서 회심의 미소를 지으며 무상복지를 공약한 정당에게 표를 던질 것이다. 유권자의 합리적 무지, 개인 사익의 추구, 중위투표자의 정리 등의 공공선택이론의 제반 논리는 무상복지 주창 정당의 승리를 확실히 보장한다. 집권을 위해 속임수를 내놓는 정치 지도자와 이에 열광하는 대중이 많은 나라 중 한 나라라도 잘 되는 것을 본 일이 있는가?

역사는 반복된다. 역사에서 교훈을 얻지 못하는 조직과 나라는 구성원들의 삶이 비참해지고 때론 조직이나 나라 자체가 멸망한다. 무상복지 사회를 지구상에 구현하고자 했던 나라 소련이 70여 년 만에 지구상에서 사라진 지 30여 년이 채 지나지 않았다. 세금이 없는 지상천국의 나라, 무상복지의 나라 조선민주주의인민공화국의 인민은 독제와 기아에 신음하고 있다. 개인이든 나라든 언제나 선택에 직면하고 그 선택에 따라 명멸(明滅)한다.

개개인 간의 삶의 목표가 행복의 추구에 있고 인류 사회의 공동목표가 이상 사회의 건설에 있다면 이를 실현하고자 하는 이념 중의 하나인 복지이념(welfarism)은 인류가 추구하는 지고지선(至高至善)의 목적 중의 하나가 될 수 있으며, 복지국가(welfare state)의 건설은 정치적 이데올로기나 정권담당자의 의사와 관계없이 국가의 궁극적 목표 중 하나가 될 수는 있다. 복지국가를 추구하지 말자는 것이 아니다. 지속가능하고 효과적이고 효율적인 제도와 시책에 바탕하여 복지국가가 추진되어야 한다.

복지사회를 건설하겠다는 높은 이상과 굳은 의지를 가졌다면 이를 위한 구체적인 시책이 당연히 마련되어야 하겠지만, 우리나라의 복지사회 건설에 있어서 가장 핵심적인 과제는 국민의 세금부담 증대를 통하여 이루어지는 복지정책의 추구가 아니라(이러한 방향의 정책도 물론 중요하지만) 사회제도와 기본질서의 확립을 도모하여 국민 각자가 자기 자신의 업무에서 보람을 찾고 장래에 대해 밝은 희망을 갖는 기본적 의미를 띠며 추진되어야 한다. 자신이 열심히 일하여 얻는 경제적 과실이 남의 것과 비교하여 볼 때 긍정적으로 받아들여져 이를 향유하며 만족감을 얻을 수 있는 사회 풍토를 조성해야 한다. 구체적인 복지정책의 논의도 중요하지만 이에 앞서 경제 및 사회의 운용이 정의와 합리화, 윤리의 바탕 위에서 이루어지고 있는지를 한번 자문해 보는 것이 필요하다.

대통령 선거와 같이 국가의 기본골격을 다루는 경우는 물론이고 통상적인 경우에도 국가정책은 몇 가지 조건을 충족시켜야 한다. 첫째 문제를 총체적으로 제대로 짚어야 하고, 둘째 내용이 합리성을 가져야 하며, 셋째 각 공약이 실현 가능해야 하며, 넷째 공약 간에 일관성이 유지되어야 하며, 다섯째 설정된 목표를 달성하기에 적절한 정책수단이 분명히 제시되어야 한다.

공약이 충족시켜야 할 조건을 이상과 같이 정리한다면 최근 각 정당이 제시하는 공약은 모두 문제가 있어도 보통 문제가 있는 것이 아니다.

오늘날 우리는 엄청난 속도로 변화하는 시대에 살고 있다. 이러한 변화를 어떻게 수용하여 발전의 계기로 삼느냐와 어느 방향에로의 변화가 바람직하느냐가 중요하다. 이러한 변화의 방향과 내용을 올바르게 규정짓고 변화에 주도적 역할을 해야 할 사람은 대선후보들이다. 그런데 각 정당이나 예비 후보들의 공약을 보면 변화의 주도적 역할을 하겠다는 의지표명은 없거나 약하며 이러한 변화의 중요성을 인식하고 있는 흔적도 발견하기 힘들다.

정부는 다양한 방식으로 재원을 조달하여 크고 작은 목적을 위해 그 재원을 사용한다. 정부 지출의 목적은 경제성장을 촉진하고, 분배를 개선하고, 경기를 조절하고 낮은 출산에 대처하고, 지역균형발전을 도모하고, 일자리를 창출하는 등등 분명히 바람직하고 인도주의적이고 고

상한 것이다. 그런데 어째서 그러한 목적이 달성되지 않는 것일까?

초기에는 모든 것이 잘될 것 같았다. 정부 규모와 사업이 적었고 재원을 부담할 납세자들은 많았다. 그리하여 개개인이 적은 액수를 부담하여 국가 본연의 업무를 훌륭히 수행할 수 있었고 도움이 필요한 소수에게 상당한 혜택을 제공하였다. 정부 재정이 확대되어 감에 따라 정부 사업으로 혜택을 받는 수혜자와 부담자 간에 그 수와 금액이 역전되게 되었다. 오늘날에는 우리 모두가 한쪽 호주머니에서 꺼낸 돈을 다른 쪽 호주머리에 집어넣고 있을 뿐이다.

돈의 쓰임새를 간단히 분류해 보면 위의 두 질문에 대한 답이 분명해진다. 돈을 쓸 때 주체가 그 돈의 주인 자신이거나 제3자인 타인일 것이다. 그리고 돈을 쓰는 목적 또는 대상을 살펴보면 자기 자신을 위해서거나 타인을 위해서 돈을 쓴다. 이처럼 두 쌍으로 이루어진 대안들의 조합을 구하면 네 가지 조합이 생기는데 이는 다음의 <표 1>로 요약할 수 있다. <표 1>을 살펴보기 전에 다음을 유의하기로 하자. 먼저, 사람들은 '내 돈'을 쓰는 경우 "최대한 절약할 유인"을 가지지만 '남의 돈'을 쓰는 경우에는 그러한 유인이 없다는 점이다. 다음으로, 사람들은 마련된 돈을 가지고 '나를 위해' 쓰는 경우 돈을 "가장 가치 있게 쓰려는(value for money; VFM) 유인"을 가지지만 '남을 위해' 쓰는 경우에는 그러한 유인을 가지지 않는다.

<표 1> 돈의 소유자와 지출 대상

돈의 소유자	지출 대상	
	나	타인
나	I	II
타인	III	IV

<표 1>에서 조합 Ⅰ은 자기의 돈을 자기를 위해서 쓰는 경우이다. 시장에서 상품을 사는 경우로서 우리는 분명히 가능한 한 절약도 하고 쓰는 돈에 대해서 가능한 한 많은 가치를 얻도록 하려는 강한 유인을 갖는다. 조합 Ⅱ는 자기의 돈을 어떤 타인을 위해 쓰는 경우이다. 크리스마스나 생일 선물을 사려고 쇼핑을 하는 경우로서 우리는 조합 Ⅰ의 경우와 마찬가지로 가능한 한 절약하려는 유인을 갖고 있지만, 적어도 선물을 받을 사람의 기호를 기준으로 판단한다면 쓰는 돈에 대해 최대한의 가치를 얻어 내려는 똑같은 유인은 갖고 있지 않다. 이 경우 우리는 상대방이 좋아할 것을 사 주고 싶은 것만은 사실이다. 그렇게 하는 것이 상대방에게 흡족한 인상도 주고 또 시간과 노력도 그다지 많이 들어가지 않는다면 말이다. 상대방의 선호를 정확히는 모르기 때문에 상대방이 좋아하리라 생각되는 내가 좋아하는 것을 고르게 될 것이다.

조합 Ⅲ은 타인의 돈을 자기를 위해서 쓰는 경우이다. 가령 회사 접대비로 점심을 먹는 경우이다. 그때에는 점심비용을 될 수 있는 대로 싸게 하려는 강한 유인을 갖고 있지 않다. 그러나 돈의 가치에 합당한 것을 얻으려는 강한 유인을 갖는다. 조합 Ⅳ는 그 어떤 타인의 돈을 또 다른 타인을 위해 쓰는 경우이다. 우리는 회사 접대비에서 어떤 타인의 점심식사비를 지불한다. 이때에는 비용을 절약하려는 유인도, 손님이 매우 크게 인정해 줄 점심을 사려고 애쓸 유인도 별로 갖지 않는다. 그러나 우리가 그 사람과 함께 점심을 먹는다면, 이것은 조합 Ⅲ과 조합 Ⅳ의 혼합이며, 필요하다면 우리는 상대방의 기호를 희생시키면서 자기의 기호를 만족시키려는 강한 유인을 갖는다.

복지정책은 모두 조합 Ⅲ이나 Ⅳ에 속한다. 그 핵심 내용은 타인의 돈을 나를 위해 쓰거나 또 다른 남을 위해서 쓰는 것이다. 이 과정에 정책담당 관료들과 정치가가 개입한다. 가령 자기 마음대로 써도 좋은 현금보조가 있는 사회보장제도는 조합 III에 해당하고, 공공주택의 경우는 조합 IV에 속한다.

국회의원들은 어떤 타인의 돈을 지출하기 위해 투표한다. 의원들을 선출하는 유권자들은 어떤 의미에서는 자기의 돈을 자기를 위해 쓰기 위해서 투표하지만, 이것은 조합 I의 지출과 같은 직접적 의미에서는 아니다. 어느 개인이 지불하는 세금과 그가 투표로 지지한 지출용도와의 관계는 극히 먼 것이다. 실제로 유권자들은 의원들과 마찬가지로 의원이 직접 찬성표를 던지는, 그리고 유권자가 간접적으로 찬성표를 던지는 정책들을 위해 지불하는 자는 어떤 타인이라고 보는 경향이 있다. 정책을 관리하는 관료들도 어떤 타인의 돈을 지출하고 있다. 이러다 보니 지출액이 폭발적으로 늘어나는 것은 하나도 이상할 것이 없다.

관료들은 그 어떤 타인의 돈을 또 다른 타인을 위해 지출하고 있다. 이들이 수혜자들에게 가장 유익하게 돈을 지출하게 하는 유인이 있다면, 그것은 오로지 인간적인 호의일 뿐이다. 따라서 지출이 낭비되고 효과를 보지 못하는 것이다. 그러나 이것이 전부가 아니다. 어떤 타인의 돈을 손에 넣으려는 유혹이 강하게 발생한다. 복지정책을 관리하는 관료들을 포함해 많은 이들이 그 어떤 타인 돈이 또 다른 타인에게 가도록 하기보다 자기 자신을 위해 손에 넣으려고 노력할 것이다. 부패에 가담하고 사기를 치려는 유혹이 강하고 언제나 이를 뿌리치거나 좌절시키게 되지는 않는다. 사기를 치려는 유혹을 뿌리치는 사람들은 합법적인 수단을 써서 돈을 자기들 쪽으로 향하게 할 것이다. 이들은 법률이 자기들에게 유리하게 제정되도록 하기 위하여, 규정이 자기들이 혜택을 볼 수 있게 되도록 하기 위하여 로비할 것이다. 복지정책을 담당하는 관료들은 봉급과 부수입의 인상을 밀어붙일 것이고 복지정책이 확대될수록 그것을 얻어 내기가 용이해질 것이다.

정부지출을 자기들 쪽으로 돌려놓으려는 사람들의 세력은 분명히 드러나지는 않을지 모르지만 두 가지 결과를 가져온다. 첫째, 그것은 어찌하여 그토록 많은 정책들이 아마도 원래 의도한 대로 빈곤층에게 혜택을 주기보다는 중산층과 고소득층에게 혜택을 주는 경향이 있는지를 설명해 준다. 가난한 사람들은 시장에서 인정해 줄 기술도 없을 뿐만 아니라 기금을 획득하려는 정치적 쟁탈전에 이기는 데 필요한 기술도 없다. 실로 가난한 사람들은 어쩌면 경제적 시장에서보다 정치적 시장에서 더 불리한 입장에 처해 있을 것이다. 복지법안을 입법화하는 것을 도와주었을 선의의 개혁가들이 일단 자신들의 다음 개혁문제로 넘어가고 나면, 가난한 사람들은 혼자 힘으로 꾸려 나가야 하며 이들은 이용 가능한 기회들을 활용하는 데 있어서 이미 보다 큰 능력을 보여 준 집단들을 거의 언제나 당해 내지 못하게 된다.

두 번째 결과는 이전(移轉)수혜자들이 받는 순혜택이 총지출(이전액)보다 적을 것이라는 것이다. 어떤 타인의 돈 100달러를 낚아채는 일이라면 그것을 손에 넣기 위해 100달러까지는 자기 돈을 써도 손해 볼 것이 없다. 국회의원과 당국에 로비를 하기 위해 생기는 비용, 정치운동이나 그 밖의 수많은 명목을 위한 헌금은 순전한 낭비이며 이를 지불하는 납세자에게 해를 끼칠 뿐 어느 누구에게도 혜택을 주지 못한다. 이러한 비용을 총지출(이전액)에서 빼야 순혜택을 얻게 되는데, 때로는 이러한 비용이 총지출(이전액)보다 커서 순혜택이 아니라 손실이 발생할 수도 있다.

조합 Ⅳ의 지출은 관련된 사람들을 타락시키는 경향도 있다. 그러한 정책들은 모두 어떤 사람들로 하여금 다른 사람들을 위해 무엇이 좋은가를 결정할 수 있는 입장에 처하게 된다. 그 결과 한 집단에게는 거의 하느님과 같은 권능을 지녔다는 느낌이, 그리고 다른 집단에게는 어린이와 같은 의타심이 스며들게 한다. 수혜자들의 자립능력, 자기 자신이 결정할 능력은 그것을 사용하지 않음으로써 위축되어 버린다. 돈을 낭비할 뿐만 아니라, 의도한 목적을 달성하지 못할 뿐만 아니라, 그 최종결과를 품위 있는 사회를 결속시키는 도덕적 구조도 악화시키게 된다.

Ⅷ. 무엇을 어떻게 해야 하나(I): 발상의 전환

잘사는 국가번창의 길을 놓고, 선각자들이 내놓은 수많은 처방의 핵심은 '제도와 지식'이다. 역사를 살펴보면 한 나라의 장기적 번영을 결정하는 것은 그 나라의 천연자원도 아니고, 문화적 자산도 아니며, '제도와 지식'에 있다. 훌륭한 제도와 지식의 핵심은 자본주의 시장경제와 자유주의 정신인데 우리의 경우 반자본주의적·반시장적 정책이 홍수를 이루고 있으며 반자유주의 정신이 풍미하고 있다.

작금의 경제위기에서 벗어나는 것은 물론 앞으로 우리 경제를 튼실하게 하기 위해서 근로자가 더욱 열심히 일하고, 가계가 더 많이 저축하고, 기업이 더욱더 투자하여 경제 전체로 생산력이 더욱 확대되어야 한다. 또한 반듯한 지도자, 올바른 의식, 훌륭한 제도의 확립을 통해 경제의 생산성을 높이는 것이 필요하다. 근로자는 일보다는 여가에, 가계는 저축보다는 소비에, 기업은 시설투자보다는 재테크에 몰입하는 나라가 지속적으로 성장을 한다면 오히려 이상하지 않은가?

국가가 번창하는 길은 딱 하나이다. 그것은 다름이 아닌 세계의 자본과 기술이 대한민국으로 와서 사업을 하는 것이다. 우리의 경우 국내 기업도 해외로 빠져나가고 있으며 새로운 기업 설립의 의욕은 낮아질 대로 낮아진 상태이다. 저축률도 투자율도 계속 하락하고 있다. 지난 10년간 기업의 시설투자는 불변가격 기준으로 거의 변화가 없는 상태이다. 경쟁국들의 경우 세계의 자본과 기술이 몰려들고 있으며 시설투자가 날로 증대하여 성장잠재력이 계속 확충되고 있다.

1. 발상의 전환이 필요하다

시장의 보이지 않는 손은 기적을 창출한다. 눈에 보이지 않는 손의 위력을 무서워하고 이를 존중해야 한다. 시장을 억누르면 그 시장은 반드시 복수를 한다는 역사를 지도자가 깨달아야 한다. 곁가지 잔재주 놀이에서 벗어나 이제는 기본에 충실해야 한다.

통상적으로 우리는 정부가 무엇을 해야 하느냐를 중심으로 생각하는데 무엇을 해야 하느냐를 중심으로 생각하면 세상의 모든 일은 정부가 하는 것이 좋다는 결론으로 귀결될 수 있다. 정부는 무엇을 하지 말아야 하는가를 살피고 이를 제대로 실천하는 것이 필요하다. 민간 또는 시장이 잘할 수 있는 일들에 정부는 개입하지 말아야 하며, 더더욱 국민세금을 투입해 낭비를 초래하여서는 아니 된다.

2. 경제에는 우연이 없고 결코 공짜가 없다

자유경제체제에 벗어나는 특단의 조치만으로 크게는 경제위기가 극복되고, 작게는 문제로 대두된 하나의 사안이 해결된다고 생각하여서는 아니 된다. 아무리 어려운 국면이라 하더라도 문제를 순리대로, 원칙에 따라, 원천적으로 풀어야지 충격요법으로, 대증요법(對症療法)으로 대처해서는 아니 된다.

경제에는 우연이 없고 결코 공짜가 없다. 치밀한 계획을 세우고, 엄청난 노력을 기울이고, 적정비용을 지불해야만 원하는 결과를 얻을 수 있다. 경제는 선택의 문제이다. 하나의 선택은 다른 것의 포기를 의미한다. 현실에서 우리는 모든 것을 동시에 다 가지려 하고, 그것도 공짜로 다 가지려 한다. 불가능한 것은 불가능한 것으로 수용해야 하지 불가능한 것을 가능하다고 하면 더 큰 문제가 야기된다.

3. 정부의 역할에 대한 발상의 전환

스미스(A. Smith)는 불후의 명저 『국부론』에서 "국가가 빈곤과 절망의 상태에서 벗어나게 할 수 있는 길은 단 하나밖에 없다. 그것은 바로 안정적인 정부(stable government), 예측 가능한 법률들(predictable laws), 부당한 과세가 존재하지 않는 것(absence of unfair taxation), 이 세 가지만 지키면 된다"고 갈파한 바 있다. 어떻게 230년 전에 국가 번영의 요체를 이렇게 간결하게 그리고 명확하게 지적할 수 있었을까?

잠재적 생산성이 높은 곳을 찾아내어 자원을 집중적으로 배분하는 일은 시장이 할 일이지 정부가 할 일이 아니다. 교육, 문화, 예술, 산업 등 거의 모든 분야에서 이러저러한 이유를 대면서 예산이 집중적으로 지원되고 있다. 정부가 마련한 기준에 따라 예산지원을 받기 위해 경쟁을 장려하는 것은 시장논리의 잘못된 적용이다. 정부의 집중지원으로 우리가 손에 쥐는 것은 높은 품질이나 낮은 가격이 아니라 충성이나 허위보고의 경쟁일 뿐이며 이 과정에서는 자원 자체가 낭비되는 것은 물론 귀중한 자원인 창의력도 소멸된다.

작은 규모의 예산을 가진 나라가 자원관리를 효율적으로 했으며 작은 정부는 국가의 생산성을 저하시킨 경우는 없다. 그러나 국가예산이 방대하고 민간부문에 원칙 없이 적극 개입하는 큰 나라는 언제나 곧장 난관에 봉착한다는 것이 역사의 교훈이다. 현실의 불가피성에 초점을 맞추어 이 사업 저 사업 벌이기보다는, 지금은 다소 고통스럽더라도 예산규모를 상당히 줄이는 것이 국가 백년대계(百年大計)의 시금석(試金石)을 놓는 길이다.

경영학자 드러커(Peter Drucker)는 기업경영과 관련된 중요한 문제점으로 '효과성(effectiveness)과 효율성(efficiency)의 혼동'을 지적한다. 그의 설명에 따르지 않더라도 효과성이라고 함은 '올바른 일을 하는 것(doing the right thing)'을 의미하고, 효율성은 '일을 제대로 하는 것(doing things right)'을 뜻한다. 네 가지 조합이 가능하다. 물론 최선의 경우는 가장 유효한 일을 가장 효과적으로 하는 것이며, 최악의 경우는 유효하지 못한 일을 가장 효율적으로 실시하는 것이다. 다시 말해 처음부터 하지 말았어야 할 일을 일사불란하게 해치우는 경우가 최악의 경우이다. 국가경영도 기업경영과 마찬가지이다.

드러커의 효과성과 효율성을 국가경영에 대입하여 해석해 보면 정부가 해서는 안 될 일을 너무도 참으로 일사불란하게 해치우는 경우가 대부분이다. 납세자의 세금으로 편성된 예산사업 중 애초에 시도하지 않았어야 할 사업을 감행함으로써 얼마나 많은 예산낭비가 있었는지를 그동안의 값비싼 경험과 사례를 통해 우리는 어렵지 않게 기억해 낼 수 있다. 예산은 본래 기능과 목표에 가장 충실하게 운영하는 것이 바람직하기 때문에 남용과 오용을 막고 최선의 효율성을 발휘할 수 있도록 운영해야 하며 그 어느 분야보다도 투명성과 합리성을 견지해야 한다.

4. 시장 확장적 정부가 필요하다

사람들이 많이 다니는 길 위에 100달러짜리 지폐가 떨어져 있다. 100달러짜리 지폐를 발견하는 경제학자는 과연 어떻게 행동할까? 이미 세상을 떠난 올슨(Mancur L. Olson) 교수는 경제학자가 그 지폐를 힘들여 줍는 수고를 하지 않는다고 단언한다. 왜일까? 만약 그 지폐가 가짜가 아니고 진짜였다면 다른 보행인이 벌써 주워 챙겼을 것이기 때문이다.

왜 후진국들이나 선진국들이 길바닥에 나뒹굴고 있는 100달러 지폐를 그대로 방치할까? 즉, 모든 정보와 기술이 잘 알려져 있고 대가만 지불하면 얼마든지 입수가 가능한 현실에서 선진국과 후진국 간의 소득 격차가 시간이 지나면서 점차 해소되는 것이 당연한데 왜 현실에선 그 격차가 계속 확대되느냐, 그리고 그렇게 고상하고 그럴듯한 정책들이 널브러져 있는데 왜 선진국들이 이들로서 자신들의 경제문제들을 해결하지 못하느냐 하는 문제가 제기된다.

후진국 빈곤의 근본적 원인이 무엇인가, 또는 선·후진국 간에 왜

소득 격차가 발생하는가라는 질문에 대한 답은 통상적으로 부존자원의 격차 특히 인적자원의 차이 또는 기술 격차로 설명되어 왔다. 이 통상적 설명은 옳지 않다. 만약 통상적 설명이 옳다면 길거리에 떨어져 있는 고액권(高額券)을 주워, 즉 이 경우 세계 최고의 기술을 도입·활용하여 후진국이 빈곤에서 벗어나거나 선진국을 쉽게 따라잡아야 하는데 현실은 그렇지 못하다.

지도자나 정부의 인위적 조치가 경제를 살릴 수 없고 나라의 번영에 대한 통상적 설명이 옳지 않다면 도대체 누가 무엇을 어떻게 해야 하는가? 한마디로 정부의 역할이 바뀌어야 하고 그 방향은 정부 확장적이 아니고 시장 확장적이어야 한다. 이때 정부의 역할은 길거리에 버려진 고액권을 직접 집는 것이 아니라 적정한 제도와 정책을 통해 민간이 고액권을 집는 능력을 향상시키는 것이어야 한다.

지금까지 많은 학자들의 논의는 정부가 문제를 야기하는 존재인지 또는 정부가 문제를 해결하는 존재인지에 초점을 맞춰 왔다. 이제는 논의의 초점을 어떤 유형의 정부가, 그리고 어떤 유형의 제도가 경제 번영을 유도·촉진하느냐에 맞춰야 한다. 이와 관련하여 제기되는 두 가지보다 구체적인 질문은 첫째는 경제번영을 촉진하기 위해 정부는 어떤 유형의 서비스를 제공해야 하는가이고 둘째는 어떤 유형의 정부가 이들 서비스를 보다 일관성 있게 제공하는가이다.

경제적 번영을 위해 어떤 유형의 정부가 필요한지에 대한 질문에 대한 답을 잘 나타내는 문구는 앞서 언급한 올슨 교수에 의해 제안되었다. 그것은 "시장 확장적 정부(market augmenting government)"이다. 시장 확장적 정부는 "사유재산권을 창출하고 보호하는 그리고 계약 이행을 보증할 만큼 강력하나 자체의 활동으로 이들 권리를 빼앗지 않도록 제약되는 정부이다." 시장 확장적 체제를 어떻게 확립하느냐 하는 문제는 많은 과제들을 안고 있는데, 이에는 3권 분립에서의 국회와 법원의 견제와 균형, 정부의 재정활동에 대한 엄격한 제한, 교육을 통한 정보에의 원활한 접근 등이 포함된다.

작은 규모의 예산을 가진 나라가 자원관리를 효율적으로 했으며 작은 정부는 국가의 생산성을 저하시킨 경우는 없다. 그러나 국가예산이 방대하고 민간부문에 원칙 없이 적극 개입하는 큰 나라는 언제나 곧장 난관에 봉착한다는 것이 역사의 교훈이다. 현실의 불가피성에 초점을 맞추어 이 사업 저 사업 벌이기보다는, 지금은 다소 고통스럽더라도 예산규모를 상당히 줄이는 것이 국가 백년대계(百年大計)의 시금석(試金石)을 놓는 길이다.

한 나라의 경제가 번창하기 위해서 마련되어야 하는 경제체제의 기본 틀 속에 포함되어야 하는 내용은 매우 다양하고 많다. 그중 핵심적이라고 판단되는 것은 사유재산권의 확립, 교환 및 거래의 보장, 경쟁적 시장체계의 구축, 효율적 자본시장의 구축, 통화가치의 안정, 효율적이고 공평한 세제의 구축, 그리고 대외개방과 자유무역의 창달 등의 일곱 가지이다.

우리나라의 경우 외견상으로 보면 이들 일곱 가지 기본 틀이 다 확립되어 있는 것 같다. 그러나 세부적 내용을 자세히 살펴보면 어느 하나도 제대로 갖추어진 것이 없다. 부동산 투기억제를 명목으로 사유재산권이 근본부터 흔들리고, 특정집단의 횡포에 대외개방은 뒷전으로 밀리고 있다. 경쟁을 방해하는 각종 규제가 만연되어 있다.

국내외의 투자 수준, 새로운 사기업들의 성장, 그리고 체제전환 성공의 지표들 모두 국가가 얼마나 좋은 제도를 제공하느냐 그리고 국가 자신이 강탈을 얼마나 절제·억제하느냐에 달려 있다. 만약 '떼법'이 횡횡하여 사회질서의 근본이 훼손되고, 사법부와 법의 집행이 신뢰받지 못하고, 재판결과가 제대로 집행되지 못하면, 그리고 만약 공직자나 정부가 사적 투자에 영향력을 크게 행사하면, 국가는 내려앉는다는 것이 역사의 교훈이다.

정부가 시장을 확장하는 데 매우 중요한 역할을 한다고 결론지을 때 우리는 더 새로운 도전에 직면하게 된다. 어떻게 시장 확장적 정부를 더 가질 수 있는가, 즉 어떻게 정부의 시장 확장적 역할을 더 확대할 수 있는가 하는 문제 말이다. 이에 대한 답도 의외로 간단하다. 민주주의를 제대로 하면 된다. 즉, 개인의 자유와 권리가 존중되고, 3권이 분리되어 서로 견제와 균형이 확립되고, 정책이 국익 관점에서 충분히 경쟁적으로 논의되기만 하면 된다. 문제는 이들 조건들이 현실에서 충족되지 않는 데 있다. 우리가 필요로 하는 것은 제대로 기능하는 민주정치 체제하에서 시장을 확장하는 정부이다.

5. 더욱 열심히 일하고, 더 많이 저축하고, 더욱더 투자해야

원래 시장경제는 실패를 통해 학습한다. 지금처럼 정부가 돈키호테처럼 해결사로 나서 시장을 대신한다면 정치의 풍요만을 낳을 뿐 경제적 풍요는 더욱 멀어질 뿐이다. 프리드먼은 『자유와 민주주의』라는 책에서 "위기만이 진정한 변화를 가져온다"고 갈파했다. 위기를 두려워할 필요가 없다. 위기를 변화를 가져오는 계기로 삼아야 한다. 작금의 경제위기에서 벗어나는 것은 물론 앞으로 우리 경제를 튼실하게 하게 하는 변화의 주된 내용은 근로자로 하여금 더욱 열심히 일하게 하고, 가계로 하여금 더 많이 저축하도록 하고, 기업이 더욱더 투자하도록 하여 경제 전체로 생산과 생산성을 높이는 것이다.

최근의 저축률과 투자율의 하락은 매우 우려할 사항인데 정책 당국과 전문가들은 주목하지 않고 있다. 한국은행 발표에 따르면 1993년 23.1%였던 개인 저축률이 작년(2010)에 2.8%로 급락한 것으로 나타나고 있다. 개인 저축률 2.8%는 OECD 평균 7.1%의 2/5 수준으로 참으로 놀랍고 우려할 사실이다. 1960년대 초 국민소득이 보잘것없었던 시절에도 저축률이 이렇게 낮지 않았으며 60년대 이후 우리의 고속 성장은 높은 저축률에 뒷받침된 높은 투자 때문이었다. 지난 두 정권의 최대의 실책은 투자 하락을 방조한 점에 있다. 현 정부에 와서도 기업의 설비투자는 활력을 찾지 못하고 있다.

실질 GDP 대비 실질 설비투자 비중이 1991~1997년 동안 연평균 13.9%에서 2000~2009년 동안 연평균 9.6%로 크게 감소했다. 설비투자는 2008년과 2009년에 각각 2.0%, 10.8%씩 감소했다. 기업들이 여유자금을 쌓아 두고도 투자를 꺼리고 있다. 기업이 금융기관에 맡기는 저축성 예금이 최근 30%나 크게 증가한 반면 실질 설비투자는 15%나 감소한 것으로 나타나고 있다.

낮은 저축률을 놓고 제기되는 정책적 과제는 두 가지이다. 첫째는 저축률이 왜 이렇게 낮은가 하는 것이고, 둘째는 낮은 저축률의 영향이 무엇이냐 하는 것이다. 소득에서 소비를 차감한 것이 저축이므로 낮은 저축률은 소득에 비해 소비가 상대적으로 더 늘었음을 의미한다. 소득 증가는 과거와 같지 않은데도 세금, 사교육비, 통신비, 의료비, 대출이자 등 소비가 크게 늘었으니 저축률의 하락은 당연한 결과가 아닐 수 없다고 말한다. 지출의 내역을 보면 어느 하나도 뺄 수 없기에 가계나 개인은 저축의 여유가 없음을 너무나 쉽게 수용한다. 그러나 문제를 이렇게 안이하게 넘길 수 없다.

부자든 가난한 사람이든 여유가 있어야만 저축하는 것이 아니다. 오늘의 저축률 하락은 국민 개개인의 현재와 미래의 소비에 대한 선택에서 현재의 소비를 선호하는 결과이다. 국민 모두가 먹고 놀기를 선호한 결과가 저축률 하락으로 나타난 것이다. 지방정부 중앙정부 할 것 없이 과시적 소비에 혈안이고 카드 문제 부동산 문제 등 정부의 잘못된 정책도 소비를 부추기고 저축의 여력을 앗아 갔다.

저축률은 가계의 건전성을 상징한다. 지난 외환위기는 기업의 부실에서 야기되었는데 국가채무 누적에 따라 정부 부실이 가시화되는 시점에서 가계의 부실이 첨가되면 우리 경제는 활력의 원천이 고갈된다. 모든 국민이 소비에 혈안이 되어 있다. 언론 매체들은 일기예보를 하며 일하기 좋은 날씨라고 하지 않고 놀기 좋은 날씨라고 경쟁적으로 강조하며, 중앙정부와 지자체는 소비문화에 진작 혈안이 되어 있고, 자기 분야에서 묵묵히 절약하고 열심히 일하는 사람은 뭔가 모자라는 사람으로 사치와 허영에 탐닉하는 사람을 우상으로 부각시키는 풍토에서 저축하는 마음은 사라진다. 정부의 각종 시혜적 복지정책은 국민 개개인으로 하여금 자신의 삶을 책임지고 미래지향적으로 살기보다는 의존적이고 찰나의 향락을 추구하도록 한다. 심하게 이야기하면 오늘날 저축이란 개념이 개개인의 사전(辭典)에 없는 상태가 되었다.

장·차관들과 청와대 보좌진들이 모여 국정토론회를 연 결과 나온 제안에는 학생들의 겨울방학을 단축하는 대신 봄·가을 방학을 신설해 관광을 활성화시키자는 방안, 그리고 공공부문의 근로시간을 오전

9시 출근~오후 6시 퇴근에서 오전 8시 출근~오후 5시 퇴근으로 바꾸
는 방안 등이 포함되어 있다. 학생들을 공부하기보다는 부모들과 놀
러다니라 하고 공무원들도 차분히 근무하기보다는 노는 일로 내쫓는
다. 그리하여 전 국민을 관광 다니고 놀러 다니기를 국가가 권장하는
형국이다. 어린 학생들에게 근면과 저축을 가르치고 공직사회가 근로
기강에서 모범을 보여도 나라가 잘 돌아갈까 말까 한데 대통령도 참
석한 최고 국정회의에서의 논의 결과는 참으로 믿기 힘들다.

국가경쟁력 강화, 성장기반 확충, 고용 창출을 외치면서 기업의 시
설투자 부진을 방치한 채 무엇을 어떻게 하겠다는 것인가? 기업 설비
투자의 계속적 부진으로 성장의 기반이 계속 하락하는 데 대한 근본
적 대책의 마련이 절실하다. 국내 기업의 투자 확대는 물론 세계의
우량 기업이 대한민국에서 투자를 하도록 하기 위해 국운을 건 결단
과 획기적인 조치가 필요하다.

국제적 위상과 소득 수준을 크게 상승시키기 위해서는 물론이고
경기활성화, 일자리 창출, 복지확대 등 우리 사회의 핵심 정책과제를
해결하고 경제를 선순환(善循環)시키는 첩경은 투자를 활성화시키는
것이다. 새로운 기업이 발흥하고 기업투자가 활성화되면 경기가 회복
되고, 일자리가 창출되고, 복지확대는 저절로 가능해진다.

정부도 투자부진의 문제를 인식은 하고 대책을 내놓고 있으나 그
인식의 정도가 심각하지 않으며 내용도 미사여구(美辭麗句)인 경우가
대부분이다. 대책의 발표는 있으나 끝까지 챙기는 책임 주체가 보이
지 않는다. 정책이 함량 미달이고, 문제의 본질에 대한 인식이 잘못되
었으며, 정치권으로부터는 계속 헛방질이 나온다. 정치권과 정부는
재계가 규제완화와 사면 등 정부로부터 선물만 잔뜩 챙기고 아무것

도 뱉어내지 않는 '먹튀' 행각을 보인다고 불평이다. 비즈니스 프랜들리를 구호로 전봇대 몇 개 뽑고, 사면 선심을 베풀고, 재벌총수를 불러 '공격적 경영'을 해 달라고 당부한다고 해서 기업이 자신의 운명이 달려 있는 투자를 쉽게 할 리가 없다.

설비투자 확대를 위해 무엇을 어떻게 해야 하는가? 방법은 결코 멀리 있거나 어렵지 않다. 기본에 충실하고, 잘하고 있는 나라의 경험에서 배우면 된다. 최근 우리를 추월하고 있는 나라의 경우도 그 배경을 면밀히 관찰해 보면 외국 기업과 기술의 유치에 성공하여 투자가 왕성하기 때문이다. 예외가 없다. 투자는 기업이 한다. 기업이 원하는 여건을 만들어 줘야 투자를 한다.

좌고우면(左顧右眄)하지 말고 경제정책의 초점을 기업의 투자활성화에 맞추자. 국내의 자금이 국내에 머물고 더 나아가 세계의 자본과 기술이 대한민국에 마음껏 투자되도록 여건을 확실히 만들자. 설비투자의 활성화와 외국 자본과 기술의 국내 유입은 나라 전체가 경제 특구화가 되면 가능하다. 잘나가는 나라는 그 나라 전체가 경제특구인데 우리는 몇몇 지역에 특구를 만들어 놓고도 그 내용을 들여다보면 보통구와 다름이 없다. 정치적 요인과 반(反)기업 정서가 그 특구에의 투자를 어렵게 하고 있다.

정부의 투자활성화 정책의 성공 여부는 얼마나 많은 해외 우량기업들이 우리나라에 투자하느냐에 달려 있다. 도저히 사업할 풍토가 아니라며 떠나는 기업들을 잡아야 한다. 외형적 양적 투자확대뿐만 아니라 질적으로 포춘(Fortunes) 500대 기업 모두가 앞다퉈 투자하고 싶어 하는 여건을 가진 나라를 빨리 만들어야 한다.

임시투자세액공제의 유지 등 기술적 유인제공도 중요하나 국내외

투자가들의 심금을 울리는 여건 조성이 중요하다. 경제위기를 빌미로 정부가 너무 설친다. 오늘날의 경제·사회·정치 등 모든 분야가 전문가의 눈에도 너무 복잡해졌고 그 움직이는 속도 역시 상상을 초월할 정도로 빨라졌다. 이러한 상황에서 4차원의 공간 개념으로 빛의 속도로 움직이는 민간부문을 자신의 이익과 논리를 앞세우는 관료와 정치가가 주체인 느림보 정부가 관리하는 것은 불가능에 가깝다. 정부 만능인 곳에 투자자는 똬리를 틀지 않는다.

6. '공권력 권위 확립 종합대책' 마련과 비교역 비경쟁 부문의 개혁

공권력을 농단하는 법질서 파괴행위에 대해서는 국가 존립의 차원에서 강경하게 대응해야 한다. 경찰의 공무집행 방해 행위, 불법시위와 집회, 대형 국책사업에 대한 물리적 방해 행위 등 공무집행 방해 행위에 대해서는 '무관용의 원칙'을 적용하여 엄정하게 법을 집행해야 한다. 국민이 안심하고 살 수 있는 나라를 만들기 위해 강력한 민생치안 시스템과 사회안전망 구축에 집중 투자해야 한다.

역대 정부가 안보, 방위, 치안, 질서유지 등 보호적 기능에서 많은 문제를 노정해 왔다. 국가를 위해 목숨을 바친 군인과 경찰의 활동이 '과거사법'에 의해 매도되고, 군인과 경찰이 시위대에 의해 구타당하고, 고속도로와 시내 거리는 실정법을 위반하는 시위대에 의하여 점령당하는 등 정부 부재(不在)의 상태에 이른 적이 한두 번이 아니다. 개인이나 집단의 합법적 의사표시는 존중되어야 하나 탈법적이고 불법적 시위는 확실히 막는 것이 정부의 책무이다. 또한 공익을 빌미로 사유재산권과 선택의 자유가 크게 침해받아왔다. 시장경제체제에서는 법이 허용하는 범위 내에서는 자유로이 기업을 창업하고 새로운 상품이나 서비스를 만들어 팔도록 허용하며, 그것을 소비할 소비자 주권을 인정하는 것이 시장경제를 역동적으로 이끌어 가는 원동력이다.

군인과 민간인이 피격받아 죽고, 군인과 경찰이 시위대에 의해 폭행당하고, 고속도로와 광장이 불법 시위대에 의해 점령당하는 나라에서 복지가 무슨 의미를 갖는가? 없는 사람이 있는 사람을 존경하기는커녕 멸시하며 가진 자들의 경우도 떳떳하지 못하며 마음이 편하지 않다. 경기규칙의 확립을 통한 사회의 기본적 질서의 확립과 유지가 이루어지지 않은 상태에서 가동되는 복지제도는 전혀 의미를 갖지 못한다.

강력하게 추진되어야 할 개혁의 대상은 기본적으로 비교역 비경쟁 부문이다. 대표적인 비경쟁 비교역 부문은 정치, 사법, 언론, 공공부문 그리고 대학이다. 현 정부를 포함하여 역대 정부가 경제 개혁에 치중한 것은 잘못된 것이다. 경제는 범지구적으로 치열한 경쟁에 처해 있기 때문에 크게 보아 경제는 정부가 개혁하지 않아도 스스로의 생존을 위해 변화하고 개혁을 한다. 기라성 같은 인재들이 버티고 있는 정치, 사법, 언론, 공공부문 대학이 국가발전의 걸림돌이 되고 있다. 이들 5개 부문에 과감한 개혁이 추진되어야 한다.

개혁을 두고 정치권의 역할은 정말로 지대하다. 시대의 숙제를 푸는 것이 정치이고 정치의 본질은 개혁이다. 개혁의 성공을 위해 일반 국민과 이해 당사자를 설득하는 것은 정치권의 책임이다. 개혁의 내용을 두고는 정치권은 뒤로 한발 물러서야 한다. 정치인은 표를 의식하지 않을 수 없기에 개혁 내용 자체의 설정을 정치권에 맡기면 그 내용이 제대로 정립될 수 없다.

정권 재창출이나 원내 다수의석 확보 등과 같은 정치적 목적에 개혁이 수단으로 활용되어서는 안 된다. 개혁은 정부 여당만이 하는 것이 아니다. 어쩌면 개혁의 주창자는 야당이어야 할 것이다. 개혁에는 많은 고통이 따른다. 국민은 개혁에 수반되는 고통을 국가의 미래를 위한 투자로 이해하고 적극 동참하는 자세를 가져야 한다.

IX. 무엇을 어떻게 해야 하나(II): 몇 가지 구체적 제안

1. 성과 평가관 제도의 도입

재정지출 확대정책을 추진하면서 오바마 미국대통령은 취임 초기부터 대통령 직속으로 성과 평가관(Chief Performance Officer; CPO)을 신설했다. 경제위기 극복을 명목으로 방대하게 이루어지는 지출에 대해 낭비가 없는지, 우선순위 책정이 제대로 됐는지, 그리고 부정부패의 여지가 없는지를 감찰하는 것이 성과 평가관의 책무라고 한다. 감사원은 통상적 지출에 대해 감사를 하게 하고 우리나라도 경제위기와 관련된 각종 지출에 대해 한시적으로 성과 평가관 제도의 도입을 검토해 볼 수 있을 것이다.

2. 감사원의 재탄생

예산집행과 관련하여 감사원까지 동원하여 조기 집행을 독려하는 것은 참으로 잘못된 발상이다. 감사원은 국민의 세금이 돈 가치가 높은 곳에 낭비 없이 그리고 우선순위가 제대로 책정되어 집행되는지를 감찰하는 곳이지 예산지출의 시간적 완급을 감찰하는 기관이 아니다.

무영혼(無靈魂) 공무원 집단 감사원이 다시 태어나야 한다. 직무유기와 월권행위가 비일비재하다. 혁신도시 청사진이 허위투성이라는 사실을 인지하고서도 감사원은 팔짱을 낀 채 사업진행을 수수방관했다. 정황상 당시 정권과의 코드 맞추기를 위한 명백한 직무유기 혐의가 짙게 풍긴다. 더욱이 엄정한 회계감사로 국고를 보전할 헌법상 책무이자 권한을 스스로 저버렸다. 감사원이 내놓은 몇 건의 감사 결과나 감사 착수 발표 사안 중엔 정권과 코드 맞추기 냄새가 풀풀 풍기는 것이 즐비하다. 지난 1월 발표한 남북협력기금 전면 감사계획이 그렇고, 지난달 전격 착수한 공기업 특별감사 역시 마찬가지다.

감사원법에 따르면 감사원 주된 직무는 국가 세입·세출에 대한 회계검사와 공무원에 대한 직무감찰이다. 더도 덜도 없이 본연의 임무인 회계검사와 직무감찰에 충실하기만 하면 된다.

3. 총량적 재정규율제도의 도입

우리나라를 포함하여 거의 모든 나라에서 재정이 당면하는 가장 큰 문제는 재정 규모의 지속적 확대와 적자 예산의 편성에 따른 국가채무의 지속적 증대이다. 재정 규모의 확대와 재정 적자의 지속은 재정 자체의 지속가능성(sustainablity) 문제는 물론 경제 전체의 활력 유지(viability) 문제까지 제기한다. 이에 따라 각국은 재정 규모와 재정 적자에 대해 묵시적·명시적 '규율(rule)'의 도입을 시도해 왔다. 재정

규율은 중장기 재정운용에 적용되는 원칙으로서 재정정책의 지속가능성의 실현, 재정운용의 투명성 제고, 정책의 신뢰성 제고로 요약된다.

선진국들의 경우 총량적 재정규율은 제2차 세계대전 이전의 '단연도 수지균형', 세계대전 이후의 '경기순환 고려 수지균형', 그리고 최근의 입법 형태의 '강제적·총량적 재정규율'의 세 단계로 시대적 상황을 반영하며 발전되어 왔다. 1980년대 이후 전 세계적으로 성장이 둔화되는 가운데 복지지출의 지속적 증대를 둔화된 조세수입으로 충당하는 과정에서 조세에 대한 정치적 저항이 야기되면서 재정 규모 확대와 만성적 재정적자에 대해 새로운 형태의 강력한 총량적 재정규율이 모색되기에 이르렀다.

지금까지 채택되거나 논의된 재정 규율은 그 내용상 크게 네 가지로 구분되는바 세출규율, 재정적자규율, 국가채무 혹은 준비금 규율, 차입규율 등이다. 이들 규율들은 각기 장점, 단점을 가지고 있으며 재정 규율들은 내부 규정, 법안 규정, 헌법 규정 등 그 강제성에 있어서 나라별로 그 내용과 형식이 다양하다. 세출규율은 세출 증가율을 GDP 경상성장률 이내로 한다든가, 특정 세출 항목에 대해 상한선을 설정한다든가 하는 것으로 재정건전성 측면, 경기안정성 측면, 행정의 투명성 측면 모두에서 세출규율이 우월하다. 재정적자규율은 적자예산의 편성을 금지하거나 재정 적자의 규모를 절대적으로나 상대적으로 한정시키는 것이다. 국가채무규율 혹은 준비금 규율은 국가채무 규모의 상한선을 GDP의 일정 비율 이내로 제한하거나 세계잉여금을 국가채무 상한에 우선적으로 사용하도록 규정하는 것이다.

이론적 관점에서 볼 때 재정운용에서뿐만 아니라 모든 정책운영에서 정책당국자에게 정책수단 선택의 자율성을 갖게 하는 것이 그렇지 않은 경우보다 더 바람직하다. 문제는 자율성이 부여될 경우 정책당국자가 그 자율성을 악용하여 정책을 집행하고 결과적으로 문제를 더욱 그르치는 데 있다. 이론적으로는 결코 바람직하다고는 할 수 없으나 현실에서는 더욱 나쁜 상황의 전개를 막아야 한다는 관점에서 법률과 제도에 의해 재정적자의 편성을 금지시키는 것이 최선이라고 주장되어지고 있다.

우리나라에서 도입을 검토해야 할 총량적 재정규율은 세출규칙으로서 '세출 규모 증가의 명목 GDP 성장률 이내', 재정적자 규율로 'GDP 대비 재정적자 일정 비율', 국가채무 규율로 'GDP 대비 국가채무 일정 비율' 등이다. 세 가지 규율 모두가 GDP를 기준으로 하기에 GDP 성장을 촉진하는 정부가 재정규모를 확대할 수 있다는 유인을 줄 수 있다.

총량적 재정규율은 앞으로의 헌법개정 과정에서 헌법의 조항으로 포함되는 것이 바람직하다. 특히 최근과 같이 복지 포퓰리즘이 극성을 부리는 상황에서는 헌법의 개정까지 기다릴 필요 없이 국가재정법에 총량적 재정 규율관련 조항을 제정해 복지 지출의 무분별한 팽창을 억제해야 한다.

재정적자의 규모가 전혀 문제가 되지 않는다고는 할 수 없으나 재정적자 규모 자체는 큰 의미가 없으며 정책적 관점에서 훨씬 더 중요한 것은 예산의 규모와 그 내역이다. 정부의 세출을 세금으로 충당하든 국공채라는 부채, 즉 적자재정으로 충당하든 아무런 차이가 없으며 중요한 것은 세출의 규모와 세출의 내역을 어떻게 가져가야 하는가 하는 것이다. 세출이 새로운 부가가치를 많이 창출하고 국민복지에 크게 기여한다면 적자재정이라도 문제가 되지 않으며 세입이 넘

쳐 재정이 흑자를 유지하더라도 불필요하고 생산성이 낮은 부문에
세출이 투입되면 국가재정도 국민경제도 결국 파탄 나게 된다.

4. 국회 내 초당적 '국가전략협의회'와 '장기재정복지위원회' 설치

우리 사회는 대내·외적 여건으로 인해 총체적으로 매우 어려운
상황에 처해 있다. 정치·외교·안보·경제·사회 곳곳에서 위기 징
후가 감지되고 있음에도 정치권은 국가와 국민은 안중에 없고 '너 죽
고 나 살기' 식 이전투구(泥田鬪狗)에 골몰하고 있으며, 그 결과 국민
의 정치에 대한 혐오는 극에 달하고 있다.

우리 국민들이 편하게 살지 못하는 이유는 우리의 위정자들이 정
치권력을 놓고 벌이는 추악한 정치게임 때문이다. 우리 경제가 휘청
거리는 중요한 이유는 정치논리가 경제논리를 압제하기 때문이다. 위
정자들의 정치게임에 싫증난 민초들이 제발 정치를 제대로 하여 국
민들이 차분히 각자 편안하게 살도록 해 달라는 주문을 해야지, 흐트
러진 정치를 팽개친 채 정치논리를 들이밀며 경제에 올인하도록 요
구하면 경제는 더욱 망가지게 되고, 잘사는 것은 요원해진다.

정치권이 할 수 있는 일, 그리고 해야 하는 일은 기본적으로 두 가
지이다. 하나는 우리 사회의 각종 구조적 문제의 해결을 위해 국민을
설득시키는 정치력을 발휘하는 것이고, 다른 하나는 미래에 대한 청
사진과 비전을 제시하는 것이다. 지도력 발휘는 지도자 자신들의 결
심의 문제이나 청사진과 비전의 제시는 여야 정치권에 의한 각종 협
의체의 구성과 전문가의 도움으로 가능해진다. 정치권과 정치지도자
는 힘을 가지고 있다. 힘 있는 사람들이 책임 있게 정책을 제시하고

책임지고 국민을 설득해야 한다.

여·야 정치권이 그리고 대선 후보자들이 진정으로 나라를 사랑하고 걱정한다면 무엇보다도 국회에서 주요 국가정책을 두고 진지한 논의가 이루어지도록 특단의 제도적 장치가 마련되어야 한다. 많은 나라들에서 국가의 장기 비전과 전략은 행정부가 아닌 국회에서 마련, 추진되고 있다.

1) 초당적 국가전략협의회(가칭)의 국회 내 설치

국가전략과 정책은 전문가들의 의견을 주축으로 공론에 따라 결정되어야 한다. 정치적 이해가 있는 사람이 정책을 결정하여서도 아니 되며, 내용을 잘 모르는 아마추어에게 국가전략의 수립을 맡겨서도 아니 된다. 민의를 반영한다는 명분으로 인기에 영합한 정치권의 중구난방(衆口難防)식 정책제안은 혼란만 야기한다. 입법권을 가지고 있다는 이유만으로 국회나 국회의원이 법과 제도를 함부로 바꾸는 것을 종종 보게 되는데 이는 잘못된 것이다. 왜냐하면 국회의원은 정치적 집단이며, 죄송하지만 정책에 관한 한 아마추어에 불과할 수도 있기 때문이다.

어느 누구도 책임을 지고 국정을 운영하고 있지 않음에 국민들은 불안해하고 있다. 지금 우리 사회가 직면하고 있는 가장 큰 문제는 난국을 돌파할 수 있는 정책을 만들어 낼 실력이 부족하고, 난국이 있을 때 이를 돌파할 수 있는 정치적 지도력이 부족한 데 있다. 국민이 불안해하는 것은 위기 때는 물론이지만 평상시에도 문제를 정확히 진단해 내고, 제대로 된 처방을 내릴 수 있는 정책 입안력과 정치적 지도력의 부재이다

즉흥적·한시적인 대책기구가 아닌 '국가전략협의회(가칭)'를 초
당적 상설기구로 국회 내에 설치할 것을 제안한다. 국정운영에 경제
가 중요한 것은 사실이나 경제를 포함한 모든 분야를 포괄하는 전략
과 정책의 협의가 필요하다. 국가전략협의회의 역할 또는 목적은 우
리나라가 나아가야 할 역사적 방향과 바람직한 사회의 밑그림을 국
민의 대의기관인 국회 차원에서 구상·제시하는 데 있다.

국가전략협의회는 각 정당의 추천을 받되 자기 분야에서 인정을
받는 최고 전문가이면서 사회의 존경을 받는 분들, 그리고 각 당의
정책위원회 의장들로 구성되는 것이 바람직하다.

2) 초당적 장기재정복지위원회(가칭)의 국회 내 설치

우리의 국가채무 수준은 선진국은 물론이고 경쟁국과 비교하여도
높지 않은 것은 분명한 사실이다. 그러나 이와 관련하여 세 가지 사
실이 지적되어야 한다. 첫째, 우리의 국가채무 증가속도가 전 세계적
으로 전무후무(前無後無)하게 높다는 점이다. 둘째, 현재의 복지제도
와 재정제도를 그대로 유지하더라도 국가채무 수준이 크게 확대될
내용이 들어 있으므로 각 제도의 지속가능성과 재정건전성이 크게
위협받을 것이라는 점이다. 셋째, 심각한 저출산과 급격한 고령화로
국민 부담이 크게 증대될 것이라는 점이다.

이러한 세 가지 요인이 '정책의 장'에서 논의될 때는 심각성이 부
각되나 정책을 최종 결정하는 '정치의 장'에 오면 당리당략, 무책임,
인기영합주의로 점철되어 문제가 개선되기는커녕 개악되고 있다. 이
들 세 가지 문제를 극복하고, 그리고 최근의 무상(無償), 무료(無料) 복
지로 인해 야기될 '한국병'을 예방하기 위하여 국회 내에 '장기재정

복지위원회(가칭)'를 초당적으로 설치할 것을 건의한다.

이 위원회는 국회의원과 외부 전문가로 구성되고 국회예산정책처의 사무적 지원을 받는다. 이 위원회는 재정의 장기적 건전성과 관련한 제도와 정책을 연구하여 국민과 국회에 제시하는 것을 주된 임무로 한다.

경제적 번영을 보장하는 각종 제도를 확립·정착시키면서 정책의 내용을 제대로 만들어 필요조건을 충족시키고 정치적 지도력이 발휘되어 국민적 에너지가 결집되는 충분조건이 충족될 때 경제정책은 성공을 거두고 경제는 번창하게 된다.

정치권에서 나올 수밖에 없는 시대적 지도자는 당대의 시대정신을 창출해야 한다. 정치 지도자와 정치권은 힘을 가지고 있다. 작금의 경제적 어려움이 우리 경제의 체질을 개선하는 기회가 될 수 있도록 책임 있는 자리에 있는 사람이 책임 있는 정책을 제시하고 책임지고 국민을 설득해야 한다. 지금 우리 경제가 안고 있는 문제나 앞으로 당면하게 될 문제는 테크노크라트적인 발상과 처방으로는 해결되지 않는다. 정책수단을 단순히 기계적으로 조작한다고 하여 거대하고 다양해진 우리 경제의 항로가 바꾸어지지 않으며, 지난 외환위기보다 더 힘들다는 작금의 경제위기로부터 탈출되지 않는다는 말이다.

관료를 적절하게 통제하면서 비전 있는 지도력의 발휘로 우리 경제의 구조적 문제를 해결하는 것이 지금 정치권의 가장 중요한 책무이다. 정치의 참다운 멋은 개별 구성원에게는 인기가 없으나 국가적으로 꼭 필요한 일을 지도력의 발휘로 이루어 내는 데에 있다. 논란이 끝난, 방향이 확실하게 잡힌 정책은 머뭇거리지 말고 실시하는 것이 과거나 현재나 유능한 정치지도자의 자질이다.

참고문헌

구갑우 외 13인 지음.『좌우파 사전: 대한민국을 이해하는 두 개의 시선』. 위즈
    덤하우스. 2010.
민경국. "한국경제 무엇이 문제인가?-좌파적 덫에 걸린 한국경제".『월간 발전
    리뷰』. 2004년 8월호.
민경국.『한국경제, 자유주의에서 돌파구를 찾아라-좌파의 치명적 자만 뛰어
    넘기』. FKI미디어. 2007
박형수·류덕형.『재정준칙의 필요성 및 도입방안에 관한 연구』. 한국조세연
    구원. 2006.
양승태.『대한민국이란 무엇인가?-국가 정체성 문제에 대한 정치철학적 성찰』.
    이화여자대학교출판부. 2010.
유호선. "복지국가 재편에 관한 담론 연구",『사회보장연구』, 제27권 제2호, 2011.
이 재규.『경영의 역사』. 사과나무. 2006
최광. "민주화, 경제위기 및 반시장적 정책의 전개".『공공선택의 연구』(일본
    공공선택학회지). 제43호. 2004.
최광.『국가 정체성과 나라경제 바로보기: 양극화의 거짓과 진실』. 봉명출판
    사. 2006.
최광.『자본주의 시장경제와 정부: 근원적 고찰과 헌법적 실천』. 율곡출판사. 2009.
최광. "민주화와 자본주의 시장경제: 한국의 경험".『한국경제의 분석』. 제10
    권 제3호. 2004.
최광. "왜 큰 시장-작은 정부이어야 하는가?".『재정학연구』. 제2권 제1호. 2008.
최광. "헌법의 재정관련 조항의 문제점과 개정 방향".『재정학연구』. 제3권 제
    1호. 2009.
최광. "개념과 이념의 오류 및 혼란과 국가 정책".『제도와 경제』. 제5권 제2
    호. 2011.
최광. "복지 정책과 논쟁에 대한 근원적 고찰".『자유와 시장』. 제3권 제1호.
    2011.
최광·이성규. "우리나라 경제학원론 교과서에서의 자본주의 시장경제와 정

부의 역할에 대한 서술 현황과 대안 모색". 『경제학연구』. 제58집 제3호 2010.

최광·이성규. "조세·복지 중첩과 중산층 복지". 『재정학연구』. 제4권 제1호 (통권 제68호) 2011.

고든 털럭 외 지음. 김정완 옮김. 『공공선택론: 정부의 실패』. 2005.

다니엘 하우스만 마이클 맥퍼슨 지음. 주동률 옮김. 『경제분석 도덕철학 공공정책』. 나남. 2010.

밀턴 프리드만 로즈 프리드만 지음. 민병균 옮김. 『선택할 자유』. 자유기업원. 2004.

제임스 뷰캐넌 지음. 최광 옮김. 『공공선택 및 재정이론』. 한국경제신문사. 1987.

제프 일리 지음. 유강은 옮김. 『THE LEFT 1848~2000, 미완의 기획, 유럽 좌파의 역사』. 뿌리와 이파리. 2008.

조지 레이코프 지음. 나익주 옮김. 『자유전쟁: 자유 개념을 놓고 벌어지는 진보와 보수의 대 격돌』. 프레시안 북. 2009.

하이에크 지음. 민 경국 편역. 『자본주의냐, 사회주의냐』. 문예출판사. 1990

토마스 소웰 지음. 채계명 옮김. 『비전의 충돌-세계를 바라보는 두 개의 시선』. 이카루스미디어. 2006.

폴 슈메이커 지음. 조효제 옮김. 『진보와 보수의 12가지 이념』. 후마니타스. 2010.

Buchanan, James M., "The Pure Theory of Government Finance: A Suggested Approach", *Journal of Political Economy*, Vol. 57, December 1949.

________, *The Limits of Liberty*, University of Chicago Press, 1976.

________, *Liberty, Market and State*, New York University Press, 1986.

Cox, James, *Middle Class Welfare*, Wellington, 2001.

Friedman, Milton and Rose, *Free to Choose*, New York: Harcourt Brace Jovanovich, 1980.

Musgrave, Richard A., *The Theory of Public Finance, New York: McGraw-Hill, 1959*.

Smith, Adam, *An Inquiry into the Nature and Causes of Wealth of Nations*, 1776, Cannan edition, Chicago: University of Chicago Press, 1976.

Tanzi, Vito and L. Schuknecht, *Public Spending in the 20th Century: A Global Perspective*, Cambridge: Cambridge University Press, 2000.

Whiteford, P., "The Welfare Expenditure Debate: 'Economic Myths of the Left and Right' Revisited", *Economic and Labor Relations Review*, Vol. 17, 2006.

제6장

그린 정부-한국의 비전과 지속가능발전 전략

문태훈[*]

I. 서론

우리나라는 근래에 들어 역사 이래 드물게 높아진 국가위상과 사회적·경제적 성과를 경험하고 있다. G20의 의장국으로 국제적으로 중요한 역할을 하기 시작하였으며 한류의 열풍이 아시아를 넘어 문화와 예술의 고장인 유럽에까지 소개되면서 많은 관심을 받고 있고, 경제적으로는 세계 10대 경제대국으로 성장하였다. 그리고 2018년 동계올림픽을 평창 유치에 성공함으로써 하계올림픽, 월드컵, 세계육상대회와 더불어 4대 세계스포츠대회를 모두 한국에서 개최하게 되는 그랜드슬램을 달성하였다. 변모하는 한국의 모습과 위상을 읽을 수 있다. 이러한 성과는 1960년대 이후 지금까지의 성공적인 경제발전과

---

* 중앙대학교 도시계획학과. 이 글은 박순애 편. 2008. 『지속가능한 사회이야기』의 제1장 "조화로운 발전, 지속가능발전전략"을 수정한 글입니다.

1990년대 이후 민주화의 비약적 발전에 힘입은 바 크다. 그러면 우리는 지금까지 추구해 온 경제성장 위주의 발전모델로 앞으로도 계속 성장하고 발전할 수 있을까? 그리고 이러한 성장은 우리가 원하는 미래를 가져다줄 것인가? 행복한 개개인의 삶을 가져다줄 미래는 어떤 것이고 이러한 미래는 어떻게 만들어 갈 수 있는 것인가?

정부는 기존의 경제성장모델의 한계를 인식하고 2008년 저탄소녹색성장을 앞으로 우리나라가 추구할 새로운 발전모델로 제시한 바 있다. 저탄소녹색성장모델은 우리나라만의 새로운 발전모델은 아니며 미국, 일본, 유럽을 비롯한 많은 선진국가들 역시 지속가능한 발전과 녹색성장을 새로운 발전전략으로 추구하고 있다. 녹색성장에 대한 세계적인 관심은 한정된 자원을 가지고 무한한 성장을 추구하는 지금의 가치구조와 사회구조, 경제구조, 정부구조, 생활패턴이 지속되는 한 환경문제에서 비롯된 기후변화로 인하여 예상되고 있는 각종 위험과 피해를 이제 더 이상 방관할 수 없는 문제라는 위기의식에서 시작한다.

1972년 『로마클럽보고서』는 현재의 인구성장, 경제성장, 자원고갈, 식량부족, 환경오염 추세가 지속될 경우 100년 이내에 지구는 성장의 한계에 직면할 것임을 주장하고 1992년, 2004년 후속 보완 편에서도 지속적으로 같은 문제와 해법을 제시하고 있다(Meadows, D. H., *et. al.*, 1972; 1992; 2004). 1987년 UN에서 발간한 『우리들의 공동미래(Our Common Future)』, 일명 『브룬트란트 보고서』는 경제성장을 기반으로 한 기존의 발전모델이 한계에 도달하였음을 지적하고 지속가능발전모델로 전환하여야 한다는 지적을 하고 있다(UN, 1987). 토마스 프리드먼 역시 그의 2008년 저서 『그린코드: 뜨겁고, 평평하고, 복잡한 지구』에서 같은 맥락의 주장을 펼쳤으며(프리드먼, 2008), 국제기후변화패널(IPCC)에서 발간된 『2007년 4차보고서』는 지구의 기후변화가 인류가 직면한 가장 시급한 어젠다임을 밝히고 있다(IPCC, 2007). 사실 2007년 이후 자원수요의 급속한 증가로 인한 곡물가와 자원가격의 가파른 상승은 세계 경제성장의 둔화와 2008년 말 세계경제 위기와도 깊은 관련이 있다. 물론 미국발 금융위기는 부실 주택금융이 직접적인 도화선이 되어 발생한 위기였으나 이를 촉발시킨 세계경제 성장의 둔화와 침체는 자원가격의 급속한 상승이 중요한 원인이 되었기 때문이다.

이러한 맥락하에 2000년대 이후 만들어지고 있는 선진 국가들의 국가발전전략의 초점은 공통적으로 지속가능한 발전에 모아지고 있다. 미국, 유럽, 일본 등 각국의 장기발전전략 속에서 공통적으로 강조되는 비전과 전략이 지속가능한 발전과 저탄소 녹색성장이다. "환경이 허용하는 범위 내에서의 발전"을 뜻하는 지속가능한 발전은 자본주의, 공산주의를 뛰어넘는 새로운 비전과 이념을 지향하고 있으며 지금까지 이상으로 생각하던 소비지향적인 생활패턴을 변화시킬 것을 요구하고 있다. 비전, 이념, 정부구조, 경제구조, 경제행위, 행정, 정책들의 전면적인 변화를 요구하는 것은 물론이다.

도시 및 지역발전의 패러다임 역시 지속가능한 패러다임으로 이행하고 있다. 우리나라의 도시·지역발전정책은 1990년대 초반 이후 "친환경적 개발", 2000년대 초반 "지속가능한 발전", 2008년 "저탄소 녹색성장"으로 성격이 변화해 왔다. 2000년대 초반부터 활발히 논의되어 온 지속가능한 발전은 친환경, 녹색성장을 모두 포함하는 넓은 개념으로서, 친환경은 환경보전 중심, 녹색성장은 경제성장과 환경오염이 분리되는(Decoupling) 경제성장을 의미하고 있다. 그러나 이명박 정부의 녹색성장 정책은 환경오염을 야기하지 않는 성장에 중점을 두고 있어 지속가능한 발전과 "성장의 한계"를 넘어설 수 있는 도시·지역의 발전모델로는 부족하다는 비판이 제기되고 있다.

Ⅱ. 미래를 향하는 메가트렌드와 성장의 한계

1. 미래 메가트렌드

최근 국내외 학자들과 연구기관들이 제시하는 미래의 두 가지 큰 화두는 삶의 질 향상과 경쟁력 제고이다. 그리고 환경문제는 삶의 질과 경쟁력 제고에 없어서는 안 될 중요한 요소로 공통적으로, 그리고 반복적으로 지적되고 있다.

예를 들면, 리처드 플로리더(2002)[1]는 지식기반경제를 주도할 인재들을 흡입하는 도시의 조건으로 인간적인 가치가 우선되는 지역, 환경이 쾌적하고 아름다운 지역, 그리고 다양성을 폭넓게 수용할 수 있는 개방된 의식의 지역을 꼽고 있으며, 제임스 캔턴(2006)[2]은 당면할 미래의 중요 열 가지 메가트렌드를 제시하면서 앞으로 혁신경제를 지배하는 부의 물결에서 우위를 선점하기 위해서 가장 중요한 부문으로 기후변화와 환경변화에 대한 적극적 대응, 에너지확보와 새로운 에너지원의 개발, 인재의 확보, 과학기술의 발전 등을 들고 있다.

---

1) 『창조적 변화를 주도하는 사람들(The Rise of the Creative Class)』.
2) 『극단적 미래예측(The Extreme Future)』.

미래 환경문제에 대한 관심은 에너지 문제를 둘러싸고 많이 일어나고 있다. 미국 CIA의 국가정보위원회(NIC)는[3] 미래의 주요 메가트렌드로 세계화의 지속적인 확산, 기술혁명, 그리고 아시아의[4] 급속한 부각을 예상하면서 에너지의 수요증가로 인하여 여러 국가들 간에 에너지자원을 확보하기 위한 치열한 경쟁과 노력이 전개될 것임을 예고하고 있다.

우리나라 역시 이러한 미래예측의 큰 흐름에서 벗어나지 않고 있다. 국내 과학기술분야 전문가 32,000명에 대한 델파이조사 결과[5], 미래사회에 대비하여 해결해야 할 15개 과제 중 첫 번째와 두 번째 과제로 지속가능한 발전과 물문제의 해결을 들고 있으며 에너지문제 역시 국가안보에 준하는 해결과제로 남게 될 것임을 예견하고 있다.

2. 성장의 한계

미래 지구가 당면할 여러 문제에 대한 유사한 맥락의 연구는 이미 1970년대부터 이루어지기 시작하였다. 로마클럽이 1972년 발표한『성장의 한계』는 무한한 성장을 당연한 것으로 생각하던 당시 사람들에게 큰 충격을 가져다준 보고서였다. 보고서는 당시의 인구성장, 공업화, 자원의 사용, 환경오염의 상태가 지속된다면 지구의 미래가 어떻게 될 것인가를 묻고, 이에 대한 장기적인 대응 전략을 모색한 보고

---

3) National Intelligence Council, CIA 2020 프로젝트로 수행한『세계미래전망(Mapping the Global Future)』보고서(2004.11.).

4) 특히 중국과 인도는 이미 기술 리더로 자리매김하였다. 나노, 바이오, 정보, 재료기술의 융합 (convergence)을 포함하는 차세대 하이테크 기술의 발전은 중국과 인도의 발전 전망을 더욱 좋게 할 것으로 예상하고 있다.

5) 과학기술부. 2005.『미래사회 전망과 한국의 과학기술』.

서였다. 보고서를 작성한 미국 MIT 시스템다이내믹스 연구팀이 내린 결론은 "유한한 자원을 지닌 지구상에서 지금처럼 무한한 인구성장과 경제성장을 추구한다면 앞으로 100년 이내에 성장은 한계에 직면한다"는 것이었다. 시스템다이내믹스 방법을 이용한 컴퓨터 모형으로 진행된 미래예측에서 첫 번째 성장의 한계는 자원고갈에서 오는 것으로 예측되었다. 석유의 경우 가장 낙관적인 가정하에서도 2020년 정도가 되면 고갈되거나 공급의 부족으로 가격이 급속히 상승할 것으로 보았다.

〈표 1〉 자원별 사용연한

자원	매장량	정태적 내용 연수 (1970년 기준)	성장률	기하급수적 내용 연수	현존매장량을 5배로 했을 때 기하급수적 내용 연수
철	1×10^{11}톤	240	2.3/1.8/1.3	93	173
천연가스	1.14×10^{15}배럴	38	5.5/4.7/3.0	22	49
석유	455×10^{9}배럴	31	4.9/3.9/2.9	20	50
석탄	5×10^{12}톤	2300	5.3/4.1/3.0	111	150

정태적 내용 연수: 1970년 현재의 연간사용량이 계속되는 경우 사용가능 연수. 예상성장률: 연 평균치로 고/평균/저. 기하급수적 내용 연수: 현재의 자원소비성장률이 지속되는 경우 사용가능 연수. 출처: Meadows, D. H., et. al., (1972).

기술발전으로 자원부족의 한계를 모두 극복한다고 가정할 때 두 번째 성장의 한계는 환경오염에서 오는 것으로 예측되었다. 지구온난화에 대한 논의가 전 지구적 차원에서 진행되고 있는 최근의 동향을 보면 무리한 예측이 아니었음을 알 수 있다. 획기적 기술발전으로 환경문제를 모두 극복한다는 낙관적인 가정을 하더라도 세 번째 성장의 한계는 식량부족에서 오는 것으로 예측되었다. 급속한 도시화로 식량생산을 위한 가경지가 점차 부족하게 되고 식량의 불공평한 분배문제까지 겹쳐 성장의 한계에 직면하게 된다는 것이었다. 그리고 식량부족 문제를 기술적으로 극복한다 하더라도 성장의 한계는 20~30년 정도 지연될 따름이지 피하지 못한다고 보았다.

여기서 연구자들은 다음과 같은 결론을 내린다. "성장의 한계는 기술의 발전으로 극복할 수 있는 문제가 아니다. 유한한 지구에서 무한한 성장이 가능하지 않다는 것을 사람들이 인식하고, 성장지향적인 가치관을 바꾸고 지금과 같은 소비 위주의 생활습관을 변화시키지 못하면 성장의 한계를 극복할 수 없다(Meadows, D. H., et. al, 1972)."

대부분의 미래보고서가 그렇듯이 『로마클럽보고서』 역시 많은 비판을 받았다. 그러나 2007년을 전후하여 중국, 러시아, 인도네시아, 브라질 등 소위 친디아, 브릭스 등 개도국의 급속한 자원수요 증가로 곡물을 비롯한 자원가격이 급상승하면서 세계경제를 침체시키고 미국발 세계경제위기를 촉발시킨 것이나, 기후변화가 지구 여러 곳에서 감지되고 있고, 지구온난화 극복을 위한 논의가 전 지구적 차원에서 진행되고 있는 최근의 동향을 보면 무리한 예측이 아니었음을 알 수 있다. 토마스 프리드먼의 『코드그린: 뜨겁고 평평하고 붐비는 세계』에서 우리가 지금까지 전혀 경험하지 못한 에너지기후시대로 접어들고 있다는 주장도 같은 맥락에서 이해할 수 있다(프리드먼, 2008).

유사한 맥락의 연구와 미래에 대한 경고는 최근까지도 이어지고 있다. 세계미래학회에서 발간하는 『Futurist』 최근호[6]는 앞으로 인류가 직면할 가능성이 높은 지구적인 큰 위기(Global Mega Crisis)로 기후변화, 물부족, 장기경기침체, 국가기구의 파탄, 사이버전쟁과 사이

---

6) 2011. 6~7월호.

버테러리즘, 대량살상무기의 확산 등을 꼽고 있다. 그리고 이러한 위기들이 따로 닥치는 것이 아니라 한꺼번에 몰아쳐 전 세계를 심각한 위기상황으로 빠트릴 수 있다는 점을 경고하고 있다. 이중 환경문제인 기후변화와 물부족문제에 대한 미래예측은 심각하다.

3. 환경문제와 한국의 위기구조

기후변화문제는 어떤 노력을 기울이더라도 우리에게 가장 큰 위협으로 닥쳐올 것이라 예측되고 있다. 2010년은 지난 10년 동안 가장 더운 해로 기록되었는데 이 기간 동안 지구 평균온도는 0.6℃ 상승하였다. 기후변화를 위한 모든 제안들이 지금 당장 모두 실현된다 하더라도 지구온도는 2~3℃가 더 상승할 것으로 예측되고 있다. 만약 지금처럼 온실가스가 계속 누적된다면 5~6℃가 더 상승할 것이라 한다. 2007년 『IPCC보고서』에서 2100년 해수면의 상승이 40cm 정도일 것으로 예측하였으나 지금은 91~182cm가 상승할 것으로 예측하고 있다. 섬 국가들과 연해도시들이 훨씬 더 많이 침수될 것이다. 문제를 더 심각하게 하는 것은 이산화탄소의 발생량을 줄이기 위해서는 엄청난 비싼 비용을 치러야 한다는 것이다. 과학자들은 기후변화가 심각하게 진전되는 것을 막기 위해서는 이산화탄소 발생량을 1980년 대비 60%를 감축해야 한다고 주장한다. 온실가스 감축조치가 빨리 이루어지는 경우 미화 약 20조 달러[7]에 해당하는 비용이며 전 세계 GDP의 1~3%에 해당하는 비용이다. 감축조치가 지연될 경우에는 이

---

7) \$1=1,000원일 경우, 한화 2.2×10^{16}원 약 2.2경 원.

보다 훨씬 더 많은 비용이 들 것이라는 예측이다. 그럼에도 불구하고 세계 각 국가들은 온실가스의 획기적인 저감을 위한 합의에는 여전히 실패하고 있다. 중국, 인도, 미국은 석탄을 연료로 사용하는 발전소와 공장들을 850개 추가로 지을 계획인데 이는 현재 기후변화협약이 감축하려고 하는 이산화탄소의 양보다 다섯 배가 많은 양을 배출하게 된다. 더구나 지구온도 상승으로 북극의 툰드라지대가 녹으면서, 그리고 연안지대의 해저에서 이산화탄소보다 23배나 강력한 온실가스 메탄이 대량으로 대기 중에 유출되고 있다. 기후변화는 옵션이 아니라 인류가 겪어야 할 필수라는 것이다.

물부족도 심각한 미래의 위기로 지목되고 있다. 전 세계적으로 십억 명이 깨끗한 물을 먹지 못하고 있으며, 26억 명은 위생시설의 혜택을 받지 못하고 있다. 전 대륙에서 지표수의 가장 중요한 대체제인 지하수위는 점차 낮아지고 있고, 세계은행에 따르면 2025년경에는 지구 상 인류의 반 이상이 기후변화, 인구성장, 물수요증가로 물부족에 직면할 것이라고 한다. 어떤 획기적인 변화가 일어나지 않는 한 물부족은 대규모 인구이동, 음식 가격의 상승, 영양부족과 심각한 갈등을 야기하게 될 것이라 예측하고 있다(Halal & Marien, 2011).

우리나라 역시 이러한 위험에서 자유롭지 못하다. 한국행정연구원에서 수행한 미래행정수요 예측에서 환경분야 주요 변수들의 현재 상태와 장기적인 전망을 요약하면 <표 2>와 같다.

<표 2> 환경분야 시계별 추세변화

주요 변수	현재	2040
기후변화	-기온상승 100년간 1.5℃ 증가 -최근 10년간 자연재해 피해액 17.7조 -최근 40년간 연해수온 0.9℃ 상승으로 난류성어종으로 어획고 변화 -서울 개화시기 10여 일 당겨짐. -제주도 해수면 최근 40년간 22cm상승 -배출량 5.9억 CO_2 eq톤 세계 7위 -증가율('00~'05) 12.1% 세계 4위 -GDP당 배출량 0.62 CO_2 eq톤/천불 세계 8위 -1인당 배출량 12.2 CO_2 eq톤/인 세계 13위	-2050년 우리나라 기온이 현재보다 3℃ 증가 -강수량 7% 증가 -2060년대에는 북부지방의 한대지역 소멸 -태풍발생 증가, 가뭄, 홍수피해 증가
생물서식지와 생물다양성	-전국규모의 개발이 진행되어 서식지 파괴와 생물다양성 감소가 가속화하고 있음. -20년 전 대비 산림 2.1%, 갯벌 20.4%, 농지 15.9% 감소 -지난 90년간 서해안 해안선 40.27% 감소 -해안사구 전체의 86% 훼손	-생물다양성 급감 -2~3℃ 기온이 증가하면 생물종 20~30% 멸종 -2030년경 우리나라 생물종의 10%인 1만여 종이 멸종 -2040년 생물종 수 8만종 이하로 현재의 20% 멸종 -한반도 전역 난대화에 따른 서식지 변화와 생물다양성 변화
대기 오염과 대기질	-중국 사막화, 산업개발로 황사 및 각종 대기 오염 물질의 유입이 지속적으로 증가하고 있음 -황사발생 시 서울의 경우 PM_{10}, 중금속 농도가 평상시 2~10배, 세균, 곰팡이 밀도 100배, 5.8배 증가	-중국 서부지역의 사막화 정도가 변수 -지구온난화로 악화 -일본 피해도 확산
수질 오염과 수자원	-상수원 지역과 농경 지역의 환경오염으로 식수와 농업용수의 수질이 심각하게 나빠지고 있음. -경제개발과 삶의 질 향상으로 인한 물수요를 감당하기 어려운 실정 -4대강 총인 오염도 증가 호소 부영양화	-아열대화 난대화로 강수량 증가 -식수, 농업 및 공업용수 확보가 국가 최우선 과제로 떠오를 것 -수백 년 빈도의 홍수가 자주 발생 -물수요 4배, 물공급 비용 폭증 -물산업수요 폭증
식량자원	-식량자급률: 쌀 96%, 밀 0.2%, 옥수수 0.8%, 콩 10% -곡물수입 세계 5위 -곡물자급률 25.3% OECD 최하위권 -곡물가격 상승이 식량, 경제위기로 이어질 수 있는 구조	-국민경제에서 차지하는 농업의 비중이 지속적으로 하향 -식량가격의 상승 -농업의 고부가가치화

출처: 최재천. 2008. 2009; 한국행정연구원. 2009로 재구성.

이상 예상되는 환경문제들은 우리나라가 기후변화시대에 직면할 여러 위기구조의 핵심요인들이 되고 있으며 이러한 구조가 <그림 1>의 인과지도로 표현되고 있다(문태훈·김병석, 2009).8) <그림 1>에서 우리나라가 직면할 수 있는 위기구조는 크게 인구위기, 경제위기, 자원위기, 식량위기, 환경위기로 표시되어 있다. <그림 1>은 우리나라가 직면할 위험상황을 크게 인구위기, 경제위기, 자원위기, 환경위기, 식량위기로 대별하고 있는데 각 위험상황은 상호 밀접한 관계를 가지고 있어 위험상황이 상호 상승적으로 가속화되면서 국가적 위기로 발전될 수 있는 구조를 가지고 있다.

1) 인구위기

2010년 인구주택총조사에 따르면 65세 이상 인구가 전체인구의 11.3%로 증가하고, 0~14세 유소년 인구비중은 16.2%로 저하하여 저출산·고령화 구조가 급속히 진행되고 있다. 이 추세라면 우리나라는 2014년엔 65세 이상 노인비율이 14% 이상인 고령사회로, 2019년엔 20%가 넘는 초고령사회로 진입하게 된다. 노동인구 부족으로 인한 산업생산의 저하, 노인부양을 위한 복지재정의 지출증대, 경제성장 저하로 인한 고용의 저하, 추가적인 출산율의 저하 등의 문제를 연쇄적으로 유발한다.

---

8) 〈그림 1〉에서 화살표 끝의 +,−표시는 화살표 시작과 끝에 있는 두 변수 간의 관계를 표시한다. + 표시는 두 변수가 같은 방향으로 변화하는 것을,−표시는 두 변수가 반대방향으로 변화하는 것을 의미한다. 예를 들어 인구가 "증가"할수록 고령인구는 "감소"된다. "인구"와 "고령화" 두 변수가 서로 반대 방향으로 변화하므로−로 표시되었다. 한편 인구가 "증가"할수록 식량수요도 "증가"한다. 인구와 식량수요가 같이 증가하니 두 변수가 같은 방향으로 변화하는 것이므로 +로 표시되었다. 인과지도에 대한 상세한 설명은 김도훈 외(1997), 문태훈(2007) 참조.

2) 경제위기

인구위기는 곧바로 경제발전에 부정적인 영향을 미친다. 또, 우리나라 경제는 수출의존도가 높아 세계경제의 위기에 매우 취약한 구조로 되어 있다. 특히 세계자원과 곡물에 대한 수요증가로 인한 자원가격과 곡물가격의 상승, 그리고 세계경제의 침체는 국내경기에 직접적인 영향을 미친다.

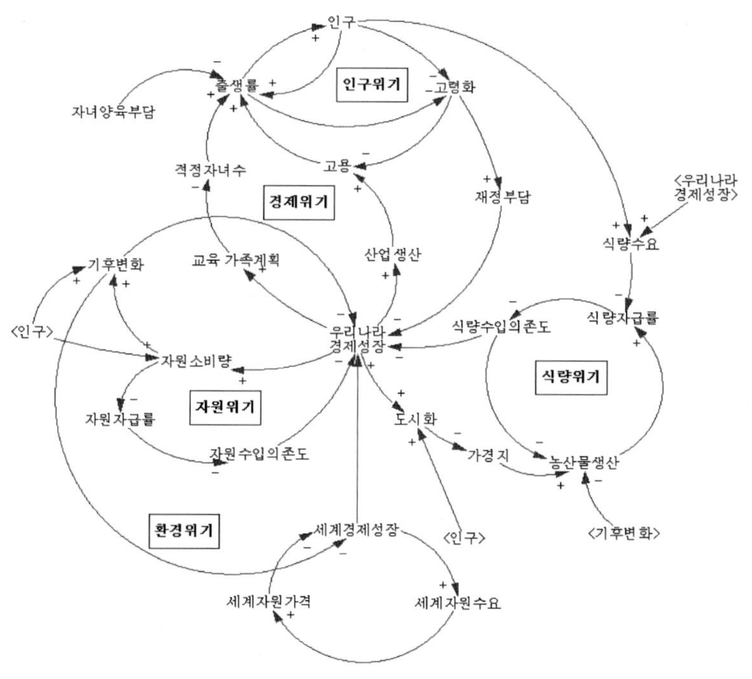

〈그림 1〉 우리나라의 위기증폭 메커니즘

출처: 문태훈·김병석, 2009.

3) 환경위기

　환경오염의 누적과 지구 온난화가스의 누적으로 인한 기후변화는 지구생태계의 변화, 동식물서식지의 변화, 해수면의 상승, 한발과 홍수 빈도와 강도의 증가, 재난위험의 증가, 각종 질병의 확산 등 광범위한 위험상황을 촉발한다. 더구나 기후변화는 세계경제와 국내경제에 직접적인 영향을 미친다. 한국환경정책평가원은 현재의 추세라면 21세기 말 한반도의 평균기온 상승폭은 세계평균기온의 상승폭을 상회하는 3℃가 상승할 것으로 예측하고 있다. 이 경우 우리나라에서는 농업, 수산업, 임업, 건강, 생태계분야 매년 최대 58조의 피해가 예상되고 있다. 이는 산업부문 피해는 포함하지 않은 규모로 산업부문과 사회부문의 피해규모를 종합하면 엄청난 경제적 부담이 발생할 것으로 예측된다(채여라 외, 2006; 문태훈, 2008). 환경위기는 인구위기, 경제위기, 식량위기, 자원위기 등 다른 모든 위기와 밀접하게 연관되어 있고 상호 작용한다.

4) 자원위기

　경제성장으로 인한 자원소비의 급속한 증가는 자원 자급률이 저조한 상태에서 수입의존도를 더욱 높이게 되는데, 신흥개발도상국가들의 급속한 산업화로 인한 세계자원 수요의 증가는 국제자원가격을 급속히 상승시킨다. 자원가격의 상승은 국내 경제성장에 직접적인 영향을 미치게 된다.

5) 식량위기

　도시화는 가경지를 감소시켜 농산물생산을 위축시키고 식량수입

의존도를 높이게 된다. 우리나라는 곡물수입 세계 5위 국가로 곡물자급률이 25.3%에 불과하여 OECD 최하위권이다. 세계 곡물수요의 증가가 곡물가격을 상승시키는 경우, 또는 곡물수급에 차질이 생기는 경우 식량 수입의존도가 높은 우리나라는 직접적인 타격을 받는 취약한 구조로 되어 있다.

이상과 같이 우리가 당면할 여러 위험상황 중에서도 자원위기, 환경위기, 식량위기는 핵심적인 위기로 발전될 가능성이 높다. 지속가능발전을 위한 많은 논의의 촉발점은 이상의 문제의식과 위기의식에서 연유된다. 녹색성장의 출현도 같은 맥락에서 연유되었다.

Ⅲ. 선진국들의 국가발전전략과 환경문제

미래에 대한 각국들의 예측과 전망은 국가별 장기발전전략에서 구체화되고 있다. 미국, 일본, 유럽 등 선진 각국들은 국제사회의 경쟁구도 속에서 자국의 경제적 번영과 삶의 질 향상을 위한 큰 전략적 계획들을 수립하고 있다. 이들 국가발전전략계획들도 지속가능한 환경보전을 통한 삶의 질 향상과 경제적 경쟁력 강화를 동시에 추진하는 것을 가장 중요한 과제로 꼽고 있으며 이를 위한 과학기술의 혁신을 강조하고 있다. 특히 일본은 환경문제에 대한 선도적인 해결을 통하여 국가경제의 발전은 물론 세계에서 지도적 위치를 강화하려는 구상을 구체화시키고 있다.

1. 일본

일본은 2025년까지 추진해야 할 이노베이션의 모습을 전문가 의견을 모아 전략적 정책 로드맵 형태로 이노베이션25 전략을 수립하였다.

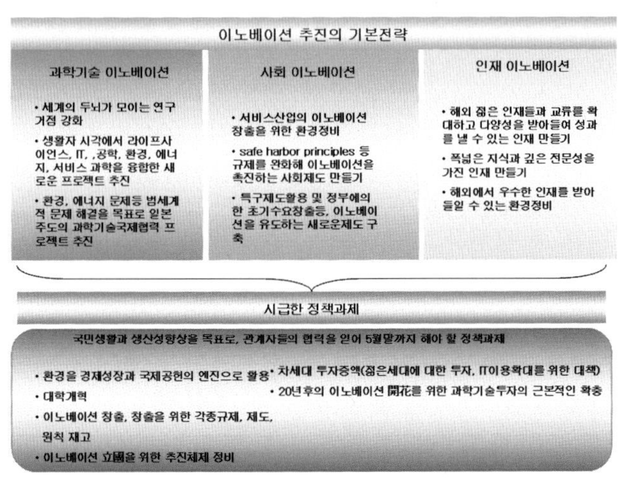

〈그림 2〉 일본 이노베이션25의 기본전략

『이노베이션 25』 보고서에 따르면 일본은 2025년까지 경제, 사회, 삶의 질에서 세계적으로 모범이 되는 국가로 발전하는 것을 목표로 하고 있다. 이 목표를 달성시키기 위한 핵심전략은 일본사회의 모든 부분에 대한 "혁신"으로, 과학기술혁신, 사회혁신, 인재혁신을 통하여 지속적인 경제성장을 달성하고 환경, 에너지, 고령화 문제를 해결한다는 전략이다. 일본은 특히 환경과 에너지 문제를 범세계적 문제로 인식하고 일본주도의 과학기술 국제협력프로젝트를 추진하면서 환경을 성장과 국제적 위상의 제고를 위한 엔진으로 활용한다는 전략을 수립하고 있다.

2. 유럽연합(European Union)

유럽연합은 2000년 포르투갈 리스본 EU 특별정상회의에서 향후 10년간 유럽경제를 미국을 능가하는 세계 최고의 지식기반경제체제로 만들자는 취지의 리스본전략을 채택하였다. 리스본전략의 목표달성을 위하여 유럽연합의 과학기술기본계획9)은 경제성장, 경쟁력 제고, 고용을 위한 지식의 창출, 지속가능한 지식의 창출, 사회복지를 위한 지식의 창출을 중요한 과제로 삼고 이를 위한 R&D 사업을 다양하게 계획하고 있다.10)

이 중에서 중점 투자분야로 기후변화를 포함한 환경 분야를 지정하고 있는데 이는 환경적 요인으로 인한 각종 질병의 발생, 기후변화 완화와 적응을 위한 전략과 기술의 개발 필요성에 입각하고 있다.

지속가능한 발전을 위한 지식창출의 당면과제로 기후변화, 수질, 생물다양성의 상실, 농업생산, 토양쇠퇴, 남획, 산림채벌, 대기오염을 선정하고 이에 대한 R&D를 추진하고 있다. 유럽연합은 환경문제에 대한 적극적인 대응이 유럽의 경쟁력을 강화한다고 보고 있다.

또, EU의 제6차 환경행동계획11)에서는 기후변화에 대한 대응을 최우선의 과제로 보고 있으며 2008~2012년 사이 1990년 대비 8% 온실

---

9) 제7차 Framework Program(2007~2013).

10) 미국을 능가하는 세계에서 가장 역동적이고 경쟁력 있는 지식기반의 경제연합체를 구축한다는 목표 아래 연구, 교육, 혁신을 세 가지 중심축으로 하는 전략들을 실행에 옮기고 있다. EU. 2005. 6. *Framework Program 7 Impact Assessment and Ex Ante Evaluation.*

11) European Commission. 2001. *Environment 2010 Our Future, Our Choice.*

가스 감축을 계획하고 있다. 지구 전체적으로 2020년까지 1990년 대비 20~40% 온실가스 감축, 자연과 야생동식물에 대한 보호가 필요할 것으로 전망하고 있다. 또, 생태계의 보전과 회복을 통하여 생물다양성의 손실 방지를 위하여 유럽 생태통로 연결프로젝트인 Nature 2000을 확대하고 있으며 토양오염과 유실을 방지하고 환경과 건강이슈를 강조하여 화학물질의 컨트롤 체계를 개선하고 있다.

유럽국가 중 스웨덴과 영국의 지속가능발전을 위한 노력은 특히 인상적이다. 스웨덴은[12] 발전된 경제, 사회복지와 사회적 통합, 건강하고 좋은 환경이 결합된 지속가능한 사회 달성을 국가발전전략의 목표로 하고 있다. 특히 공공부분이 선도적으로 환경친화적 공공교통수단과 교육, 건강보건, 사회서비스, 안전, 에너지, 환경기술 개발에서 혁신을 주도할 것을 계획하고 있다. 영국[13]은 국가발전전략의 목표를 지속가능한 발전에 공헌하는 것에 두고 있다. 특히 가난, 교육, 물보전, 인구성장, 지구온난화 등의 안정화를 위한 공헌을 중요하게 평가하고 이를 위한 연구개발, 특히 지속가능지구시스템, 지속가능에너지, 시스템생물학 등에 대한 연구과제를 중요하게 설정하고 있다.

3. 중국

중국은 중장기 과학기술발전계획(2006~2020)에서 11개 중점영역 중의 하나로 환경분야(종합적 오염처리와 폐기물 순환이용 등)를 선

---

12) 『혁신 스웨덴』 보고서. The Ministry of Industry, Employment and Communications, The Ministry of Education. 2004. *Innovative Sweden, A Strategy for growth through renewal*. Stockholm.

13) HM Treasury dti, dept for education and skills. 2004. July. *Science & innovation investment framework 2004~2014*.

정하고 있으며, 환경개선 중점목표로 21세기 녹색프로젝트(China Trans-Century Green Project Plan) 등을 추진하고 있다. 중국은 최근 들어 환경오염산업에 대한 각종 규제를 대폭 강화하고 있다.

IV. 우리나라 환경문제의 위기와 기회

우리나라의 환경문제 역시 외국과 마찬가지로 위기와 기회를 동시에 맞고 있다. 지구온난화가 생태계는 물론 도시에 미칠 영향이 지대할 것으로 예측되고 있으며, 생태계 보전, 도시의 먼지, 이산화질소, 오존 오염, 수량의 확보와 수질의 개선, 폐기물의 적정한 처리를 위한 과제들이 산적해 있다. 그러나 지구온실가스의 감축을 위한 거대한 배출권거래시장의 형성, IT, BT, NT를 융합하는 청정기술(CT)에 기반한 환경산업의 규모가 급속히 증대되고 있어 미래의 핵심 성장산업으로 중요한 기회를 제공하고 있다.

우리나라에 미치는 환경문제의 영향은 낙관적이지 않다. 특히 근래 국제기후변화패널(IPCC)의 보고서로 세인의 관심을 끌고 있는 지구온난화가 한반도에 미치는 영향은 지구평균 이상으로 심각한 것으로 예측되고 있어 온난화 방지노력뿐 아니라 이에 대한 적응의 문제가 중요한 과제로 제기되고 있다. 지구온난화로 인한 한반도의 평균 기온상승은 지구평균의 2배, 지난 9년간 해수면 상승은 세계평균치인 0.31cm를 상회하는 0.95cm였다. 한반도의 전형적인 온대기후가 아열대기후로 변하고 있는데 1990년대 대비 겨울은 30일이 감소하였으며, 봄·여름은 20일이 증가하였다. 지구기온이 섭씨 2~3도 상승하면 생

물종 20~30%가 멸종할 것으로 국제기후변화패널(IPCC)이 지구기후
변화보고서에서 예측한 바 있다.

〈표 3〉 지구온난화의 부문별 영향

구분	2020년대(섭씨 1도 상승)	2050년대(섭씨 2~3도 상승)	2080년대(섭씨 3도 이상 상승)
수자원	4억~17억 명 물 부족	10억~20억 명 물 부족	11억~32억 명 물 부족 세계 인구 5분의 1 이상 홍수 영향
생태계	양서류 멸종, 산호 백화현상, 생물 종 다양성 변화	생물 20~30% 멸종위기	지구 생물 대부분 멸종 이산화탄소 배출로 생물권 분포 변화
식량	농작물 수확량 일시적 증가 1,000만~3,000만 명 기근 위협		중·고위도 지역 수확량 감소 3,000만~1억 2,000만 명 기근 위협
해안	홍수·폭우 증가	300만 명 홍수 위협	해안가 30% 이상 유실 1,500만 명 이상 홍수 위협
건강	알레르기 및 전염성 질병 확산	영양부족, 과다출혈, 심장관련 질별 증가, 더위·홍수·가뭄으로 사망 증가	

자료: IPCC. 동아일보(2007.4.7.).

　　현재의 추세라면 21세기 말 한반도의 평균 기온이 3℃ 상승할 것
으로 예측되고 있는데 IPCC의 예측을 따른다면 개구리를 비롯한 양
서류는 멸종할 것이며 생물종 역시 20~30% 멸종할 것이라는 전망이
다. 한국환경정책평가연구원의 추계에 의하면 이 경우 농업, 수산업,
임업, 건강, 생태계 분야 매년 최대 58조 피해가 예상되고 있다.[14] 이
는 산업부분 피해는 포함하지 않은 규모로 산업부문과 사회부문의
피해규모를 종합하면 엄청난 경제적 부담이 발생될 것으로 예측된다.
　　환경문제는 이같이 위기로 우리에게 닥쳐오고 있으나 기회요인도
동시에 제공하고 있다. 환경문제의 심각성과 더불어 전 세계 환경 분
야 시장은 빠르게 성장하고 있는데 우리나라 환경산업 규모는 연평

---

14) 채여라 외. 2006. 『PAGE모델을 이용한 기후변화의 피해추정』. 한국환경정책평가연구원.

균 12% 내외로 성장하여 2010년에는 32조 원으로 전망되고 있으며 세계환경시장의 규모는 더욱 급속히 성장할 것으로 예측되어 중요한 경제적 기회를 제공하고 있다.

세계적으로 환경산업은 2005년 7천억 달러에서 2010년에는 7,687억 달러~1조 달러로 성장할 전망인데 이는 반도체 시장규모의 최소 3배 이상 예상이며 유전자 생물자원산업은 향후 10년 이내에 2조 5천억 달러 규모로 성장하여 현재 석유시장규모의 5배에 달할 것으로 예상되고 있다. 온실가스저감시장은 2012년 2조 달러 예상(UNEP Finance Initiative)되어 이 역시 석유시장규모의 5배에 달하는 거대한 경제적 기회로 다가오고 있다.

V. 지속가능한 발전모델

1. 지속가능발전

지속가능한 발전은 3개의 중심축, ① 환경적 지속가능한 발전(Environmental Sustainability), ② 경제적 지속가능한 발전(Economic Development), ③ 사회적 지속가능한 발전(Social Equity)을 포함하고 있다. 과거에는 경제성장에만 집중하여 상대적으로 환경과 사회의 지속가능성이 미약하였다. 지속가능발전은 경제발전, 환경보전, 사회적 형평성을 동시에 추구한다. 그래서 지속가능한 발전은 빈곤과 저개발, 환경파괴의 악순환을 해결하기 위해서 개발과 환경보호를 동시에 고려할 것을 강조한다. 또, 현 세대의 개발이 미래세대의 복지를 저해하지 않도록 세대 내는 물론, 세대 간, 계층 간 형평성을 동시에 고려한다. 그러나 지속가능발전은 그 추상적인 개념 때문에 구체적인 발전모델과 정책으로 옮겨지는 데는 많은 한계가 있어 왔다. 이러한 한계는 지속가능발전을 현실화시키는 데 주된 장애물이 되어 온 것도 사실이다. 지속가능발전 모델에도 여러 유형이 있을 수 있으며 이를 탐색하고 구체화하는 것은 새로운 발전모델의 구상을 위해 매우 중요한 과제이다.

2. 녹색성장

녹색성장은 자연보호와 경제성장 사이의 상충관계를 극복하기 위하여 고안해낸 것이라 보며(Akihisa Mori, 2007), 좀 더 구체적으로 환경적 지속가능성을 유지하고, 경제성장으로부터 환경적 압력을 줄이는 동시에 빈곤을 완화하는 경제성장을 지속하는 것이라고 보고 있다(UNESCAP, 2005). 그러므로 녹색성장은 새로운 개념이 아닌 환경과 경제의 상생이란 넓은 의미에서 기존 개념들과 크게 다르지 않다고 할 수 있다. '녹색성장기본법'은 녹색성장을 "에너지와 자원을 절약하고 효율적으로 사용하여 기후변화와 환경훼손을 줄이고 청정에너지와 녹색기술의 연구개발을 통하여 새로운 성장동력을 확보하며 새로운 일자리를 창출해 나가는 등 경제와 환경이 조화를 이루는 성장"이라고 규정하고 있다(녹색성장기본법 제2조). 결국 정부가 말하는 저탄소녹색성장은 에너지 환경위기를 기회로 활용하여 선진국으로 도약하기 위한 경제전략으로서의 성격이 강하다. 이를 통하여 제2의 도약과 세계국가를 건설하자는 의미가 담겨 있고, 에너지 환경문제뿐만 아니라 일자리와 성장동력확충, 기업경쟁력확충, 국토개조, 생활혁명을 포함하는 종합적 비전으로서의 의의를 지닌다(김현호·김선기, 2009).

그러나 녹색성장이 성공하기 위해서는 경제성장전략 중심으로는 한계가 있다. 녹색성장은 생활양식의 전환을 통하여 녹색사회를 구현하고 녹색생활을 기반으로 한 녹색산업의 활성화가 선순환의 구조를 확립할 때 성공할 수 있기 때문이다. 이런 점에서 녹색성장의 개념을 좀 더 포괄적으로 확장시켜 지속가능발전을 달성시키기 위한 중간적이고 수단적인 개념으로 이해할 필요가 있다. 녹색성장은 국가 정책뿐만 아니라 기업의 투자 전략, 시민들의 소비형태, 국민 개개인의 생활습관과 삶의 철학 전반에 걸친 전면적 혁신과 변화를 요구하는 전략으로 이해해야 한다.[15] 녹색성장의 대상은 에너지 또는 환경산업에 국한되지 않고 국민생활 영역까지 광범위하게 확대되어야 한다.

그간 정부의 녹색성장 정책은 지속가능발전의 사회적 부문에 대한 고려가 약화되었다는 점에서, 그리고 경제와 환경의 조화를 표방하면서도 사실은 경제성장에 방점이 있다는 평가, 4대강 살리기 사업에 대한 비판 등과 더불어 적지 않은 비판을 받아 왔다.

물론 정부의 녹색성장 정책이 지속가능한 발전에서 중요한 축을 형성하고 있는 사회적 측면을 완전히 도외시하는 것은 아니다. 이러한 점은 녹색성장위원회가 수립한 국가녹색성장전략과 5개년계획에서도 찾아볼 수 있다(녹색성장위원회, 2009). 그러나 사회적 약자나 사회적 형평성에 관련된 부분이 취약하게 다루어지고 있으며 경제적

---

15) 저탄소 녹색성장 국민포럼(2008), "저탄소 녹색성장 국민포럼 창립선언문."

측면에서의 정책들이 대부분을 차지하고 있다. 그렇다고 녹색성장 정책에서 환경부분이 경제성장 정책과 대등한 비중을 가지고 있지는 않은 것으로 보인다. 녹색성장에서 경제가치와 환경가치가 충돌한다면 이명박 정부의 정책적 맥락 하에서 볼 때, 경제가치가 우선할 것은 분명해 보인다. 그렇다면 녹색성장은 결국 경제성장에 도움이 되는 범위 내에서 환경을 보전하자는 것이고 이것은 환경이 허용하는 범위 내에서의 발전을 뜻하는 지속가능한 발전과는 전혀 반대의 개념이 된다.

그러나 녹색성장의 진정한 성공을 위해서, 그리고 지속가능한 발전의 달성을 위해서 녹색성장은 경제성장만이 아니라 환경과 사회발전이 같이 이루어지는 방향에서 추진되어야 한다. 녹색성장이 환경발전을 이루고, 녹색성장을 통한 경제발전이 사회적 형평성을 진척시킨다면 녹색성장은 지속가능발전으로 가는 중간단계의 "징검다리 개념"이자 "징검다리 수단"으로 생각할 수 있다. <그림 3>은 지속가능발전의 발전과정과 녹색성장과의 관계를 보여 주고 있다.[16] 녹색성장은 지속가능발전으로의 이행을 위한 중간수단이다. 지속가능한 사회에서 녹색성장은 지속가능발전이 된다.

---

16) 그림 하단 좌측에서 원으로 표시된 환경, 사회, 경제부분은 정책 제약요인의 범위를 동심원의 크기로 나타낸 것으로, 경제가 중심이 되어야 한다는 것이 아니라 가장 큰 원으로 표시된 환경이 허용하는 범위 내에서 사회발전과 경제발전이 각각 이루어져야 한다는 것을 나타내는 것임.

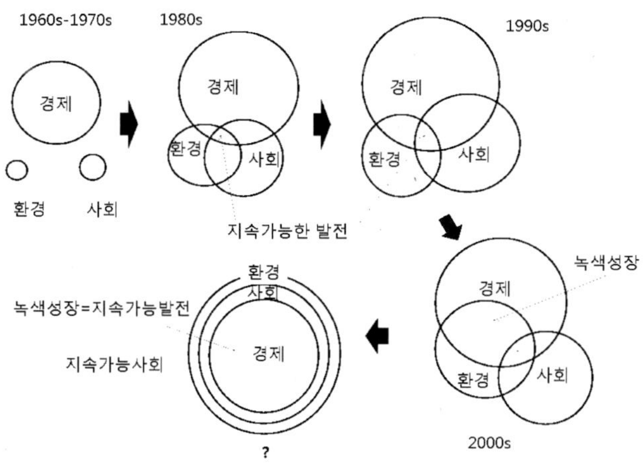

〈그림 3〉 지속가능발전과 녹색성장의 관계

출처: 서혜미·문태훈. 2010.

환경에 대한 고려가 경제발전을 저해한다는 인식은 산업자본주의 시대의 편견과 지식기반경제에서 양자 간의 관계에 대한 오해에서 비롯되는 측면이 많다. 이런 점에서 <그림 4>와 <그림 5>는 국가별 환경성과, 국가 경쟁력, 환경거버넌스와의 관계를 분석한 것인데 흥미로운 시사점을 던지고 있다.

<그림 4>는 국제경쟁력이 강할수록 환경성과지수가 높아지는 양자 간의 관계를 보여 주고 있다. 물론 이를 어느 방향에서건 양자 간의 인과관계로 해석할 수는 없다. 그러나 같은 경쟁력을 지닌 국가이면서도 환경성과가 높은 국가와 낮은 국가가 있다는 점을 보여 주고 있어 흥미롭다. 예를 들면 핀란드 vs 미국, 그리고, 노르웨이, 아이슬란드, 스웨덴 vs 한국, 아랍에미리트, 타이완 등은 유사한 경쟁력 국가군이면서도 환경성과지수의 차이가 크게 나는 국가군들이다. 유사

한 국제경쟁력의 수준에서 환경성과가 더 높은 발전모델을 추구하거
나, 지속가능성을 위한 노력이 국가의 경제적 경쟁력과 양립할 수 있
음을 보여 주고 있는 것이다. 경쟁력이 유사한 국가 간에 환경성과지
수가 다르게 나오고 있는 것은 일부국가들이 국가경쟁력과 환경문제
를 동시에 해결하고 있음을 보여 주는 결과이다. 동일한 경쟁력을 가
진다면 환경성과가 낮은 발전모델을 추구해야 할 이유가 없다.

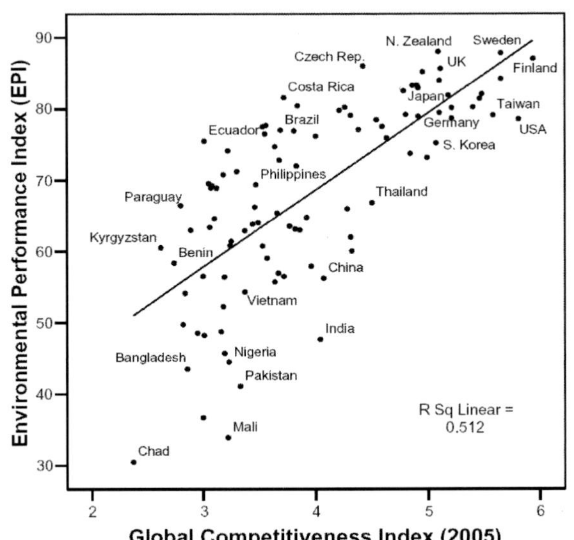

Figure 13: Relationship of 2006 EPI and Competitiveness
(From the Global Competitiveness Report (Porter et al., 2005)

〈그림 4〉 국제경쟁력과 환경성과와의 관계

출처: Yale Center et. al., 2006.

그 방법을 우리는 〈그림 5〉에서 찾을 수 있는데, 〈그림 5〉는 환경
성과와 굿환경거버넌스(Good Environmental Governance)가 정의 상관
관계를 가지고 있음을 보여 주고 있다.

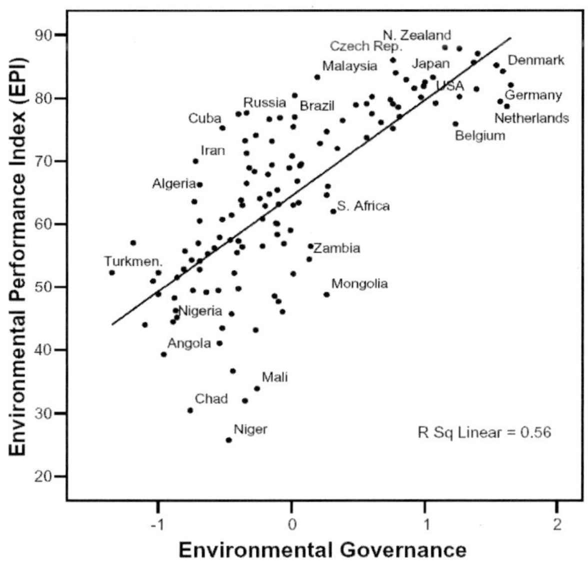

〈그림 5〉 2006년 EPI와 거버넌스와의 관계

출처: Yale Center et. al., 2006.

　지혜로운 환경거버넌스가 국가경쟁력과 환경성과를 동시에 달성할 수 있음을 보여 주고 있는데, 이는 결국 같은 경쟁력을 지니더라도 환경거버넌스의 형태에 따라 환경성과가 크게 달라질 수 있음을 시사하는 것이다. 성공적인 환경거버넌스의 구조에 대해서는 유럽연합 회원국을 포함한 20여 개 국가의 지속가능발전 전략의 성공적인 추진사례를 분석한 효과적인 거버넌스 구조에 대한 연구가 많은 시사점을 제공한다.[17] 이 연구에서 제시하고 있는 지속가능한 발전을 위한 효과적인 거버넌스의 요소와 기준들은 다음 <표 4>와 같다.

---

17) Darren Swanson and Laszlo Pinter, Oct. 2006. *Governance Structure for National Sustainable Development Strategies*, prepared for OECD.

<표 4> 굿환경거버넌스의 기준

거버넌스의 요소	효과성의 기준
① 지속가능발전전략의 조정 및 통합 형태	−적합성과 종합성: 지속가능발전전략이 경제, 사회, 환경이슈 등을 포괄적으로 망라하고 있을수록 효과적 −더 많은 정부부서가 지속가능발전 전략의 수행에 관여되어 있을수록 효과적
② 책임의 소재	−고위층의 리더십이 많이 개입되어 있을수록 효과적
③ 입법화의 정도	−지속가능발전전략이 입법화되어 있을수록 효과적
④ 예산 및 계획과정과의 연계정도	−각 부서의 계획과 예산에 지속가능발전의 비전과 목표가 포함되어 있을수록 효과적
⑤ 이해관계자의 참여 정도	−지속가능발전 전략의 수립과 이행에 이해관계자의 참여가 공식화되어 있을수록 효과적 −이해관계자 참여의 폭이 다양할수록 효과적
⑥ 중앙−지방정부의 지속가능발전 거버넌스와의 연계 정도	−중앙의 지속가능발전전략이 지방의 지속가능발전전략에 대한 뚜렷한 지침을 포함하고 있을수록 효과적 −지속가능발전에 대한 중앙과 지방 간의 목표가 잘 조정되어 있을수록 효과적

출처: Darren Swanson and Laszlo Pinter, Oct. 2006, p.6.

굿거버넌스는 <표 4>에서 제시하고 있는 여러 조건들을 충족시키는 거버넌스를 말한다. 즉, 경제, 사회, 환경이슈 등을 포괄적으로 망라하고 있는 지속가능발전전략의 존재, 이의 실행을 위한 포괄적인 정부부서의 동참, 예산 및 계획과정과의 강한 연계, 다양한 이해관계자들의 실질적인 참여, 중앙과 지방의 유기체적인 협력 등이 굿거버넌스를 위해 필요하다는 것이다.

환경문제는 이제 더 이상 환경문제에만 국한되는 문제가 아니다. 환경이슈는 국정 전반을 관통하는 새로운 발전모델인 지속가능발전모델로 진화되어야 하며, 이의 효과적인 시행을 위해서는 굿거버넌스가 필요하고 이는 곧 경쟁력강화와 직결된다.

Ⅵ. 조화로운 발전, 지속가능발전과 4S Korea

수준 높은 삶의 질을 달성하고 경제, 교육, 건강 등 모든 부분에서 강력한 경쟁력을 갖춘 선진한국으로의 조화로운 발전은 국민 모두가 바라는 이상이다. 지속가능발전을 중추적인 이념으로 하는 "4S Korea" 전략이 이를 가능케 할 수 있다. 4S Korea는 강한 한국(Strong Korea), 지속가능한 한국(Sustainable Korea), 안전한 한국(Safe Korea), 스마트 한국(Smart Korea)을 지칭한다(김도훈·문태훈·김동환·홍영교, 2008).

첫째, 강한 한국(Strong Korea)은 경제, 연구, 교육, 국방, 국민건강 등 모든 분야에서 강한 경쟁력을 가진 세계의 선도국가로 발전하는 것을 말한다. 강력한 국가로의 발전은 선진국의 미래전략보고서에서도 공통적으로 강조되는 부문으로 국가경쟁력 제고를 가장 직접적인 목표로 한다.

국가 경쟁력 확보의 성패는 과학기술의 발달과 이를 뒷받침해 줄 수 있는 연구개발체제의 확립, 그리고 인재의 양성과 확보가 핵심이다. 우수한 인재를 바탕으로 최고의 경쟁력을 가지는 경제, 그리고 양질의 인재를 배출하는 경쟁력 있는 교육시스템의 확립, 지식기반경제에서 성장동력이 될 IT, BT, NT, CT, ET 등 핵심 분야에서 높은 과학기술력을 유지할 수 있는 R&D 체제를 확립해야 한다. 또, 강력한 국방력을 가진 나라로 주변정세 변화에 능동적으로 대처할 능력을 배양하고, 건강한 국민을 위한 질 높은 사회체육시스템과 보건의료서비스체제를 확립하여야 한다. 특히 사회체육시스템의 확립으로 평균수명까지 건강한 삶을 누릴 수 있도록 하여 삶의 질을 높일 뿐 아니라 사회적인 비용도 절감할 수 있어야 한다.

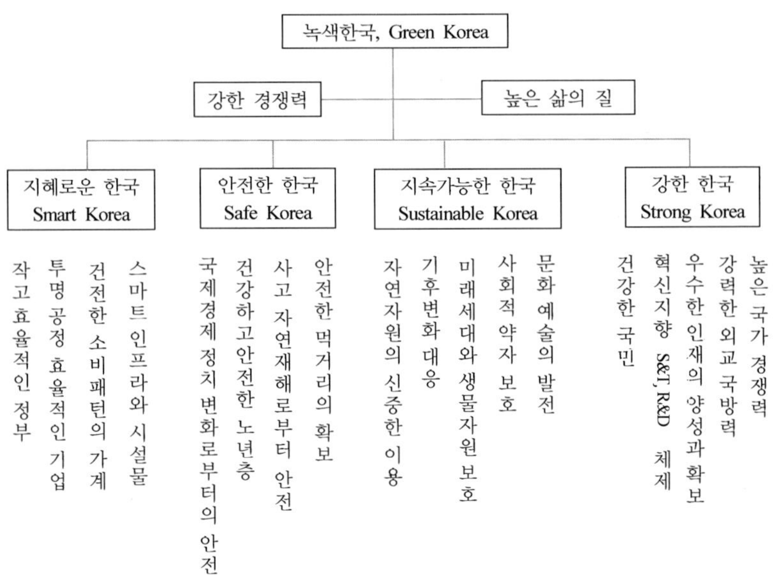

〈그림 6〉 한국의 비전과 발전전략

둘째, 지속가능한 한국(Sustainable Korea)의 달성은 환경이 허용하는 범위 내에서 경제, 사회, 환경이 균형 있게 발전하는 국가를 말한다. 안정적인 경제성장을 유지하면서 사회적 약자가 함께 발전할 수 있는 나라, 문화와 예술이 충만한 품격 높은 나라를 지향하며, 국토와 자연환경이 잘 보호되어 건강하고 안전하며 쾌적한 삶의 터전이 되는 국가를 지칭한다. 자연자원의 신중한 이용은 에너지와 수자원 등의 효율적인 이용으로 생태효율성을 높여 경제적인 측면의 경쟁력을 제고할 수 있는 전략이기도 하다. 기후변화와 관련하여 곧 한국은 온실가스 감축의무를 지게 될 것이지만 이를 마냥 회피할 것이 아니라 기회로 삼아 에너지 이용의 효율화를 위한 기술의 개발, 사회적 제도의 마련, 정부의 지원책과 조장 책들의 마련이 필요하다. 청정기술관련, 생물자원관련 시장의 규모는 앞으로 크게 성장할 것으로 예측되고 있으므로 무한한 경제적인 기회도 동시에 제공하고 있다. 이를 충분히 활용할 수 있는 적극적인 전략으로 진행하여야 할 것으로 보인다.

셋째, 안전한 한국(Safe Korea)을 위해서는 안전하고 자족적인 먹을거리의 확보, 각종 사고와 자연재해로부터의 안전, 그리고 노령화에 따른 노인인구의 안전한 생활 보장, 급변하는 세계 정치 경제로부터의 안정성과 자족성의 확보 등이 중요한 과제이다. 기후변화에 따르는 각종 자연재해 발생빈도가 높아지고 강도가 강해짐에 따라 이에 대한 기반시설의 전면적인 보강이 필요하다. 지역별 위험도 분석에 따른 기반시설의 설치와 이를 감안한 각종 시설들의 설치가 필요하다. 안전한 먹을거리의 확보는 삶의 질 향상과 건강한 국민을 만들기 위해 필수적이다. 지역 농수산물의 지역소비를 우선으로 하는 지역소비구조를 만들어 도농연계 강화와 상생발전을 같이 도모한다.

넷째, 스마트 한국(Smart Korea)은 낭비 없고 합리적이며 효율적인 한국을 의미한다. 지속가능한 발전은 단순한 생활환경의 개선만을 의미하지 않는다. 자연과 사물에 대한 깊은 사랑이 우리에게 주어진 자원을 소중하게 여기는 생활태도로 연결되며, 이것이 더불어 살고 있는 사람들에 대한 인간애로 발전하는 사회를 구성하자는 것이다. 스마트 한국은 이런 관점에서 효율적인 정부, 기업, 가계로 이루어진 나라, 정치 경제 사회 등 모든 부분에서 낭비가 없는 합리적이며 효율적인 나라를 지향한다. 여기에는 IT강국으로서 한국의 장점을 충분히 살려 자원의 효율적인 이용, 작지만 효율적이어서 최소의 예산과 인력으로 최대의 서비스를 제공하는 정부, 기업은 투명성, 효율성과 과학기술을 바탕으로 세계최고의 품질과 서비스를 제공하는 지식기반

경제 시대의 선도적인 국가로 발전하는 것을 의미한다. 가계는 자원과 물자 절약을 축으로 하는 건전한 소비패턴을 영위하는 국가를 지향한다.

4S 목표는 전략적인 위계를 가진다. 발달된 한국의 IT를 최대한 활용하여 지혜로운(Smart) 한국을 만들고 이를 바탕으로 지속가능(Sustainable)하고, 안전한(Safe) 한국을 만들게 되면 이것이 자연스럽게 강한 경쟁력을(Strong) 지닌 한국으로 발전하게 될 것이다. 이러한 목표 간의 전략적 위계의 설정은 지금까지 정보화, 지속가능성, 안전, 경쟁력 향상을 위한 노력이 상생적이지 않고 개별적으로 이루어져 상생효과가 없었다는 인식과(김도훈·문태훈·김동환·홍영교, 2008) 지속가능성에 대한 논의가 환경중심으로 전개되어 경제발전에 대한 강한 수요가 반영되지 않고 있었다는 인식에 근거한다(Moon, 2009).

이제 환경문제는 환경문제를 넘어서는 이슈가 되고 있다. 지구온난화문제로 인한 논의가 IPCC의 보고서로 세계적인 관심을 촉발하면

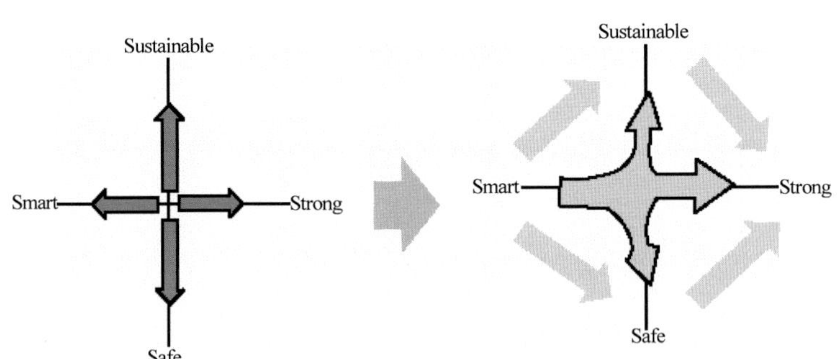

〈그림 7〉 4S 목표의 전략적 위계

출처: 김도훈·문태훈·김동환·홍영교, 2008.

서 다시 한번 환경이슈가 크게 부각되고 있다. 그러나 이의 해결은 경제, 사회, 환경부문들의 깊은 문제들이 같이 해결될 때 해소될 수 있는 난제이다. 이들 문제를 종합적으로 해결할 수 있는 길은 지금까지의 지배적인 발전이념이었던 경제적 효율성을 뛰어넘는 새로운 이념의 모색으로만 가능하다. 지속가능발전의 이념과 전략이 그 대안이 될 수 있을 것으로 생각되는 이유도 그간 행정과 정책이 추구해 온 효율성, 형평성, 민주성, 대응성 등의 모든 이념들을 아우를 수 있는 포괄적인 바탕을 가지고 있기 때문이다. 새로운 구상과 정책으로의 전환이 필요한 시점이다.

참고문헌

과학기술부. 한국과학기술기획평가원. 2007. 『국가 R&D 사업 Total Roadmap 중장기 발전전략』.

김도훈·문태훈·김동환. 1999. 『시스템다이내믹스』. 대영문화사.

김도훈·문태훈·김동환·홍영교. 2008. 2. 「한국의 혁신을 위한 미래 IT 어젠다 도출(Future IT Agendas for Innovation Korea)」. 『*Telecommunication Review*』 제18권 1호. pp.15~26.

김현호·김선기. 2009. 『지방자치단체 녹색성장 추진전략』. 한국지방행정연구원.

리처드 플로리더. 2002. 『창조적 변화를 주도하는 사람들(The Rise of the Creative Class)』. 전자신문사.

문태훈. 2007. 『시스템사고로 본 지속가능한 도시』. 집문당.

______. 2008. 2. 「조화로운 발전, 지속가능발전전략」 박순애 편. 『지속가능한 사회 이야기』 제1장. 법문사.

______. 2009. 「환경」. 『한국의 미래모습과 정책과제 3권』 5편 1장 4절. 한국행정연구원. 『한국행정연구원 미래연구총서』 2. pp.395~413.

문태훈·김병석. 2009. 「인과지도로 본 한국의 성장의 한계: 인구, 경제, 자원, 환경, 식량 위기요인을 중심으로」. 『한국 시스템다이내믹스 연구』 제10권 제3호. pp.47~79.

박순애 외. 2008. 『지속가능한 사회 이야기』. 법문사.

서혜미·문태훈. 2010. 「녹색성장 프로그램의 성공요인 연구」. 『환경정책』 제18권 1호.

에너지경제연구원. 2010. 『2010 지역에너지통계연보』.

제임스 캔턴. 2006. 『극단적 미래예측 The Extreme Future』. 김영사.

채여라 외. 2006. 『PAGE모델을 이용한 기후변화의 피해추정』. 한국환경정책평가연구원.

최재천. 2008. 『미래선진한국의 행정연구』. 한국행정연구원.

한국개발연구원 KDI, 2010. 6. 『미래비전 2040 미래사회경제구조 변화와 국가발전전략』.

Bruce Mitchell. 2002. (2nd ed.) *Resource and Environmental Management*. Pearson, England.

Darren Swanson and Laszlo Pinter, Oct. 2006. *Governance Structure for National Sustainable Development Strategies*. prepared for OECD.

Dator & Park, 2009. *Through a Brushwood Door: Should Korea Become a Conserver Society?*, A Report to Korea Telecom, Hawaii Research Center for Futures Studies.

EU. 2005. 6. *Framework Program 7 Impact Assessment and Ex Ante Evaluation*.

European Commissiion. 2001. *Environment 2010 Our Future, Our Choice*.

Halal William E. and Marien, Michael. 2011. "Global Mega Crisis — Four Scenarios, Two Perspectives — " *Futurist* May-June.

HM Treasury dti, dept for education and skills. 2004. July. *Science & innovation investment framework 2004~2014*.

Moon, Tae Hoon. 2009. 3. "Korea's Sustainable Development Strategy" *Korea Observer*. vol.40, no.1. The Institute of Korean Studies.

National Intelligence Council. 2004. 11. 『세계미래전망(Mapping the Global Future)』 CIA 2020 프로젝트.

The Ministry of Industry, Employment and Communications, The Ministry of Education. 2004. *Innovative Sweden, A Strategy for growth through renewal*. Stockholm.

Yale Center for Environmental Law and Policy & Center for International Earth Science Information Network, in collaboration with World Economic Forum & Joint Research Center, European Commission. 2006. *Pilot 2006 Environmental Performance Index*.

제7장

복지국가로 나아가기 위한 정부의 역할 탐색

이용환*, 최창현

Ⅰ. 서론

1. 문제의 제기

돈이 없어도 누구나 교육을 받을 수 있고 몸이 아플 때 마음 편하게 병원에서 치료를 받을 수 있고, 나이가 들어 소득이 없을 때도 걱정 없이 노후 보장을 받을 수 있다는 것, 즉 인간이 인간다운 삶을 누리며 행복하게 살아간다는 것, 이것이야말로 국가나 국민이 바라는 최상의 복지국가가 아닐까? 그러나 이것은 이상이지 현실이 되기는 어렵다.

한국은 산업화와 민주화 성공에 힘입어 이제는 본격적으로 복지국

---

* 한반도선진화재단 선임연구위원.

가를 향해 가고 있다. 현재 한국의 복지 상태를 큰 틀로 보면 선진국에 버금가는 제도를 갖추고 있다. 그러나 이것은 겉으로 드러난 제도 등이 그렇다는 것이지 질적인 부분에서는 아직도 미흡한 점이 많다. 분명한 건 우리나라의 복지국가는 초기단계에 접어들었다는 사실이다. 지금 이 시점에서 중요한 것은 우리나라가 지향해야 할 복지국가의 방향이다. 방향 설정을 위해 그동안 복지선진국의 변화과정을 눈여겨볼 필요가 있다.

실제로 많은 부러움을 샀던 복지의 천국 유럽은 '요람에서 무덤까지'라는 용어로 상징될 정도로 복지국가를 지향해왔다. 그러나 지금의 유럽 국가들은 각종 복지혜택이 너무 지나쳐 국가의 파산 위기까지 놓여 있다. 월스트리트저널에서는 '요람에서 무덤까지로 표방되던 유럽 사회 복지시대가 조만간 관 속으로 들어갈 처지에 놓였다'고 표현했다.

따라서 우리는 무작정 유럽 사회복지를 모방하려 하지 말고 한국 상황에 맞게 한국형 복지를 만들어야 한다. 정부는 진정한 복지국가로 나아가기 위해 우리 문화와 상황에 맞는 복지정책의 청사진을 그려 내야 한다. 그리고 이에 부응한 재원조달과 전략을 만들어 내야 한다. 이를 위해 다양한 복지정책에 대한 연구를 해 나가야 할 필요가 있다.

2. 연구의 범위 및 방법

본 연구는 우리나라가 복지국가로 나아가기 위해서 현 복지정책의 현황을 파악하고 문제점을 도출하여 앞으로 정부가 어떤 역할을 해야 하는가를 제시하고자 한다. 여기서는 현 사회의 복지정책을 바탕으로 이론적인 접근과 외국복지정책의 사례를 들고 각종 연구문헌, 조사통계, 선행연구를 참고하여 작성하고자 한다.

본 연구의 기술 순서는 'Ⅰ. 서론'에서는 문제의 제기, 연구의 범위 및 방법을 설명하고, 'Ⅱ. 이론적 검토'에서는 우리나라 사회 복지정책에 대해 검토한다. 'Ⅲ. 외국의 사례'에서는 외국의 복지정책을 살펴보고 나아가 우리나라가 복지국가로 나아가는 데 있어 시사점을 탐색하고 'Ⅳ. 우리나라 복지 현황'에서는 우리나라 복지 현황을 분석하고 개선방안을 제시한다. 'Ⅴ. 한국의 사회복지 전망과 과제'에서는 본 연구의 결론과 향후 과제에 대하여 서술하고자 한다.

Ⅱ. 이론적 검토

1. 복지국가란?

복지국가란 국민의 복지 증진과 확보에 중점을 두는 국가이다. 광의적 의미로 보면 복지국가는 자본주의와 사회주의가 혼합된 국가이다. Lowe(1993: 12-14)는 실용주의적 입장에서 복지국가를 세 가지 측면에서 정의하였다.

첫째, 복지서비스의 범위이다. 복지국가는 좁게는 사회서비스를, 넓게는 시민복지를 위해 정부가 제공하는 모든 사회경제적 서비스를 의미한다.

둘째, 생애복지의 관점이다. 1940년대 베버리지 보고서는 역사상 처음으로 모든 시민을 '요람에서 무덤까지(from cradle to the grave)'

를 보장하였다. 이것은 모든 국민에게 가난의 공포에서 해방과 자유를 부여한다는 의미이다.

셋째, 시장의 관점이다. 복지국가는 시장의 힘을 교정한다. 개인과 가족에게 재산의 시장가치에 관계없이 최저소득을 보장하고, 사회적 위험(질병, 노령, 실업)을 극복하여 적정수준의 사회적 서비스를 보편적으로 향유하는 것이다.

복지국가에는 몇 가지 지표가 있다. 우선 '국민복지기본선(national minimum)이 보장되는가?'이다. 현대복지국가의 토대를 만드는 데 기여한 영국의 「베버리지 보고서」(1942)의 기본 사상이기도 한 이 지표는 그 사회가 이룩한 문명의 수준에서 최저의 삶을 공공부문이 보장해야 한다는 것이 핵심 메시지이다. 소득, 의료, 주거, 교육 등에서 최저생계를 보장(생존권)하고, 사회적 권리로서의 복지를 제공(국민기초생활보장법 등)해야 한다는 것이다. 이 지표에 근거한다면 우리나라는 어떤가? 유럽과 같은 형태의 완벽한 시스템은 아니지만 제도적으로는 유럽과 비슷한 수준까지 올라와 있다.

두 번째 지표는 '사회적 위험에 대처하는 제도가 구비되어 있는가?'이다. 노령, 질병, 산재, 실업, 출산, 빈곤 등에 대한 위험 대비책이 있는가를 묻는 것이다. 한국은 건강보험, 국민연금 등 웬만한 사회복지제도를 갖추고 있다. 그러나 그 내용과 질에서의 차이가 있다. 사각지대가 많고 급여수준이 높지 않다는 문제가 있다. 현금수당 및 사회서비스 제도가 약하다.

세 번째 지표는 '복지비 지출은 어느 정도 되는가?'이다. GDP 3%, 5% 정도면 복지국가의 시작단계, 20%면 성숙된 복지국가란 설이 있다. 20% 이상 국가는 전 세계에서 10개국 내외이다. 5%가 넘고 제도가 정착되면 시작단계라고 한다(김연명. 2011). 제도가 정착되면 자기 발전논리에 따라 그 비율은 계속 늘어난다. 2000년 건강보험재정규모는 9.8조 원이었는데 10년 만에 33.9조 원이 된 경우만 봐도 그렇다. 복지제도 성숙으로 인한 복지지출의 자동증가 가능성이 높다. 특히 연금지출의 증가가 좋은 설명이 되고 있다.

2. 복지국가의 발달단계

1) 태동단계(1870~1920)

제도적으로는 1601년 영국의 빈민구제법이 큰 의미를 갖는다. 처음에는 교회가 가난하고 헐벗은 지역주민을 대상으로 구휼(救恤)했다. 그러나 빈곤의 만연으로 국가가 나서지 않을 수 없는 상황이 되면서 교회의 책임이었던 빈민구호가 정부의 책임으로 변화했다. 1795년의 스핀햄랜드법(Speenhamland Act of 1795)에서는 최저생활비 미달의 임금소득자에 대해 지원하는 임금보조제도(Relief allowance system)를 실시했다. 최저생활의 기준을 정하고 가족 수를 고려하여 금액을 결정했다. 이 제도는 현대 복지국가 태동에 영향을 미쳤다. 피어슨은 복지국가의 태동은 1880년대 이후의 ① 사회보험제도의 도입, ② 시민권의 확충, ③ 사회복지비의 증가에서부터 시작된다고 보았다.

2) 정착단계(1920~1945)

1·2차 세계대전과 경제공황으로 인한 국민들의 팍팍한 삶이 복지국가 발전의 동인으로 작용했다. 대량실업으로 사회불안이 나타나면

서 이를 구제하기 위해 제도적 확충이 이루어졌다. 이는 복지수혜자 범위확대로 이어지면서 복지예산의 증대를 유발했다. 전쟁으로 국민 생활이 피폐해지자 영국은 세계 제2차 대전 중(1942년)임에도 국민들의 생활안정을 위해 "요람에서 무덤까지(from the cradle to the grave)"로 대변되는 「베버리지 보고서(Beveridge Report)」를 발표했다. 이 보고서는 전후 영국을 복지국가로 만드는 지침역할을 했다.

3) 성장단계(1945~1975)

이 시기는 지속적으로 양호한 생산성 증가세를 유지함으로서 전후 자본주의 황금기를 이루었다. 이 시기에 인플레 없는 경제성장과 완전고용으로 임금격차가 줄어들면서 급여의 평준화가 많이 이루어졌다. 또한 시민권에 기반을 둔 포괄적이고 보편적인 복지국가로 이행하는 사회보험제도와 보험급여수준의 향상 그리고 대상범위의 확대가 이때에 주로 이루어졌다. 스웨덴을 비롯한 노르딕 국가들은 자본주의와 사회주의, 소유권(ownership)과 공공복리, 시장경제원리와 사회주의 요소 등을 효과적으로 결합한 혼합경제와 함께 사회복지 확대에 대한 정치적인 합의를 기반으로 복지국가의 위치를 공고히 했다.

4) 침체 및 재편단계(1975년 이후)

1973년 이후 유가 폭등을 기점으로 경제 불황과 복지국가에 대한 회의로 신보수주의가 등장하면서 복지정책에 변화가 나타났다. 1979년 집권한 영국의 대처 정부와 1980년에 집권한 미국의 레이건 정부는 신자유주의 사상을 배경으로 1970년대 후반의 경기침체와 지역사회 파괴의 주요 요인을 그동안의 과도한 사회복지의 팽창에서 찾았

다. 이를 계기로 국가 복지서비스 축소, 재정지출의 축소와 감세, 복
지부문에 시장원리 도입, 공공시설의 민영화를 추진했다. 나아가 기
업 활동을 촉진하여 일자리와 소득을 창출하는 고용 친화적 복지정
책을 추구했다.

3. 복지국가의 유형

1) 티트무스(Titmuss)의 유형

티트무스는 복지국가를 보충적·산업적(사회복지를 경제성장의
수단으로 본다), 보충적·제도적 복지국가로 보았다. 사적인 시장에
서 제공될 수 없는 사회적 약자에 대한 특별한 서비스는 정부의 책임
으로 보았다. 그 밖의 모든 시민에게 제공하는 국가 사회복지 정책은
경제의 부속물로 취급되며, 사회적 욕구는 공적, 근로실적 및 생산성
에 의해 충족된다.

2) 퍼니스와 틸톤(Furniss and Tilton)의 유형

퍼니스와 틸톤은 적극적 국가, 사회보장국가, 사회복지국가의 세
가지 유형으로 나누었다.

(1) 적극적 국가

정부의 역할이 일차적으로 경제적 안정과 재산소유의 이익을 보장
하려는 국가를 적극적 국가라고 규정한다. 적극적 국가에서는 복지보
다는 경제적 효율성과 시장을 중시하며 복지는 단지 시장에서 배제
된 사람들을 위한 시혜적 또는 도움을 주는 장치이다. 사회복지제도

중에서 사회보험제도가 선호된다(미국).

(2) 사회보장국가

사회보장국가란 사람들이 최저수준의 복지를 보장하는 국가로 규정했다. 사회보장국가는 적극적 국가와는 달리 사회복지정책을 통해 국민 누구에게나 최저수준을 보장하려 한다. 사회보장국가에서는 기회균등과 어느 수준까지의 평등만을 보장하며, 완전한 평등만을 추구하지 않으면서 개인이 자발적으로 자신의 복지향상에 기여할 수 있는 여지를 남겨 둔다(영국).

(3) 사회복지국가

사회복지국가는 광범위한 사회복지서비스의 제공뿐만 아니라 평등과 정치활동에의 참여를 촉진함으로써 모든 사람들의 안녕을 보장하는 국가로 규정한다. 사회복지서비스는 취약계층에 대한 지원을 넘어서서 보편적 복지를 지향한다(스웨덴).

3) 미쉬라(Mishra)의 유형

미쉬라(R. Mishra)는 사회복지정책과 제도가 경제나 정치로부터 분화되어 있는 정도에 따라 복지국가를 분화된 복지국가와 통합된 복지국가로 분류한다. 분화된 복지국가에서는 복지와 시장경제는 서로 대립적인 원리를 갖고 제도적으로 분류되어 있다고 생각한다. 따라서 사회복지는 경제에 대해 상대적으로 자율적 영역의 관점을 취한다. 이런 입장에 따라서 완전고용정책은 경제적 관점의 수요관리 측면에서 다뤄진다. 반면 복지정책은 이익집단 간 정치권력적 게임의 결과

물로 간주한다. 분화된 복지국가는 이익집단 다원주의 관점에서 접근한다.

한편 통합된 복지국가는 경제정책(생산)과 복지정책(분배)은 밀접히 관련되어 있기 때문에 상호 조정이 필요하다고 본다. 따라서 사회복지와 실업 간의 상충관계를 인정하고 양자를 조절한다. 경제와 사회복지의 기능적 통합은 주요 경제집단 간 관계와 상호 의존 관계에 따른다. 따라서 경제적 목표와 사회적 목표를 조화시키기 위해서는 사회의 주요 경제적 세력 간의 제도화된 협력이 필수적이다. 이는 집권화된 다원주의의 한 형태라고 할 수 있다.

4) 에스핑 앤더슨(Esping - Andersen)의 유형

에스핑 앤더슨은 개인의 복지가 시장에 의존하지 않고 이루어질 수 있는 탈상품화의 정도로 구분하였다.

(1) 자유주의 복지체제(the liberal welfare regime)

미국이 이 유형의 대표적인 국가이다. 노동시장에서 적절한 소득을 획득하지 못하는 사람을 대상으로 국민최저수준의 복지급여를 제공한다. 복지 대상자 선정에서 가장 중요한 기준은 구제가치가 있는 빈민과 구제가치가 없는 빈민인데, 그 이유는 복지대상자의 노동 동기를 강화하기 위한 데 있다. 이런 의미에서 자산조사에 기초한 사회부조는 최저임금보다 높아서는 안 된다는 입장이다(미국, 영국, 캐나다, 호주).

(2) 코포라티스트 복지국가(the corporatist welfare state)

독일이 이 유형의 전형적인 국가이다. 코포라티스트(조합주의적)
복지국가로서 복지대상자가 공직자, 사무직, 노동자와 같은 직업범주
에 따라 구분되며, 국가는 이들이 직무경력을 쌓아 가도록 교육과 직
업훈련을 적극 지원하고 이들의 소득보장은 주로 사회보험을 통해
담보된다. 소득보장 수준은 기존 사회적 지위를 유지시키는 것이 목
적인 국민최저수준 이상이다(독일, 프랑스, 오스트리아, 이탈리아).

(3) 사회 민주적 복지국가(the social democratic welfare state)

스웨덴이 전형적인 사회 민주적 복지국가로서 사회평등과 전 국가
적인 사회연대성 제고를 위해 국가가 적극 개입한다. 사회복지에 대
한 시민의 권리(사회권)를 인정한다. 조세, 임금격차 축소정책, 각종
복지급여, 적극적 노동시장 정책 등 국가정책을 통해 소득의 평등이
확대되고 모든 시민들이 평균적인 생활수준을 향유하도록 노력한다.
복지 급여는 보편주의적이고 높은 수준을 유지한다(스웨덴, 노르웨
이, 핀란드).

(4) 탈상품화

근로자가 자신의 노동력을 상품으로 내다 팔지 않고도 살 수 있는
정도를 말한다. 자신이 노동시장에서 일을 할 수 없는 상황에 처했을
때 국가가 어느 정도 수준의 급여를 제공해 주는가의 정도로 판단한
다. 탈 상품화가 높을수록 복지 선진국을 의미한다.

┌───┐
※ 탈 상품화 지수를 고안하기 위한 다섯 가지 변수

① 최저급여액의 평균근로 임금에 대한 비율
② 평균급여액의 평균근로자 임금에 대한 비율
③ 급여를 받을 수 있는 자격조건
④ 전체 프로그램 재원에서 수급자가 지불한 비율
⑤ 실제 수급자의 비율
└───┘

(5) 계층화

사회복지체계가 잘 발달되어 있을수록 사회계층의 수는 적어진다. 국가가 사회정책에 의해 기존의 계급, 계층구조를 강화하거나 혹은 새로운 계층구조를 형성시키는 것을 말한다. 예를 들어 사회부조와 같은 빈민구휼전통은 수혜자에 대한 비난을 동반함으로써 사회적인 갈등과 이원화를 초래한다. 국가가 조세재정에 입각하여 균등한 고정액의 수혜를 전 국민을 대상으로 제공하는데 이러한 보편주의는 신분의 평등을 촉진하며 전 국민적 연대를 창출하는 효과가 있다고 본다.

(6) 국가, 시장, 가족의 역할 관계

국가, 시장, 가족의 역할 관계란 복지제공의 주체가 누구인가, 그리고 그들 간의 결합관계는 어떻게 이루어지는가 하는 문제이다. 각 경제주체들의 결합 관계에 따라 탈상품화와 계층화가 영향을 받기 때문이다. 복지제공의 주된 주체가 시장이고 국가의 역할은 단지 구휼에 그친다면 탈상품화의 기준은 심각하게 손상을 받고, 사회계층은 국가 수혜 층과 시장 수혜 층으로 이원화된다. 또한 복지제공의 주된 주체가 조합주의적 국가나 기독교적 교회 및 가족이고 시장은 주변적 역할에 머문다면 탈상품화는 미약한 수준에서 이루어지지만 전통적인 계층화 체제는 그대로 유지되게 된다. 보편주의적 국가가 주도적으로 복지제공 역할을 수행하는 경우, 상당한 정도의 탈상품화와 평등주의가 나타나게 된다. 하지만 이원주의로 변형될 가능성을 잠재하고 있다.

Ⅲ. 외국의 사례

1. 영국의 사회복지

1) 영국의 사회복지 목표

영국은 「베버리지 보고서(Beveridge Report)」로 대변되는 요람에서 무덤까지(from the cradle to the grave)의 복지실현을 위해 노력한 나라이다. 사회문제의 5대 악으로서 결핍, 질병, 나태, 무지, 불결을 들고, 이 가운데 사회보장의 궁극적인 목표를 궁핍 해소에 두었다. 궁핍의 원인으로서 실업·질병·노령·사망 등에 의한 소득의 중단을 들었다.

2) 영국 복지제도의 특징

영국 복지제도의 특징은 자유주의형 복지국가로 분류되면서도 상대적으로 보편적 복지체계가 미국보다 잘 갖추어졌다. 영국은 특히 사회보장보험의 중요성을 강조한다. 오늘날 사회안전망은 국민보험법(National Insurance Act)을 기초로 해서 갖추어져 있다. 내용의 핵심은 기여형 급여와 전국민 무상의료서비스·무상교육 그리고 비급여형 급여(보편형 및 자사조사형 급여)로 되어 있다.

3) 영국 사회복지정책의 발달

(1) 빈민구제법 제정(1601, 엘리자베스 여왕 시대)
- 구빈세(poor tax) 징수
- 노동능력이 있는 사람과 없는 사람을 구분하여 노동능력이 있는
  빈민에게는 노역장(workhouse)에 수용하여 일을 시킴.
- 고아와 빈민아동에 대해서는 보호뿐만 아니라 성장해서 자립능
  력을 가질 수 있도록 직업교육을 시킴.

(2) 빈민 구제와 고용개선을 위한 법(An Act for better Relief and
    Employment at the Poor) 제정(1782)
- 강제노역장에서 빈민들의 비참한 생활과 착취를 개선하는 계기
- 집 근처에 직장을 잡아 생활할 수 있도록 취업을 알선해주는 원
  외구호(outdoor relief)활동 시작

(3) 스핀햄랜드법(Speenhamland Act of 1795) 제정
최저생활비 미달의 임금소득자에 대해 지원하는 임금보조제도
(Relief allowance system) 실시

(4) 빈민법 개정으로 신빈민법(Poor Law Reform of 1834) 시행
- 빈곤은 개인의 나태와 독립심의 결여 등 도덕적 결함에 있다고
  보고 빈민구호의 대상을 줄이는 내용
- 그러면서 균일처우의 원칙(The Principle of National Uniformity),
  열등처우의 원칙(The Principle of Less Eligibility), 작업장 활용의

원칙(The Principle of Workhouse System)의 3대 원칙을 제시했다. 균일처우의 원칙은 전국적으로 지원수준을 일원화하면서 중앙 통제를 강화하려는 취지이다. 열등처우의 원칙은 구빈대상자들 이 자활노동자들보다 높아서는 안 된다는 원칙이다. 작업장활용 의 원칙은 노동 능력 있는 사람들이 일을 하지 않는 경우에는 노 역장에 강제수용시켜서 노역을 시키는 원칙이다. 이 원칙은 20 세기 사회보장제도가 정착되기까지 영국 공적 부조의 기본원칙 으로 작동했다.

(5) 「베버리지 보고서」(1942)에 기초한 생존권적 기본권 토대의
    6개 법률 제정
- 가족수당법(1945) · 국민산업재해보험법(1946) · 국민보험법
  (1946) · 국민보험서비스법(1946) · 아동법(1946) · 국가부조법(國
  家扶助法, 1948) 외 6개 입법으로 구성되는 체계적인 사회보험제
  도가 출범
- '국가부조법'에서 최저생활 보장을 국가의 책임으로 명시

(6) 복지개혁법안(2011)
실직 수당과 아동수당 축소 및 복지 상한선 설정

(7) 사회보장 급여(현재)

〈표 1〉 기여형 급여와 비기여형 급여 현황

기여형 급여	비기여형 급여	
	비자산조사형 급여 (지급요건에 해당되면 지급)	자산조사형 급여(공적 부조)
실업급여 질병급여 출산수당, 미망인급여, 산재급여 퇴직연금 장애급여	중증장애인 수당 장애생활 수당 장애노인보호 수당 장애급여 아동복지(Child benefits) 편부모급여 법정질병·모성보호급여	소득보조-Income support (근로무능력자 대상) 아동보조(Child support) 주택복지(Housing benefits) 혹한수당·장례비·긴급대부 등 (사회기금-Social Fund 활용)

출처: 장신철. OECD 국가의 노동시장 정책. 2011(원전: UK Department for Work and Pensions, "Benefits and Pension Rate". 2008. 4.).

4) 영국 사회복지정책의 평가와 전망

복지국가를 선도했던 영국은 복지정책의 변화에도 선도적 역할을 하고 있다. 1979년 철의 여성으로 불리는 대처 수상이 등장하면서 고용 친화적 복지정책으로 변화해 나갔다. 2008년 세계적 경제위기 이후 대량실업이 발생하면서 재정지출이 한계에 봉착하면서 복지예산에 대한 재정삭감이 이루어졌다.

복지재정의 삭감이 불가피해지면서 2011년 초에는 실직 수당과 아동수당을 줄이는 복지개혁이 추진됐다. 영국의 복지개혁은 재정악화를 방지하면서 근로의욕제고와 자활동력을 확보하려는 취지를 담고 있다. 핵심 내용은 일자리를 가진 사람에게 더 많은 혜택을 주는 근로에 대한 보상과 인센티브로 빈곤층의 노동시장 참여를 촉진하려는 것이다.

2. 스웨덴의 사회복지

스웨덴은 요람에서 무덤에 이르기까지 거의 완벽에 가까울 정도로 각종 사회복지제도를 마련하여 모든 시민의 복지를 보장하고 있는 가장 선진적 복지국가의 모델로 손꼽힌다. 스웨덴의 사회복지제도가 성공한 원인으로 세계 최고의 노조조직률, 노동조합과 사회민주당과의 협력관계, 사회민주당의 장기집권, 노사협력을 통한 산업평화, 산업민주주의, 노사화합을 통한 완전고용과 보편주의 사회복지 등을 들 수 있다.

스웨덴의 복지모델은 전체인구를 대상으로 시장에서 발생한 빈곤과 불평등을 해결하기 위하여 소득, 의료, 주택, 교육, 노동조건 등에 대한 기준을 설정하고 조세나 재분배정책을 이용해서 평등과 연대를 강화하는 것이다. 이는 경제적 복지뿐만 아니라 인간의 자유와 안전까지 포함한 모든 시민들에게 국가가 만족할 만한 생활조건을 보장해 주어야 할 의무를 국가가 지니고 있다고 전제한다. 이런 점에서 스웨덴의 복지정책은 소득의 문제를 넘어서 포괄적인 사회문제 해결을 위한 사회정책과 동일한 의미를 갖는다.

1) 스웨덴 사회복지정책의 목표

국내 거주 모든 사람들에게 식량, 주택, 기본생활필수품 등에서 최저생활을 보장해 주며 기타 질병이나 실업의 위기 시에 재정지원을 한다. 나아가 국민 각자의 소득을 보다 균등하게 재분배하고 사회 각 계층 간의 격차를 좁혀 행복권을 공평히 누릴 수 있게 하며 누구나 사회 각 분야에서 활동할 수 있는 폭넓은 선택의 기회를 부여하는 데 있다.

2) 스웨덴 복지제도의 특성

(1) 실업 예방과 치유-경제적 빈곤 문제를 해결하기 위해 실업 예
방에 역점

정부는 노동시장의 수요와 공급에 대한 개입을 통해 직업훈련을
시키거나 과잉노동력을 부족한 산업이나 지역으로 이동시켜서 실업
을 예방하는 노동시장정책 추구

(2) 보편주의

노동시장정책을 통해서 해결되지 않는 실업의 문제와 빈곤을 해결
하기 위해 전 국민 대상 사회보장제도의 보편주의 복지가 특징

(3) 공공부문피고용자의 급증
-사회복지제도 실시로 사회복지종사공무원 급증 유발
-고용이나 사회조직 차원에서 핵심적 지위를 차지

3) 스웨덴 사회복지정책의 발달배경

1870년부터 시작된 산업화로 농촌의 빈곤화와 프롤레타리아화 촉
진, 도시노동자의 실업과 빈곤이 유발됐다. 이에 따라 자유교회운동,
노동운동으로 대변되는 대중운동의 활성화와 정당정치 중심의 정치
적 민주화 등 복합적 과정을 겪었다. 혁명은 일어나지 않았고 농민들
의 가난, 노동자들의 불결한 주택, 위생, 빈곤, 실업자 등 사회문제들
을 해결하기 위해 사회복지가 도입되었다.

스웨덴 사회복지제도의 발전과정을 보면 아래와 같다.

- 사회복지제도화 이전에는 교회중심 사회단체들의 빈민구제형태 (자선 형태로 출발)
- 초기 게으른 복지수혜자를 막기 위한 제한된 형태로 실시
- 1763년: 구빈법제정
- 1868년과 1869년 대기근으로 빈곤구제비용이 급증하면서 구빈 대상 축소
- 1871년 구빈법 개정: '자신 보호는 노동과 절제를 통한 자신의 일이며 구제받는 것은 권리가 아니다'로 규정, 고아와 정신이상자로 복지대상 제한
- 19세기 말: 산업화 진전과 노동계급의 발달로 부녀자 노동, 소년 노동, 산업 안전과 질병 등이 사회문제로 부각 → 구빈법 대신 본격적인 사회정책 실시 요구가 나타나기 시작
- 20세기 초: 국가에서 제한적이며 부분적인 복지제도 실시 → 사민당 집권 이후 본격적인 국가개입에 의한 사회복지 제도의 여건이 마련됨. 사회민주주의 복지정책의 모태가 됨.

4) 스웨덴 사회복지정책의 내용

(1) 소득보장

① 중앙정부의 독립기관인 사회보장청에서 제공
㉠ 아동 및 가족수당
- 임신현금급여: 60일간 휴가 월평균 소득 80% 지급
- 출산휴가: 480일의 출산휴가 월평균 소득 80%의 출산급여

－아동간병휴가: 1년에 60일

－아동수당: 16세 미만 아동 양육 시 월 1,050크로나(약 14만 원)+α

(아동 수가 많을수록 수당 높아짐)

－기타 편부모, 위탁, 입양 부모에 대한 양육지원비

ⓛ 상병 시 소득보장

－병가급여: 실업급여의 80%

－활동보상: 육체적·정신적 근로 능력 1/4 이상 감소 시 연령별

차등지급

－상병보상: 30~64세 사람이 위와 같은 경우 해당

－재활수당: 재활치료 시 이전 소득 80%

－가족위로수당: 중증질환 간병하는 보호자에게 지급

－보균자수당: 전염병이나 전염병으로 의심되는 경우

ⓒ 산재보상: 더 이상 노동을 할 수 없는 경우 연금지급

ⓔ 장애인소득보장: 장애아동보호수당, 장애수당, 장애인복지서비

스수당, 차량수당

ⓜ 연금

－소득비례연금: 근로소득 있는 노동자가 납입한 기여금과 기간에

비례

－최저보장연금: 소득비례연금자격이 없거나 최저보장연금보다 적

을 때

－적립식개인계정연금: 본인이 선택한 기금에 투자한 원금과 투자

수익으로 연금

ⓗ 주택수당: 아동이 있는 가정과 아동이 없는 18~28세 사람 대상

지급, 29세 이상이면서 아동 없으면 주택수당 못 받음.

② 기초자치단체에서 제공하는 소득보장(공공부조): 사회보장사무소 프로그램 대상이 되지 못해 생계 어려운 사람에게 기초자치단체가 공공부조에 의해 소득지원

(2) 보건서비스 - 광역자치단체 담당

① 일반의료: 주치의 선정 질병치료 후 1차 의료기관 2차 의료기관의 전문의 치료, 1차와 2차 진료비 본인부담금 최대 900크로나 넘을 시 광역자치단체 부담
② 치과진료: 19세 이하 무료 진료(미용목적: 본인부담)

(3) 복지서비스 - 기초자치 단체 담당

① 아동복지서비스: 주간보육, 유치원교육, 초등학교 방과 후 보호, 학습지도, 점심, 간식제공
② 장애인복지서비스: 64세 이하, 65세 이상이면 노인복지서비스 대상
③ 노인복지서비스: 65세 이상 거동불편노인, 연금, 의료서비스, 주택공급, 재가복지서비스
④ 주택정책: 주택수당지급

(4) 노동시장정책(고용보험)

① 대상자: 12개월 이상 노동조합의 실업보험금고에 가입조건
② 전달체계

㉠ 노동시장청: 노동시장정책결정, 노동청 고용사무소 지원 관리, 감독

㉡ 광역자치단체노동청: 노동시장정책 훈련업무담당

㉢ 기초자치단체고용사무소: 직업상담, 직업알선, 구직자, 구인자 위한 직접 서비스

㉣ 실업급여: 300일간의 실업급여 지급

㉤ 적극적 노동시장정책: 모든 실직자에게 기회를 보장하고 고용사무소는 구직자와 구인자 연결, 직업훈련 및 훈련기간 동안 생계비 지원

5) 스웨덴사회복지정책의 평가와 전망

스웨덴의 사회복지제도는 100년 이상의 장기간에 걸쳐 점진적이며 보편적인 개혁적 사회정책을 통해서 이루어졌다. 초기 사회정책들은 주로 보수주의자들에게 대립적 위치를 차지했던 자유주의자들에 의해서 이루어졌다. 이 시기 농촌의 붕괴와 산업화로 인한 근로조건 등의 노동자 문제가 발생했다. 이런 문제에 대응하기 위해 노동조합의 강화가 이루어졌다. 이를 계기로 노동자 연대를 통해 정치력을 키우고 모든 국민들이 수혜자가 되는 보편적 사회복지 정책을 가능케 했다. 그러나 1980년대 복지 강화 정책과 복지축소정책의 충돌은 사회복지의 일부수정을 가져왔다.

재정적자의 폭이 커지고 경제침제의 장기화에 따른 복지지출의 엄격한 통제와 공공부문의 고용제한 등 새로운 규제가 등장했다. 그러나 사민당의 이런 긴축정책은 사회복지의 축소를 의미하는 것이 아니라 재정문제를 해결하기 위해 도입된 것이다. 현재 스웨덴의 사회

복지제도는 조정국면을 맞고 있으며 이 과정을 어떻게 해결할 것인지 결과를 통해 스웨덴이 지닌 전통적 복지국가의 특성을 어떻게 이어갈지 주목된다.

현재 스웨덴의 복지제도는 보편적인 복지시스템과 사회주의적 시장경제원리를 적용하고 복지행정체계는 복지대상자가 이용하기 편리하게 체계화되어 있다. 여기에 스웨덴 국민의 정직성, 성실성, 상호신뢰성은 스웨덴의 복지모델을 상당 기간 지속시킬 것이다.

3. 미국의 사회복지

1) 초기 사회복지정책의 역사

(1) 식민지시대(1601~1776)

초기 미국의 사회복지는 영국의 영향을 많이 받았다. 17C 유럽의 중상주의 정책에 의해 식민지화가 전개되면서 영국에서 많은 이민자들이 건너왔기 때문이다. 18C에는 종교적 자유나 경제적 이유 등으로 미국으로의 이민자가 급증했다. 이들 대부분은 청교도들과 영국의 몰락한 자영농민들이었다. 이민자들은 청교도 윤리를 가치규범으로 하여 지켜 왔다. 청교도윤리는 노동을 미덕으로 생각하고 낙태는 죄라는 생각이 강했다. 빈곤의 책임 역시 개인의 책임이라는 생각이었다. 노동은 신성불가침으로 생각했고 직업 또한 신의 소명이라고 생각할 정도로 일의 가치를 중요시했다. 따라서 구제는 노동능력이 없는 경우 등 불가피한 상황에만 인정됐다. 구빈활동도 가족이 우선해서 해결해야 하고 가족이 없는 경우에는 친족과 이웃이 상부상조의 정신으로 해결하고자 했다. 교회가 이런 일에 적극적으로 나서고 선도했다. 그러나 빈곤층이 증가하면서 교회가 감당하기에 한계에 이르렀고 국가가 나서지 않을 수 없는 상황으로 변했다. 이런 식민지 시대, 미국의 복지정책은 영국의 복지정책에 영향을 많이 받았다.

(2) 국가형성의 시대(1776~1860)

미국의 복지정책은 1776년 7월 4일 독립선언 이후에도 영국의 제도를 그대로 답습했다. 미국은 19세기 중후반까지도 내수시장 중심이었던 미국의 제품이 세계로 나가면서 새로운 발전의 계기를 맞게 된다. 이 시기에는 이민자도 급격하게 늘어나고 영토도 동부에서 서부로 넓혀 나가면서 많은 미국인들이 서부로 진출해 새로운 땅을 개척해 나갔다.

산업의 급속한 발전은 다른 선도 산업국가와 마찬가지로 도시문제와 노동자문제 등 여러 사회문제를 야기했다. 그러나 산업의 발전은 많은 기회를 만들어 냈다. 누구나 열심히 일하면 잘살 수 있었다. 말 그대로 아메리칸 드림을 만들어 나갔다. 여기에 평등과 자유방임주의 사상은 이들의 이런 노력을 유발하는 동인으로 작용했다. 노력하는 사람에게는 성과가 있는 사회가 되면서 나태한 자는 사회적으로 동정을 받지 못했다. 그러나 산업발전과정에서는 발전에 뒤처진 사람들이 있게 마련으로 이에 따라 구빈활동이 불가피했다. 1824년 구빈원 법령을 제정해서 각 군에 1개 이상 구빈원을 설립했다. 이런 구빈활동은 교회가 앞서 실천했다. 많은 자선단체 등도 구빈활동에 적극 나섰다. 교회와 자선단체의 자선활동을 조정하기 위해 1843년 빈민생활상태개선협회가 설립됐다. 이는 후에 자선조직협회의 모체가 되었다.

이런 노력에 힘입어 최초 주립고아원 설립, 미국 공중보건서비스 제도 신설, 무료 농아학교 설립, 빈곤예방협회 설립, 최초 농아시설 설립, 최초 민간시설 맹인수용시설 등이 설립됐다. 이에 따라서 시설보호의 전문화도 자연스럽게 이루어졌다. 전문화는 과거 종합구빈원의 형태에서 요보호자의 종류에 따라 구분된 시설들이 설립된 데 따른 것이다. 정부의 관심 증대로 민간시설 설립 시 정부지원 사례도 늘어났다. 특히 정신질환자에 대한 관심이 높아졌다.

(3) 국가의 확장시대(1860~1900)

시민전쟁이 끝나고 흑인노예해방은 여러모로 미국의 새로운 발전의 계기를 제공했다. 수정헌법 제13조에 의한 노예해방(1865), 제14조에 의한 시민권보장(1867), 제15조에 의한 투표권부여(1870) 등으로 비로소 모든 흑인노예가 법적 노예 신분에서 해방되었다. 이 시기는 미국이 세계의 부국과 강국으로 발돋움하는 때였다. 산업발전은 미국에게 새로운 기회를 부여했지만 한편 새로운 문제를 가져오기도 했다. 산업발전에 따라 부의 재편현상을 가져오면서 독점자본주의 형태가 나타나기 시작했다. 부의 편재와 독점자본주의 병폐가 새로운 사회문제로 대두됐다. 여기에 경제공황으로 실업자가 급격히 늘어나면서 사회보장제도에 대한 관심을 유발했다. 그러나 미국 특유의 자유방임주의자들은 정부의 공적인 구호를 비난하면서 매우 제한적인 자선행위만을 주장했다. 이들은 민간차원 자선만이 사회적응과정에 도움이 된다는 생각이었다. 정부의 제도적인 자선이나 정부가 나서서 구빈활동이나 실업자에 대한 보조정책은 반대했다. 이런 사상과 미국의 문화는 결과적으로 미국의 사회보장제도가 보충적 관점에 입각한 소극적 복지에 머물게 한 요인이었다.

정부의 구빈활동이 한계를 보이면서 종교계를 비롯한 자선활동이 보다 활성화됐다. 1877년에는 거틴 목사 주도로 미국 최초 자선조직협회(COS)가 버펄로에 설립됐다. 이곳에서는 빈곤자의 특성을 조사·연구·교육·개발 등을 통해 빈곤자를 도덕적으로 향상시키고 자조정신을 갖게 하는 노력을 했다. 이 협회의 다양한 활동은 향후 미국의 전문적인 케이스워크와 지역사회조직사업의 기초가 됐다.

1887년에는 뉴욕에서 가까운 이웃끼리 서로 돕자는 인보조합(隣保組合)1)이 최초로 설립되면서 본격적인 인보운동을 전개했다. 이 시기는 미국 자본주의가 독점자본주의 단계로 이행하던 1880년부터 20C 초 사이로 한편에서는 도시의 빈민지역의 비위생이 문제가 되고, 부도덕, 범죄 등의 무질서가 많았던 시기였다. 정부는 이런 상황에 제대로 대처하지 못했다. 미국의 전통과 사상이 가난의 문제에 대해서 자기 책임으로 인식하는 경향이 강했고 이런 일에 국가의 예산을 쓰는 것에 반대하는 자유방임주의 사상이 시대의 조류였기 때문에 정부가 나서서 이런 문제를 처리하기에 어려움이 많았다. 이런 상황에서 민간에서 우애조합과 자선조직협회가 태동하면서 구빈활동과 자선활동이 활성화를 맞게 된다. 코이트가 영국의 토인비 홀 견학 후 대도시 빈민가의 불우한 사람들을 개선시키기 위해 헐하우스(Hull House)를 설립한 것도 이 시기이다.

당시 인보사업은 도시 빈민의 실태를 조사하여 그들의 생활개선과 교화를 위하여 주민생활의 질 향상을 위해 돕는 사회사업이다. 따라

---

1) 우리나라의 이웃사촌과 같은 개념. 이웃사촌이 비공식적인 단순한 이웃과의 정에 기초한 것이라면 미국의 인보조합은 공식적인 조직의 특징을 갖는다.

서 이들의 활동은 사회문제의 원인을 찾아 해결하는 데 두고 있다. 이들의 시각은 사회적인 문제는 사회적인 환경에서 유발되고 있다는 생각에서 환경개선을 위한 활동을 전개했다. 주요 활동을 보면 노동조합 결성을 조장하고 탁아, 교육, 공중위생 등 집단을 대상으로 하는 사회사업활동을 했다. 이들의 활동은 사회복지조사나 사회복지정책 등의 기초자료로 활용됐다.

(4) 진보의 시대(1900~1929)

1900년대에 들어오면서 미국의 경제는 비약적인 발전을 거듭한다. 여기에 1914년 제1차 세계대전으로 유발된 전쟁특수는 미국을 세계 최대의 경제대국으로 만드는 계기가 되었다. 경제대국으로 자리 잡으면서 뉴욕은 국제 금융의 중심지로 되어 갔다. 그 과정에서 빈부격차 확대 등 부작용이 나타났다. 한편 이에 대한 반작용으로 자유방임주의 사상이 퇴조하면서 진보주의 사상이 움트기 시작했다. 여기에 1929년의 대공황은 미국의 변화를 촉발하는 동인으로 작용했다. 대공황으로 기업들의 도산과 미증유의 실업이 발생하면서 사회보장정책에 대해서도 새로운 움직임이 나타났다. 우선 규제와 보호에 의한 사회정의를 실현하려는 움직임이 나타났다. 사회보장법이 제정되고 실업보험이 도입됐다. 실업구제를 위해 토목사업을 비롯한 다양한 정책이 실행되었다. 긴급구제법도 이때 제정됐다. 사회정의를 실현하기 위해서 그동안 자유방임주의 사상에 입각하여 개인의 책임으로 미루었던 사회구휼정책에서 정부의 역할을 강화했다. 특히 대규모의 실업에 대해서 민간부문에서 할 수 있는 역량을 넘어서면서 공공부문의 책임이 강화됐다. 이 과정에서 공공 또는 민간의 사회복지시설 및 기관이 지속적으로 증가했다. 이 영향으로 유급 사회복지사가 급속히 증가했다. 이런 움직임은 전문사회복지사의 수요를 유발했고 이는 전문교육기관의 등장을 가져왔다. 이 결과는 전문사회사업을 정착시키는 계기가 되었다.

2) 현대 사회복지정책의 역사

(1) 대공황과 뉴딜정책(1930~1939년)

① 1929년 경제대공황 → 대량의 실업자와 빈곤자 발생
② 사회문제를 해결하기 위해 연방정부의 적극적 개입 시작
③ 사회복지 원칙이나 실천에 큰 변화: 빈곤 원인이 개인 잘못이 아니라 사회 자체의 결함 때문. 따라서 징벌보다 인간적 접근이 바람직
④ 루즈벨트 대통령의 뉴딜(New Deal) 정책: 3R 정책으로 불리는 구제(Relief), 부흥(Recovery), 개혁(Reform)의 일환으로 공공구호사업 등 사회보장제도 시행
⑤ 1935년 8월 14일 사회보장법을 제정·공포: 광의적 사회보장의 용어와 범위가 최초로 제시
⑥ 3가지 주요 프로그램
㉠ 사회보험: 연방노령보험체계와 연방과 주가 함께하는 실업보장제
㉡ 공공부조: 노령부조, 요보호 맹인부조, 요보호 아동부조를 포함하는 3개 프로그램에 대한 연방 지원 제도
㉢ 보건 및 복지서비스: 모자보건 서비스, 절름발이 아동을 위한 서비스, 아동복지 서비스, 직업재활 및 공중보건 서비스 등 시행

⑦ 사회보장법은 3가지로 접근

㉠ 재정보조뿐만 아니라 직접 운영하는 사회보험 부문

㉡ 연방정부가 재정을 보조하고 주정부가 운영하는 공적 부조 부문

㉢ 공공보건 및 복지서비스 부문

⑧ 사회보장법 제정으로 미국 사회복지정책 역사는 크게 변화되기 시작.

(2) 전후 복지개혁시대(1940~1950년대)

① 뉴딜시대도 제2차 세계대전에 의해 완전하게 종식

② 제2차 세계대전 뒤 트루먼 대통령이 등장. 사회보장정책이 더욱 확대되고 개선이 됨.

③ 1950년 사회보장법 개정, 피보호자에 대한 의료비 일부를 연방이 보조

④ 1952년 사회사업교육위원회가 정식으로 설립되면서 사회사업 교육과 기술이 보다 전문화됨.

⑤ 1955년 전국사회복지사협회가 결성됨.

⑥ 1960년대까지 민권운동과 연결되고, 공공 사회복지서비스 시작

⑦ 공공기관에서 공공사회복지사를 통해 카운슬링 서비스 제공

(3) 위대한 사회와 빈곤전쟁시대(1960년대)

① 케네디 대통령 당선으로 실업문제 및 흑인민권운동에 관심이 커지면서 의욕적으로 개혁정책 추구

② 1963년 존슨 대통령 빈곤정책 선언, '위대한 사회' 만들기로 국

민 앞에 약속

③ 1964년 존슨 대통령 연설 중 미 국민의 빈곤정도가 심각하다는 발표에 힘입어 사회복지 프로그램을 위한 자금이 급격히 증가, 이에 힘입어 많은 새로운 프로그램이 생성됨.

④ 이러한 제도적 관점의 프로그램은 사회를 변화시키지 못하고 빈민의 변화를 시도했기 때문에 실패로 끝남.

⑤ 1960년대 후반은 수요자 욕구를 더 잘 충족시키기 위한 환경 또는 제도를 변화시키는 데 새로운 관점을 가짐.

⑥ 사회개혁을 위한 정치적 조직가로서 사회행동가들이 적극적으로 행동함으로써 사회행동은 다시 사회복지 방법의 중요한 부분이 됨.

(4) 신보수주의 시대(1970~1980년대)

① 1960년대 제도적 관점의 진보주의는 1970~80년대에 보충적 관점의 보수적 접근법으로 대치

② 이 기간 중에 새로 시작된 대규모 사회복지 프로그램은 없음.

③ 1980년 미국 경제가 어려움에 직면하면서 레이건 대통령은 약속대로 경제재건, 군사력 강화를 추진

④ 레이건 대통령 재임 중 기업은 전반적으로 번창했으나 빈부격차는 확대.

⑤ 사회복지비 삭감으로 빈자들에 대한 재정적 급여 및 사회서비스가 대폭 감축되거나 없어짐.

⑥ 1988년 공화당 부시 대통령 당선으로 레이건 행정부의 정책 계속 추진, 레이건 행정부에 의해 취해진 사회복지 프로그램과 똑같은

보충적 관점의 보수주의적 접근을 밀고 나감.

⑦ 이러한 보수주의적 정책의 결과 사회문제는 더욱 심각해짐.

(5) 복지변화시대(1990년대 이후)

① 1992년 클린턴 대통령 당선

② 과거 보충적 보수주의 정책 탈피 → 제도적 개혁주의적 관점으로 정책 추진

③ 첫 정책 의료보험제도 → 보수주의자들의 반대로 의회 통과 못 함.

④ 미국 사회보험 재원은 세대 간 이전방식을 취하는데 사회보험의 수입보다 지출이 더 많아져 사회보험 재정에 심각한 압박을 초래. 현행 사회보험제도를 개선해야 된다는 주장이 계속되지만 그 틀은 여전히 유지되고 있음

⑤ 공화당은 공공부조의 대폭적 삭감을 내용으로 하는 복지제도 수정안 제출 → 클린턴은 거부권을 행사하려 했으나 결국 서명함으로써 지금까지와 전혀 다른 공공부조제도를 받아들이게 됨.

⑥ 복지제도 수정으로 빈곤가족이라도 일생에 걸쳐 최대 60개월 동안만 수급 가능, 시민권자 아닐 때 여러 혜택받지 못함.

⑦ 클린턴 대통령이 재당선되어 진보정당인 민주당이 집권했으나 미국 사회 복지정책은 여전히 보수주의 길을 걸어옴.

⑧ 2000년 공화당 조지부시 대통령 당선 이후 미국의 사회복지정책은 대체로 이전의 틀 유지

3) 미국 사회보장제도의 특징

(1) 미국은 전통적으로 사회보험의 역할이 제한적이고 공적 부조의 비중이 비교적 크다. 미국의 복지모형은 개인책임의 원칙을 우선하면서 개인이 스스로 문제를 해결하지 못할 때 사회복지가 보충적 역할을 담당하는 보완적 복지모형에 입각하고 있다. 이런 이유로 미국은 선진국 중 복지문제에 대하여 비교적 소극적인 국가로 평가받고 있다.

(2) 개인의 능력을 중시하는 개인주의 영향으로 평등보다는 능력주의의 입장이 강하다.

(3) 지방분권주의와 연방제도의 영향으로 주정부가 운영하는 제도들이 많으며, 또한 주에 따라 다양한 제도로 운영됨으로서 주에 따라 격차가 심하다.

4) 현 미국 정부의 사회복지 현황 – 오바마의 사회복지정책

오바마의 대통령 당선으로 미국의 기존 정책에 대한 극적인 변화가 나타나고 있다. 정부 역할 확대를 통한 사회복지 정책 강화, 균등한 분배, 환경문제 강화 등이 변화의 중심이 되고 있다. 이 중 보건복지 정책의 변화는 의료보험 강화와 공적연금의 보장성 유지로 요약된다.

핵심은 의료보험제도 개혁이다. 가입자 보호, 포괄적 급여 제공, 공공보험 미가입 저소득층을 위한 조세감면, 가입절차 간소화, 가입자가 원할 경우 이동 허용 등이 골자다. 힐러리처럼 공적 의료보험제도의 도입을 주장하는 것이 아니라 민영 의료보험의 확대 유인을 통한 사각지대 축소를 추구하고 있다. 특히 소기업이 부담하는 의료보험료의 50%까지 조세 감면을 공약하고 있다. 대신 기업은 종업원의 의료보험료 지급 의무를 지도록 하고 있다. 이러한 정책을 통하여 중소기업의 의료보험 부담을 덜어 주는 효과와 근로자에 대한 직장 의료보험 확대 효과를 기대하고 있다.

미국은 우리와 같은 공적 의료보험제도가 없고 민영 의료보험을 기본 축으로 저소득층을 위한 메디케이드, 노인을 위한 메디케어 제도를 두고 있다. 국내총생산(GDP) 대비 의료비 비중이 16%로, 경제협력개발기구(OECD) 국가 중 가장 높은 반면 의료보장 사각지대의 인구가 4,500만 명(15%)이나 된다. 의료보험제도 개혁의 배경에는 이러한 점들이 있다.

오바마는 사회보장제도(공적연금)의 민영화에도 부정적이다. 공적연금 재정의 불안정성을 알리되 사회보장세(연금보험료)는 인상하지 않고 고소득자(25만 달러 이상)에게 2~4%의 추가 세금을 부과하는 등 재정 안정화에 힘쓰고 있다. 또 노령연금 수급 연령 연장에 반대하고, 기업의 퇴직연금에 대한 의무를 강조했다.

고용에 기초한 퇴직저축계정에 대한 접근성 보장과 연소득 5만 달러 이하 노인에 대한 소득세 폐지도 사회복지정책의 주요 내용이다. 중산층의 노후저축 유인을 높이기 위해 일정 소득 이하인 사람들을 지원하는 개인퇴직저축계정 도입과 기업의 개인퇴직저축계정 불입 의무도 주장하고 있다.

오바마는 양극화, 사회적 관용의 상실, 의료보험 등 복지시스템의 붕괴, 에너지 위기, 이라크와 아프가니스탄 전쟁 등 부시정권 8년 동안 잘못된 것들을 고쳐 나가자고 한다. 그 해법으로 프랭클린 루스벨트의 '뉴딜'을 제시하고 있다고 보는 시각이 많다. 노벨경제학상을 수상한 폴 크루그먼은 "뉴딜은 단순한 경기부양책이 아니며 경제를 회복시키면서도 소득 불평등을 극적으로 줄인 정책"이라고 평가했다. 특히 세계적으로 유례가 없는 소득세 증세를 통해 부자들과 근로자들의 소득 양극화를 해소하고 미국을 중산층 중심 사회로 만들었다고 평가하고 있다.

이번 금융위기를 계기로 케인스주의가 다시 살아날지는 알 수 없지만 자유주의 리더인 미국인들이 오바마를 통해 루스벨트 시대를 회상하고 있다는 것은 눈여겨보아야 한다.

5) 미국의 공공부조 제도(개요)

① 보충적 보장소득(SSI; Supplemental Security Income): 빈곤 노인과 장애인에게 제공되는 연방정부의 현금 급여

② 편부모 아동급여(TANF): 부양아동이 있는 편부모 가정에 대한 현금급여(종전의 AFDC)

③ 의료부조(Medicaid): 아동이 있는 저소득 가구, 저소득 노인, 장애인에 대한 의료서비스 제공

④ 일반부조(GA): TANF나 SSI의 수급자격이 없는 빈곤가구나 개인에게 주정부가 제공하는 현금 또는 현물급여

⑤ 식품구매부조(Food Stamp): 부동산을 제외한 자산이 2천 달러 미만(60세 이상자 및 장애인 가구는 3천 달러 미만)인 가구에 대해 지급

⑥ EITC(Earned Income Tax Credit): 근로빈곤층에 대한 소득보전제도, 현재 약 2,100만 가구가 수혜, 미국 최대의 복지제도로 발전

Ⅳ. 우리나라 복지 현황

1. 한국사회복지정책의 역사

1960년대 이후 우리나라의 사회복지정책은 발전의 시기와 정체 또는 퇴보의 시기가 반복되는 역사라고 볼 수 있다. 발전의 시기는 크게 보아 세 차례에 걸쳐 있었다. 첫 번째는 1961년 5·16군사혁명으로부터 1963년 민정 이양되기 전의 시기로서 무려 19개의 복지 관련 입법이 있었다. 두 번째는 1987년 6월 항쟁 이후부터 1990년에 이르는 시기로서 보편적인 성격의 국민연금제도와 최저임금제도가 시행되고, 의료보험 제도가 전 국민을 대상으로 확대되었다. 또한 공공부조를 담당하는 사회복지전문요원 제도가 도입되었으며, 다양한 계층을 위한 사회복지 프로그램들이 전개되었다. 특히 일반회계 대비 보건사회부 예산은 1987년부터 증가하기 시작하여 1990년에는 1961년 이후 최고수준을 기록하였다. 세 번째는 1997년 말 경제위기 이후의 시기로서 급증하는 실업자를 위한 예산 확충과 더불어 대대적인 복지개혁이 시도되었다. 이 시기에 4대 사회보험제도가 정비되었고, 의료보험제도가 통합되었으며, 매우 제한된 빈민들에게만 구호를 제공하던 생활보호법을 폐지하고 권리의식을 강조하면서 모든 연령계층을 포괄하여 구호를 제공하는 국민기초생활보장법을 제정하였다(1999년). 이는 역사상 유례없는 복지개혁이었다.

2. 한국은 복지국가인가?

한국이 복지국가인가 아닌가에 대한 논의는 학자들 사이에서 꽤 오래도록 진행되어 왔다. 김연명(2011) 교수는 한국이 초기 복지국가에 진입했음을 주장하고 있는데 이를 뒷받침하는 국내외 학자들의 논지를 소개했다.

일본 동경대학 다케가와 쇼고 교수는 1998년 이후 한국은 복지국가 형성기에 들어갔다는 입장이다. 싱가포르 국립대학 라메쉬 미쉬라 교수는 한국이 초기적 형태의 복지국가라고 진단한다. 그는 "현재 우리가 한국에서 목격하고 있는 것은, 현재의 추세대로라면, 새로운 복지프로그램이 도입되지 않아도 인구고령화와 복지프로그램의 성숙으로, 끊임없이 팽창하게 될 '초기적 형태의 복지국가(an embryonic welfare state)'"라고 말했다.

국내 학자들 중에서는 서울대 송호근 교수와 성균관대 홍경준 교수가 복지국가의 태동 단계라고 보고 있다. 이들은 "우리는 적어도 제도적으로는 '복지국가'의 초기단계에 돌입했으며 복지제도의 발전을 촉진할 수 있는 사회적 요인들이 과거에 비해 훨씬 늘어났다는 점에 주목하고 있다. 말하자면, '본격적인 복지국가'에 도달하기에는 많은 시간이 소요될 터이지만, 복지국가를 향한 시동은 이미 걸었다고 판단한다"고 설명했다.

아시아권에서 복지국가로 진입한 유일한 나라는 일본이고, 2000년대 초반을 넘어서며 한국의 복지제도 발전 수준은 아시아권에서 일본 다음이다. 전 세계적으로 보더라도 최근에 우리나라와 같이 국가 복지의 팽창속도가 급격히 진행되는 나라는 찾아보기 어렵다는 점을 들어 한국은 세계 2차 대전 이후 후진국에서 출발해 복지국가로 진입할 가능성이 가장 높은 국가 중 하나로 보고 있다.

외국의 학자들 가운데 홍콩 대학교의 이안 홀리데이 교수는 한국은 아직 복지국가로 이동한 것으로 보기 어렵다는 입장을 내놓기도 한다. 그는 "외환위기 이후 한국의 사회복지 개혁은 어느 정도 이뤄졌으나 이것이 동아시아의 생산주의적 복지체제를 벗어나 복지국가로의 체제이동(paradigm shift)을 한 것으로 보기는 어렵다"고 말했다.

하지만 이에 대해 김연명 교수는 "한국은 금융위기 이후 동아시아의 생산주의적 복지체제를 넘어섰다. 그리고 생산주의 복지체제론은 한국 복지체제의 새로운 발전적 흐름을 해석하는 데 이론적 설득력을 잃어버린 것으로 보인다"고 맞받은 바 있다.

이 같은 논쟁에 대해 맨체스터 대학의 폴 와일딩 교수는 한국은 복지국가적 특성과 비복지국가적 성격을 모두 갖고 있다는 중립적 입장을 내놓았다. 그는 "1990년대 중반 이후 한국의 사회복지발전은 인상적이며, 한국은 동아시아의 전통적인 생산주의적 복지체제와 복지국가의 두 가지 특성을 갖고 있는 일종의 혼합형"이라고 밝혔다.

3. 한국의 복지 수준단계

1997년 말 외환위기로 유발된 경제위기 이후 한국의 사회복지는 비약적인 발전을 이룩하였고 세계화가 진행되는 시점에서 복지제도의 급팽창을 경험한 한국의 사례는 국제적인 주목을 받았다. 일본의 아시아 사회복지 전문가들 사이에서 외환위기 이후 한국에서 복지국가가 성립되었다는 진단이 나오기 시작했다. 유럽의 일부 학자들도 한국에서 근대적 복지국가의 성립을 조심스럽게 예측하였고 국내에서도 학자들이 한국의 복지국가 성립을 논의하기 시작하였다(김연명, 2011). 많은 국민들은 한국이 복지국가 단계에 돌입했다는 주장에 의문을 품고 있으나 최근에 들어올수록 한국이 복지국가의 초기 단계의 모습을 갖추기 시작했다는 주장이 점차 설득력을 얻어 가고 있으며 여러 가지 지표에서도 이러한 점을 확인할 수 있다. 한국은 모든 복지국가에 존재하는 연금, 건강보험 등 사회적 위험에 대처할 수 있는 4대 사회보험과 최저생계를 보장하는 공공부조제도(기초생활보장법) 등 핵심적 복지제도를 갖추고 있다. 또한 취약점으로 지적되어 오던 아동보육 등 사회복지 서비스 분야에서도 급속한 예산증가가 이루어지고 있다. 물론 복지국가의 연륜이 깊은 유럽이나 다른 국가들에 비하면 미흡한 것도 사실이다. 아직 국민연금 등 4대 보험에 가입하지 못하거나 국민기초생활보장 제도 등 공공부조를 받지 못하는 비중이 높다. 사회안전망 역시 촘촘하지 못하고 복지전달체계도 아직 효율적이지 못한 점이 있다. 짧은 기간에 복지사업을 급속하게 확대하다 보니 중앙과 지방정부의 역할 분담이 미흡하고 정부 부처 간에도 업무조정이 매끄럽지 못하다. 민관의 역할분담과 업무협력도 원활하지 못하다. 그럼에도 불구하고 사회복지제도의 확충, 성숙과 더불어 총 복지비 지출도 급속히 증가하고 있다. 2000년 GDP 대비 4.74%이었던 복지비 지출이 2008년에 8.3%으로 2배 가까이 증가했고(고경환, 2010) 곧 GDP 10%를 넘어설 것으로 추정된다. 따라서 사회복지비 지출률이 GDP의 10%에 근접하는 경우 성숙한 복지국가라고 말하기는 어렵지만 복지국가의 초기단계의 모습을 갖추고 있다는 증거로 사용되기에 충분하다고 할 수 있다.

예산상 복지재정의 지출규모 추이를 보면 복지지출예산의 증가율이 일반예산증가율보다 매년 높게 상승하고 있다. 2005~2009년간의 복지재정의 연평균 증가율은 10.4%로서 정부총지출 증가율 6.9%를 훨씬 앞서고 있다. 분야별로 증가율을 보면 사회복지 부문이 연평균

증가율 10.7%로 보건 분야의 9.9%보다 높다. 회계별로는 예산의 증가율이 기금보다 높다. 주요 부문별로 보면 취약계층에 대한 지원의 예산증가율이 37.1%로 가장 높고 다음이 보육·가정·여성지원으로 연평균 28.3%의 증가율을 보이고 있다. 이렇듯 복지재정은 향후에도 계속 늘어날 것으로 전망된다. 조세부담의 증대와 함께 복지재정의 지출이 늘어나면 바람직하지만 조세수입은 일정한데 복지지출만 늘어나는 경우에는 재정악화의 원인이 될 것이다.

〈표 2〉 복지재정 지출규모(2005~2010년)

(단위: 조 원, %)

	2005	2006	2007	2008	2009 본예산	2009 추경	2010	합계	연평균증가율
정부 총지출(A)	209.6	224.1	238.4	262.8	284.5	301.8	292.8	1,518.3	6.9
복지재정(B) (총지출대비 비중, B/A)	49.6 (23.7)	56.0 (25.0)	61.4 (25.7)	68.8 (26.2)	74.6 (26.2)	80.4 (26.6)	81.2 (27.7)	397.4 (26.2)	10.4 –
[분야별]									
사회복지	44.5	50.5	56.1	62.9	67.7	73.4	73.9	361.3	10.7
보건	5.0	5.5	5.3	5.9	6.9	7.0	7.3	36.0	7.9
[회계별]									
예산	14.7	14.5	16.8	20.2	23.3	–	25.2	114.7	11.4
기금	34.9	41.5	44.6	47.5	51.4	–	56.0	275.9	9.9
[주요 부문별]								(단위: 억 원, %)	
기초생활보장	46,225	53,438	65,831	72,716	71,427	79,803	73,045	462,485	9.6
취약계층 지원 등	11,686	14,634	19,329	35,072	46,995	63,303	56,502	247,521	37.1
보육·가족·여성	6,786	9,426	12,173	16,690	19,295	19,567	23,568	107,505	28.3
공적연금	160,582	172,025	189,955	214,285	238,197	238,197	259,856	1,473,097	10.1
노동	78,341	93,186	104,294	104,936	117,547	146,846	122,935	768,085	9.4
보훈	25,006	26,985	29,710	31,291	33,597	33,597	36,093	216,279	7.6
주택	116,821	135,459	139,664	154,145	150,171	152,883	167,162	1,016,305	7.4
건강보험 지원	40,375	42,962	41,350	45,539	52,040	52,040	53,826	328,132	5.9

주: 1. 2005~2008년간은 추경을 반영한 최종예산 기준(2007년은 추경 없음)
　　2. 합계 및 연평균 증가율 산출 시, 2009년은 추경 기준(단, 회계별 통계는 2008년과 2009년에 본예산 기준)
　　3. 2008년 회계별 통계(예산/기금)는 본예산 기준(복지재정 67.6조 원)
　　4. '취약계층지원 등'은 3개 부문(취약계층지원, 노인·청소년, 사회복지일반) 합산
자료: 박인화. 복지재정 운용실태와 정책과제. 예산정책처. 2010: 39쪽.

4. 복지 재정의 국제비교

일반적으로 우리나라 복지비 지출은 OECD 평균에도 미치지 못하는 것으로 인식되고 있다. 그러나 몇 가지 통계지표를 보면 우리가 알고 있는 것과 다른 점을 발견할 수 있다. 우선 2007년 IMF 통계를 기준으로 우리나라의 복지지출을 보면 OECD 국가의 정부총지출대비 복지지출 비중이 47.8%인 데 비하여 우리나라는 21.7%에 불과하다. 일반적으로 인식하고 있는 것과 유사하다. 2010년 우리나라 중앙정부의 정부총지출대비 복지지출 비중은 27.7%로 3년 전과 비교하면 빠른 증가율을 보이고 있다. 우리가 인식하고 있는 바와 같이 복지비 증가율이 빠르다. 그러나 IMF 통계에는 우리나라 복지비의 큰 비중을 차지하는 건강보험과 노인장기요양보험을 계상하지 않고 있다. 이는 예산에 계상된 것이 아니라 예산 외로 처리되는 기금에 계상됐기 때문이다.

예산 외 처리 항목까지 고려한 UN 분류기준에 따른 복지지출 추정 자료를 보면 중앙정부의 정부총지출대비 복지지출 비중은 27.7%가 아니라 35.2%이다. 이런 점을 고려하면 IMF 통계는 우리나라의 복지비 지출을 과소 계상했다고 할 수 있다. UN 분류기준에 따른 우리나라의 복지지출(2010년) 수준은 OECD 평균을 100으로 봤을 때 74정도로 나타나고 있다. 이는 우리나라 경제수준과 1인당 GDP 2만 달러가 좀 넘는 상황을 고려하면 결코 낮다고 볼 수 없다. 특히 우리나라의 복지비 증가 추이를 보면 몇 년 안 가서 선진국 수준의 복지비 지출이 예상된다는 점에서 복지비 증가에 따른 세입증대에도 관심을 가져야 한다.

〈표 3〉 통계별로 상이한 우리나라의 복지 지출

자료 출처 (기준년도)	OECD 25개국 평균 IMF 2007	우리나라(중앙정부)			
		IMF 2007	정부 2007	정부 2010	NABO 추정치 2010
정부 총지출(a)	−	−	238.4조 원	292.8조 원	326.3조 원
복지재정지출 (b=c+d)	−	−	61.38조 원	81.25조 원	114.71조 원
−사회복지(c)	36.1%	20.73%	23.5% (56.10조)	25.2% (73.92조)	21.5% (70.03조)
−보건(d)	11.7%	0.99%	2.2% (5.29조)	2.5% (7.33조)	13.7% (44.68조)
정부 총지출 대비 복지지출 비중(b/a)	47.8%	21.7%	25.7%	27.7%	35.2%
OECD 평균(=100) 대비 복지지출 수준	100	45	54	58	74

주: IMF-GFS는 UN-COFOG(Classification of the Function of Government) 기준을 적용하며, 중앙정부 통합
　　재정지출을 분모로 함.
자료: 1. IMF, *Government Finance Statistics(GFS)*, September 2009(CD-ROM).
　　　2. 기획재정부, 「2010 나라살림: 예산개요」, 2010.
　　　3. 국회예산정책처 추정(기획재정부, 보건복지부, 국민건강보험공단 자료에 근거).
자료: 박인화. 복지재정 운용실태와 정책과제. 예산정책처. 2010: 55.

그러나 우리나라 현실을 보면 복지증대에 대한 요구는 많지만 조세부담에 대한 책무는 높지 않다. 지출에는 반드시 이에 맞는 세입이 따라야 함에도 불구하고 조세부담에 대해서는 인식이 낮다. 핀란드, 스웨덴, 노르웨이 등 노르딕 국가나 독일 등 고복지 국가는 조세부담도 높다. 그러나 복지비 지출 확대에 부응한 세원확충은 쉽지 않다. OECD 국가의 세원별 비중을 보면 우리나라는 간접세 위주인 데 비하여 미국과 같은 나라는 직접세 위주이다. 주요 세목의 세율을 보면 우리나라의 세율이 선진국 등 OECD 국가에 비해 낮지 않다.

〈표 4〉 OECD 주요국의 세원별 비중('06년 기준, %)

구분	미국	일본	영국	프랑스	독일	한국	OECD
소득과세	63.4	56.1	49.0	42.5	49.7	38.5	48.5
− 개인소득세	47.8	29.2	35.7	30.7	40.0	19.8	34.0
− 법인소득세	15.5	26.9	13.3	11.8	9.6	18.7	14.5
재산과세	14.5	14.4	15.2	14.0	4.0	18.0	7.4
소비과세	22.1	29.5	35.8	43.5	46.3	43.5	44.1
− 일반소비세	10.3	14.5	22.4	29.6	29.1	21.2	26.8
− 개별소비세	11.8	15.0	13.4	13.9	17.2	22.3	17.3

※ 자료: OECD Revenue Statistics, 2008년 판.
(우리나라는 소득과세의 비중은 낮은 반면 재산과세의 비중은 높은 수준)

우리나라는 소득에 대한 과세비중이 OECD 평균의 80% 수준(간접세가 높다는 뜻)이다. 자영업자의 41%와 근로소득자의 39%가 세금을 내지 않는 비과세 대상이다. 하지만 법인 소득세는 OECD 평균을 상회하고 있다.

보유재산에 대한 과세비중은 OECD 평균보다 높다. 재산세에도 누진세가 적용되며, 골프장 같은 시설에 추가로 세금이 붙은 걸 생각해보면 우리나라가 재산보유에 맞춰 세금을 많이 걷는 나라라고 볼 수 있다.

우리나라는 자영업자가 35% 이상으로 다른 OECD 국가에 비해 월등히 높은데도 불구하고 법인세가 차지하는 비율이 OECD 평균보다 높다. 이것은 기업들의 세금 부담이 적지 않음을 의미한다.

<표 4>에서 알 수 있는 바와 같이 GDP 대비 소득세비중이 낮다는 것은 다른 나라에 비해 세금을 적게 내고 있다는 의미이다. 그러나 면세점 이하의 근로소득자가 39%이고 비과세 자영업자가 41%나 되는 점을 고려하면 세원 확충대상으로 삼기가 쉽지 않다.

결론적으로 우리나라 소득세 세율은 OECD 국가의 평균과 비슷하지만 소득세 비중이 낮은 것은 과세면세자가 많기 때문이다. 또한 법인세율과 상속세율 그리고 재산세율 역시 OECD 다른 국가와 비교해도 낮지 않은 점을 고려하면 직접세 부문의 세율인상을 통한 세원확충방식은 한계가 있다. 복지증대요구에 부응한 재원조달이 필요하다면 직·간접세 간의 세수 비중 조정을 비롯한 세제개편의 조화가 요구된다.

V. 한국의 사회복지 전망과 과제

우리나라는 지난 30여 년 동안 사회복지보다는 경제 성장 중심의 정책에 주력해 왔다. 그 결과 경제발전에서는 상당한 성공을 거두었으나, 이것이 곧 전체 국민의 복지를 자동적으로 보장하지는 못하였다. 그럼에도 불구하고 경제성장은 배고픔의 해방과 탈 빈곤의 계기로 작용했다. 경제성장이 없었으면 국민 삶의 질 향상도 기대할 수 없었을 것이다. 그러나 경제성장제일주의는 물질중심주의를 유발하면서 정신적 빈곤화를 유발했다. 또한 경제성장의 과실이 제대로 된 지역발전과 중산층 확대로 이어지지 못하면서 빈부 격차와 소득 양극화를 초래했다.

경제성장 과정에서 계층 간 지역 간의 불평등을 첨예화시켰고, 물질중심적인 가치지향으로 말미암아 인간상실과 소외감의 문제를 야기해 왔다. 물질만능주의는 공동체를 약화시키면서 가정에서는 자식의 냉대와 정부의 무대책에 소외되는 노인들이 늘어나고 있다. 급속한 산업화와 도시화에 따른 핵가족화, 이혼율의 증가 등 가족기능의 약화로 인해 청소년, 노인 및 결손가정 아동의 문제가 심각할 정도에 와 있고, 산업재해와 교통사고의 다발, 공해 등으로 인하여 선천적·후천적 장애인도 증가하는 추세이다.

한편 사회공동체 약화는 또 다른 문제를 야기하고 있다. 온갖 사회적 차별을 감수하며 비인간적인 삶을 살아야 하는 수많은 장애인들이 존재하는 현실이 오늘날 우리 사회의 모습이다. 이러한 문제를 해결하고 사회문제의 심화를 막기 위한 제도적 장치로서 사회복지 제도의 확대를 적극적으로 추진해야 할 때이다.

이러한 상황을 반영하여 1995년 3월 UN 사회개발정상회의를 참석하고 돌아온 김영삼 대통령은 삶의 질의 세계화를 선언하고 '복지구상'을 발표하였다. 이는 문민정부의 사회복지 확대를 위한 의지를 강하게 표출한 것이다. 그러나 실제로 국민의 삶의 질 향상을 위한 정부차원에서의 노력은 매우 미약한 실정이다. 선언적으로는 국가정책 기조를 바꾸어 사회복지를 확대하겠다는 의지를 보이고 있으나 실제에서는 과거 정권의 틀을 크게 벗어나지 않는 범위에서 소극적인 변화만을 추구하고 있다. 시작을 했다는 데 의미가 있다고 할 수 있다. 이에 현대 복지국가의 기본 이념을 통해 사회복지정책의 나아갈 방향을 살펴보고 우리나라 사회복지 실태와 현 정부가 추구하고 있는 사회복지정책에 나타난 복지이념을 비판적으로 고찰해 보고자 한다.

1. 국민연금을 확대 발전시켜 나가야 한다

우선, 경제적으로 국민연금과 연계해서 살펴보면 국민연금제도를 발전시켜 나가는 데 있어서 가장 큰 과제는 첫째, 안정적 연금재정 확보와 연금사각지대의 해소이다. 연금재정확보는 내는 사람은 더 내고, 받고 있는 사람은 덜 받아야 하지만 내는 사람은 지금도 부담이 높다는 생각이고 받는 사람은 아직도 연금액이 적다고 생각한다. 여기에 연금조차 받지 못하는 사람들이 전체 취업자 가운데 40% 가까이 된다. 이렇듯 연금재정확보는 세입은 늘리고 지출은 줄이는 것이 해결책이지만 구체적 시행에서는 이해관계가 첨예화되어 있어서 쉽지 않다. 국민적 합의를 이끌어 내서 해결해야 할 과제이다. 둘째, 국민연금기금의 안정적·효율적 운용 그리고 셋째는 기존공적연금(공무원 및 군인연금과 사립학교교직원연금)과의 연계, 통합 및 조정방안이다.

2. 미래 사회변화에 대응한 정부의 선제적 정책결정과 행동이 중요하다

사회적 변동에 따른 정책의 선제적 대응은 아주 중요하다. 정책결정과 집행에 있어서는 정보의 자유로운 교환으로 국민의식 수준이 매우 높아졌음을 고려해야 한다. 정부는 사회복지정책을 수립하는 데 일시적인 계획이 아니라 종합적인 계획을 세워서 지속적이고 일관되게 정책을 집행해야 한다. 이런 복지정책의 효과적인 집행을 위해서 먼저 사회복지전문 인력을 양성해야 한다. 이제는 인력의 양적 확대보다는 질적 내실화에 초점을 맞추어야 한다.

여기에 미구에 통일이라는 문제를 간과해서는 안 된다. 언제 통일이 이루어질지는 예측이 어렵지만 통일 과정에서의 복지문제에 대해서도 지금부터 연구하고 대비해 나가야 한다.

3. 국민복지에 대한 국민의 목소리에 귀를 기울여야 한다

정치적 변동에 따라, 민주화가 이루어진 지금 정부에 요구하는 복지에 대한 국민의 목소리는 점점 커지고 있다. 실제 이런 목소리가 정치에 영향력을 미치고 있다. 우리나라 현실에 맞고 국민의 요구를 반영할 수 있는 복지정책이 필요하다.

따라서 이제는 질적으로 높고, 수준 있는 복지정책을 수립하여야 한다. 우선 미래 청사진을 그린 후에 이에 맞추어 종합적인 계획을 세우고 단계적으로 추진할 사회복지정책을 만들어야 한다. 이를 위해 현상과 미래변화를 예측한 복지정책에 대한 연구와 나아가 우리나라 문화와 전통에 부합하는 복지정책연구를 병행해 나가야 한다.

지금까지 형식적 제도의 수립을 중시해 왔다면 이제는 국민생활과 밀착된 정책을 수립하고 집행해 나가야 한다. 국민적 요구를 수용하는 한편 국민에 대한 책무성도 강화해야 한다. 받기만 하고 부담은 피하려는 자세는 안 된다. 혜택에는 반드시 부담도 따른다는 것을 인식시키는 노력이 중요하다. 그래야 정책의 효과성이 높아지는 진정한 복지국가를 이룰 수 있다.

4. 재정건전성과 복지재정확충요구의 상충성을 조화시켜 나가야 한다

사회복지발전을 위해서는 재정적 뒷받침이 중요하다. 국민 모두 복지재정을 부담하려는 의지가 있어야 한다. 부담 없는 복지는 없다는 것을 국민 모두 공감해야 한다. 이런 명제에 국민적 컨센서스를 이루어야 한다. 복지 혜택은 요구하면서 부담은 하지 않으려는 행태는 더 이상 바람직하지 않다. 복지수혜자는 복지를 권리로만 인식하지 말고 사회와 국가에 감사하는 마음을 가져야 한다.

복지는 정부만 할 수 없다. 경제주체 모두가 함께 협력해야 한다. 개인은 일을 통해서 복지를 이루어 나가는 노동복지에 진력해야 한다. 기업은 일자리를 만들고 노동자의 소득창출에 앞서서 이끌어야 한다. 나아가 그늘진 이웃에 대한 사회공헌활동을 확대해 나가야 한다. 사회구호기관이나 복지단체, 자원봉사단체 등 시민사회의 역할도 중요하다. 이들이 개인과 기업 그리고 국가 사이에서 복지의 사각지대나 미흡한 곳을 찾아서 다리를 놔 주고 연결해 주는 역할을 해야 한다. 그리고 직접 복지활동을 전개해 나가면 그 효과는 배가될 수 있다.

현실적으로 복지활동에 재정적으로 기여할 수 있는 주체는 정부 외 개인이나 구호기관 종교단체보다는 기업이다. 기업이 우리 사회실정에 맞는 복지활동을 할 수 있도록 제도적 뒷받침을 해 줘야 한다. 기업은 자발적으로 이런 공공활동에 보다 적극적으로 나서야 한다. 나아가 기업종사자를 위한 기업복지에도 적극 나서야 한다.

5. 물질복지와 정신복지를 조화시키는 복지정책이 필요하다

저소득 빈곤층을 대상으로 하는 현행 소득재분배정책 중심의 복지제도는 근로동기 저하 등 여러 가지 부작용을 유발하고 있다. 노동이 가장 중요한 복지라는 것을 새롭게 인식시켜야 한다. 이를 위해 어린 학생시절부터 일의 가치와 노동의 중요성을 가르치고 자조자립의 정신을 높여야 한다. 근면성실의 자세가 가족과 사회에 대한 책무임을 강조해야 한다. 가족공동체와 사회공동체에 대한 자기책무는 등한히 하면서 복지혜택만 주장해서는 안 된다. 국가에 대한 권리를 주장하는 것만큼 의무도 성실히 이행해야 한다. 모두가 자기 영역에서 책임을 다할 때 건전한 복지사회도 이루어질 수 있다.

그럼에도 불구하고 오늘날 우리 사회에는 물신주의, 과잉이기주의가 팽배해 있다. 이런 상태에서는 복지정책이 아무리 정교하고 복지사각지대가 없어진다고 하더라도 복지수혜자는 만족을 느끼지 못한다. 도움을 받는 사람은 여전히 부족하다고 불평이나 불만을 할 것이다. 복지 수혜자가 정부로부터 받는 편익을 하나의 권리로 인식하면서 이런 경향은 더욱 증가할 전망이다. 이래가지고는 아무리 복지수준을 높여도 만족을 하지 못한다. 이런 현상이 물질복지와 정신복지의 병행 발전이 필요한 이유이다. 물질적인 풍요는 중요하다. 그러나 정신이 뒷받침되지 않으면 물질적 풍요만으로는 행복을 이루기 어렵다. 복지 역시 마찬가지이다. 복지수준이 높아도 스스로 노력하고 땀 흘리는 자세, 도움에는 감사하는 자세를 가져야 복지수준은 향상될 수 있다.

6. 한국형 복지 모형을 개발하고 실현해 나가야 한다

복지는 한 국가의 문화와 전통, 그리고 주어진 상황과 시대적 요구에 부응해야 한다. 오늘날 우리나라의 복지는 제도적으로는 선진국과 큰 차이가 없으나 실행에 있어서는 아직 미흡한 점이 많다. 그 간격을 메우는 작업이 필요하다. 나아가 우리 환경에 맞는 복지모형을 만들고 이에 맞게 실천해야만 효과적이고 효율적인 복지를 기대할 수 있다.

우리가 추구해야 할 복지는 기본적으로 노동능력이 있는 사람과 없는 사람을 구분해야 한다. 노동능력 있는 사람에게는 자립자조의식을 제고시켜서 빈곤의 해소와 복지문제를 해결하도록 유인하고 노동능력이 없는 사람은 국가가 최소한의 삶의 질을 보장하는 재분배정책을 효과적으로 실행해 나가야 한다.

복지는 삶의 질을 높이면서 행복한 삶을 살아가게 하는 것이다. 이를 위해서는 개인, 기업, 정부의 경제주체뿐만 아니라 가족공동체를 비롯한 사회공동체도 함께 노력해 나가야 한다. 사회공동체는 지역사회뿐만 아니라 종교단체, 구호기관, 자원봉사단체 그리고 시민단체 등이 있다. 이들이 함께 나서야 한다.

그동안 우리나라의 사회복지정책은 외국의 선례를 따름으로써 우리 사회에 적합한 사회복지정책의 개발이 부진했었다. 이러한 상황에서 사회복지정책의 이론 구축과 정책프로그램의 개발은 앞으로 사회복지발전을 위한 중요한 과제가 아닐 수 없다. 복지국가로 발돋움을 시작하는 우리나라는 앞으로 정부와 가정, 기업 그리고 사회가 서로 적극적으로 협조를 할 때 비로소 진정한 한국형 사회복지국가를 만들어 갈 수 있을 것이다.

참고문헌

경향닷컴: http://www.khan.co.kr
국민건강보험공단: http://www.nhic.or.kr
보건복지부: http://www.mw.go.kr
사회복지사 카페: http://cafe.daum.net/Sherpa
사회복지사 정보시대 카페: http://cafe.daum.net/cnuhjeju
조선일보: http://www.chosun.com
한국일보: http://news.hankooki.com
참여연대: http://academy.peoplepower21.org/main

김연명. 2011. 『한국 복지국가의 진로와 과제』, 국회입법조사처.
김정기·김진원·문영규 외. 2009. 『사회복지개론』.
노병일. 2011. 『사회복지정책론』.
박인화. 2010. 『복지재정 운용실태와 정책과제』. 예산정책처.
이용환. 2011. 『큰 복지·작은 복지 - 선진화시대의 한국형 복지』. 한반도선진
　　　화재단.
장신철. 2011. 『OECD 국가의 노동시장정책』. 고노동부·한국고용정보원.
홍석표. 2009. 『유럽의 능동적 복지정책 비교연구』, 한국보건사회연구원 [편].

Bent Greve(2007). What Characterise the Nordic Welfare State Model. Journal of
　　　Social Science3(2):43-51.
Susan Kuivalainen and Kenneth Nelson(2010). The Nordic welfare model in a
　　　European perspective. Institute for Framtidsstudier, (Nov) .

제3부
종교적 관점에서 본 좋은 정부

제8장

가톨릭교회의 '좋은 정부'론

나정원*

이 글은 가톨릭교회가 '좋은 정부'에 대해 갖고 있는 기본적인 입장을 소개한다. 가톨릭교회는 어떤 세속 정부가 '좋은 정부'인지에 대한 내용을 다른 종교에 비해 상당히 구체적으로 제시해 오고 있으며, 한국 가톨릭교회는 정교분리의 한국 사회에서 '좋은 정부'를 만들기 위해 지속적으로 노력하고 있다. 가톨릭교회의 '좋은 정부'에 대한 입장의 토대는 성서와 그리스도교로서의 전통이며, 가톨릭교회는 지난 100년 남짓한 시기 이후부터 '좋은 정부'에 대한 구체적인 내용을 시기와 사안에 따라 제시해 오고 있다. 한국 가톨릭교회에서도 이러한 문헌들을 한국 사회의 복음화와 인간화·민주화를 위해 적극적으로 활용하고 있다.

이러한 문헌들을 총괄하여 '사회교리(Social Teaching, Social Doctrin)'

---

* 강원대학교 정치외교학과 교수

라고 부르며, 이 문헌들은 교황 문서, 교회 문헌, 성(省) 문헌, 교황청 평의회와 산하기구의 문헌, 주교회의 문헌, 교회 저술가의 문헌 등으로 구성된다. 교황문서는 레오 13세부터 지금의 베네딕토 16세에 이르는 교황들의 회칙, 교서, 권고, 담화, 연설, 메시지 등이며, 교회 문헌은 가톨릭교회 교리서, 그리고 성 문헌은 신앙교리성, 성직자성, 가톨릭 교육청 등의 선언, 서한, 훈령, 지침 등으로, 그리고 평의회와 산하기구의 문헌은 정의평화 평의회, 사회홍보위원회 등의 문헌들로 구성된다. 이러한 사회교리 문헌들 가운데 기본적인 흐름을 이루는 문헌은 교황 문서이다. 그중에서도 중요한 회칙들은 다음과 같다.

1891년에 교황 레오 13세 회칙으로서 최초의 사회교리 문헌으로 평가받는 '새로운 사태'('노동헌장'이라고도 부름), 노동헌장 반포 40주년 회칙인 비오 11세의 '40주년'(Qurdragesimo Anno; 1931년), 50주년을 기념하는 비오 12세의 '라디오 메시지', 70주년의 '어머니와 교사'(Master et Magistra; 1961년, 요한 23세), '80주년'(Octogesima advenien; 1971년, 바오로 6세), 90주년의 '노동하는 인간'(Laborem Exercens; 1981년, 요한 바오로 2세), 그리고 '100주년'(Centesimus Annus; 1991년, 요한 바오로 2세), 그리고 베네딕토 16세의 '진리안의 사랑'(2009년) 등이 그것이다. 또한 1965년 제2차 바티칸 공의회 문헌중의 '사목헌장(Gaudium et spes)', 1967년 바오로 6세의 '민족들의 발전(Populorum Progressio)', 1987년 요한 바오로 2세의 '사회적 관심(Sollicitudo Rei Socialist)' 등도 주요 문헌이다.

이 글에서는 가톨릭교회의 사회교리 문헌을 바탕으로 '좋은 정부'에 대한 가톨릭교회의 입장이 제시된다. 그 순서는 먼저, '좋은 정부'의 정치이념이다. 가톨릭교회가 절대적으로 지지하지는 않지만 그래도 선호하는 정치이념, 경제이념은 있으며, '좋은 정부'의 기본조건이 되는 내용이다. 다음으로, '좋은 정부'의 이념을 바탕으로 '좋은 정부'가 추구해야 할 목표로서 다차원적인 공동선, 또는 정의의 내용을 다루고, 이어서 '좋은 정부의 운영 원리가 무엇인지를 다룬다. 이상의 내용은 전 세계의 모든 가톨릭교회가 보편교회로서 받아들이는 내용이다. 그 다음으로 한국 가톨릭교회가 이러한 사회교리의 내용을 한국 사회에서 '좋은 정부'를 만들기 위하여 어떻게 적용하고 실천해 왔는지를 민주화와 통일과 관련하여 간단히 살펴본다.

1. 가톨릭교회와 "좋은 정부"의 정치이념[1]

민주주의는 자유와 평등을 기본 가치로 삼고 있지만 이 두 가치는 서로 배타적이고 양립하기 어려우며, 이 둘의 조화는 모든 정치 체제의 과제로 남아 있다. 또한 이 자유와 평등은 기본적으로 정치와 경제 영역에서 민주주의를 규정하는 기본 축이기도 하다. 가톨릭교회는 정치적으로 자유주의(liberalism)의 기본 정신을 존중하면서 그 부정적인 측면의 개선을 촉구하지만, 자유주의를 위한 사회주의 입장에 의한 개선책은 반대한다. 따라서 공동체주의(communitarianism)와 친화성을 갖는다. 가톨릭교회는 경제적으로 자본주의의 기본 정신을 존중하면서 그 부정적인 측면의 개선을 촉구하지만 사회주의 입장에 의한 개선책은 반대한다. 민주주의는 19세기 초중반 자유주의와 자본주의의 발달로 자신을 형성해 갔지만, 정치적 억압과 극단적인 빈부

---

1) 나정원, 가톨릭교회와 민주주의, 『월간 사목』, 2002년 12월호의 내용을 일부 조정하였음.

의 차이라는 부정적인 측면을 드러내었다. 이에 대해 사회주의, 마르크스주의는 비판을 가하고 혁명이라는 방법으로 개선책을 제시하였다. 가톨릭의 '사회적 가르침'은 이러한 사회주의, 마르크스주의에 대한 질타로 제시되기 시작하였다. 가톨릭의 사회적 가르침의 처음 문헌은 '새로운 사태(Rerum Novarum)'이다. '새로운 사태'는 마르크스 사망 후 8년 뒤인 1891년에 교황 레오 13세 회칙으로 선포되었다. 마르크스주의만큼의 역사를 가진 '새로운 사태'는 자본주의에 대한 비판이며 사회주의적 발상의 거부이다. '새로운 사태'는 자본주의와 사회주의의 진화에 따라 더욱 구체적으로 해석되면서 자본주의의 수정과 사회주의 체제의 비판에 이바지해 왔다.

1) 가톨릭교회와 민주주의 – 자유주의: 정치적 자유의 지지와 사회주의에 대한 반대

가톨릭교회는 기본적으로 민주주의를 지지한다. 이기적인 개인주의에 반대하며, 양심의 의무와 사회 참여를 촉구한다(사목헌장 제30, 31항 참조). 그 이유는 사회 참여를 통해 공권력의 남용에 항거하여 자연법과 복음이 보여 주는 한계 내에서 자신과 동포의 이익을 옹호할 수 있기 때문이다(사목헌장 제74항 참조). 그러나 권력 위주의 전체주의적이고 독재적인 민주주의는 거부하며, 현대 생활에 맞는 민주 체제를 발견하는 것이 필요하다(80주년 제37, 47항 참조). 사회주의, 공산주의는 인간 본성에 위배되는 체제로서 정의와 평등을 구현하지 못하기 때문에 강하게 비판된다(사십 주년 제45, 46항; 하느님이신 구세주 참조).

개인, 사회, 국가의 관계에 대해 가톨릭은 개인 자유주의, 사회주의,

그리고 과도한 국가 권력 모두를 거부하며, 공동선을 중심으로 한 구성 주체들의 조화를 주장한다. 자연법에 기초를 둔 민주주의를 선호한다. 공동선에 대해 개인 자유주의는 책임성을 결여하고, 사회주의는 공동선을 지나치게 강조하면서 개인 자유를 침해한다. 과도한 국가주의 역시 사회주의와 마찬가지이다. 자유주의는 사회에 대한 국가의 효과적인 개입을 반대하지만, 국가는 공동선을 위한 활동 영역을 갖고 있다(사십 주년 제12, 21항 참조). 국가는 개인과 사회에 대해 '보조성의 원리'2)에 입각하여 행동해야 한다. 곧 개인의 자유를 침해하거나 사회 영역을 축소시켜서는 안 되며, 개인과 사회의 유효한 보호를 통하여 기본권 보장에 노력해야 한다(사십 주년 제21항; 어머니요 스승 제53항 참조). 따라서 책임 있는 개인들의 자유의사에 입각한, 윤리적인 사회, 정치권력을 갖춘 민주주의 국가에서 공동선은 적절하게 실현될 수 있다. 물론 여기에서 시민 사회 또는 비정부 기구의 자율적인 연대, 국내적－국제적 연대의 가치를 부정하는 것은 아니다. 이 밖에도 민주주의에 대한 분명한 태도는 '백 주년'에 나타난다.

"교회는 민주주의를 높이 평가하는데, 이 체제는 확실히 시민들에게 정치적 결정에 참여할 중요한 권한을 부여하며, 피지배자들에게는 지배자들을 선택하거나 통제하거나 필요한 경우에는 평화적으로 대치할 가능성을 보장해 준다. ……진정한 민주주의는 법치 국가에서만 존재할 수 있으며, 올바른 인간관의 기초 위에 성립한다. ……원칙 없는 민주주의는 역사가 증명하듯이 공개된 또는 위장된 전체주의로 쉽게 변한다(제46, 47항)."

---

2) '좋은 정부'의 운영원리에서 다룰 예정임.

2) 가톨릭교회와 민주주의 – 자본주의: 경제적 자유의 지지와 사회주의
    에 대한 반대

먼저 '새로운 사태'의 내용을 살펴보면, 자본주의에 대한 비판이 지적되고 있다. "노동자는 인정머리 없는 사용자와 탐욕스럽고 무절제한 경쟁 속에서 더욱 고립된 무방비 상태에 놓이게 되었다. ……생산 수단의 거의 모두가 몇몇 사람에게 집중되어 이들 소수 부유층은 근로 계약이란 허울을 쓰고 수많은 노동자에게 노예와 비슷한 굴종을 강요하고 있다(제6항)." 그러나 "사유 재산 제도의 원칙은 인간 본성에 가장 적합하며, 인간 생활의 안정과 평화에 다시없이 잘 부합된다. ……사유 재산은 가장이 자녀 보호와 정당한 자유를 위해 필요하다(제17항)"고 지적한다. 자본주의의 사유 재산 제도의 정당성은 인정하고 있다. 하지만 자본주의의 문제점을 제거하기 위한 해결책은 분명히 제시된다.

자본주의사회에서 국가의 기능도 보조성의 원칙으로 제시된다. "자유롭게 체결한 사용자와의 모든 정당한 계약은 정직하고 완전하게 수행되어야 한다. 사용자의 재산은 침해하거나 사용자의 인격을 손상시켜서는 안 된다. ……종업원은 노예가 아니라 인격의 존엄성을 존중받아야 한다. ……사용자는 힘에 벅차서 감당할 수 없는 작업을 종업원에게 강요해서는 안 되며, 노동자의 연령이나 성별에 부적합한 업무를 노동자에게 맡겨서도 안 된다(제30항)." "노동자가 정당하게 받아야 할 몫을 제대로 줌으로써 정의를 실천하는 것이다. ……부자는 힘으로, 속임수로 또는 고리 대금의 방법으로 노동자의 소득을 가로채서는 안 된다(제32항)." "노동자의 근로 조건을 개선시키는 일은 국가 통치자의 당연한 본분이다. 노동자는 어느 사회에서나 절대 다

수를 차지한다. 국민의 어느 일부를 무시하고 다른 일부를 지나치게 두둔하는 것은 잘못이다. ······가난하고 약한 대부분의 사람들은 스스로를 보호할 수 있는 대책이 거의 없으므로 국가의 보호에 전적으로 의존할 수밖에 없다. ······누구든지 다른 사람의 소유물을 차지하거나 또는 사회주의라는 그릇된 평등사상을 구실 삼아 다른 사람의 재산을 가로채는 것은 정의에도 위배되며 공동선에도 위배된다(제48항)." 또한 "국가 권력이 가정의 내부 문제에 마음대로 개입, 간섭할 수 있다는 사상은 지극히 해롭고 잘못된 것이다. ······시민의 권리를 박탈하기 위해서가 아니라 시민의 정당한 권리를 적절하게 보장하고 시민의 권리를 강화하기 위해서 국가가 개입하는 것이다. 그러나 공권력의 개입은 이 정도에서 그쳐야 하며 더 이상 개입해서는 안 된다. 자연법은 더 이상의 개입을 허용하지 않기 때문이다(제21항)." 결국 '새로운 사태'는 자본주의를 비판하지만 개선을 동시에 촉구하고 있으며, 자본주의 문제를 사회주의로 해결하려는 것에 대해서 분명한 반대 입장을 표시한다.

"사회주의자들은 이 같은 사회악을 제거하기 위해 부유한 자에 대한 가난한 자의 불만을 조장시킴으로써 사유재산제도 자체를 파괴하고 그 대신 개인 재산을 공동 재산으로 만든 뒤 그 관리는 국가나 공공 단체에 맡겨야 한다고 주장한다(제7항)." 그러나 그들의 주장은 문제 해결과는 너무나 근본적인 차이가 있으므로, 그들의 제안이 현실적으로 이루어진다면 노동자 자신들이야말로 제일 먼저 피해를 입게 될 사람들일 것이다(제8항). 또한 사회주의 국가의 기능에도 반대한다. "재산 소유권은 인간과 다른 생물을 구분할 수 있는 근본적 차이점이다. ······인간은 영혼과 이성을 가지고 있으며······ 자연법과 하느님의 섭리 속에서 자신을 다스린다. ……사유 재산 제도는 자연법에 합치되며, 국가보다 인간이 먼저 존재했기 때문에 개인의 재산을 국가의 관리에 맡겨야 할 이유가 없다(제11항).” “사회주의의 기본 원리인 재산의 공유화는 철저하게 배척되어야만 한다. ……사유 재산권은 불가침의 권리로서 신성하게 보호되어야 한다(제23항).” “인간 사회의 수준을 평등이라는 이유로 획일적으로 어느 수준에 고정시킨다는 것은 불가능하다(제26항).”

이러한 자본주의와 사회주의에 대한 비판과 자본주의에 대한 개선의 촉구는 결국 노동조합 등을 통한 노동자 권리 보호의 논리로 이어진다. “자유롭게 체결한 사용자와의 모든 정당한 계약은 정직하고 완전하게 수행되어야 한다. 사용자의 재산은 침해하거나 사용자의 인격을 손상시켜서는 안 된다. ……종업원은 노예가 아니라 인격의 존엄성을 존중받아야 한다. ……사용자는 힘에 벅차서 감당할 수 없는 작업을 종업원에게 강요해서는 안 되며, 노동자의 연령이나 성별에 부적합한 업무를 노동자에게 맡겨서도 안 된다(제30항).” “노동조합의 결성은 노동자의 기본 권리이며 ……국가가 국민의 결사권을 금지해서도 안 되고…… 공동선이란 구실로 부당한 규제를 하지 않도록 온갖 주의를 다 기울여야 한다. ……노동조합은…… 중재로서 분규를 조정해야 하며…… 노동자에게 충분한 일거리를 마련해 주어야 한다. ……노동조합은 반드시 조합원의 육체적 및 정신적 건강과 풍요를 증진시켜야 하는 자체의 목적을 달성하기 위해 가장 적절하고 가장 편리한 수단을 마련할 수 있도록 조직되고 운영되어야 한다(제68항).”

따라서 ‘새로운 사태’의 최종 입장은 다음과 같다. “계층 간의 적대감이 자연적이라는 사상은…… 가장 큰 잘못이다. ……” “노동 없는 자본이 있을 수 없고 자본 없는 노동도 있을 수 없다(제28항).” “두 계급을 화합하도록 만드는 데는 종교적 가르침과 실천보다 더 강력한 것은 없다(제29항).” 계급 적대가 아닌 계급 화합에 대한 호소로 이어지며, 이것을 위한 교회의 역할과 가치를 강조하게 된다. “하느님 앞에서는 가난이 수치가 아니며, 노동으로 생활을 영위하는 것을 결코 부끄럽게 생각할 이유가 없다(제37항).” “그리스도교 윤리가 적절하고 완전하게 실천될 때 물질적 풍요는 저절로 뒤따르게 된다(제42항).” “다른 사람을 위해 언제나 기꺼이 자신을 희생하도록 만드는 사랑이야말로 인간의 세속적 교만과 이기심에 대한 확실한 특효약이다(제83항).”

‘새로운 사태’는 자본주의 기본 개념의 긍정인 동시에 그 자유방임주의적인 성격의 부정이다. 소유권, 자본, 노동에 대해 사회적 성격을 요구하며 국가의 적극적 역할을 강조한다. ‘새로운 사태’는 사회주의 기본 개념의 부정이며 사회주의적 현실에 대한 비판이다. 소유권, 자본, 노동의 사회적·객관적 성격만을 강조하는 무신론적인 태도의 거부이다. 사회 문제를 위한 대헌장(사십 주년 제16항)인 ‘새로운 사태’에 비추어 “자유주의는 사회 문제의 올바른 해결책을 찾는 데에 전적으로 무능함을 보여 주었고, 사회주의는 치료해야 할 해악보다 훨씬 더 큰 불행이 될 개선책을 제시함으로써 더 큰 위험을 맞이하게 할 가능성을 갖고 있었다.” 자유주의는 경제적·국제적 제국주의로 발전되어 갔으며 “이익이 있는 곳에 조국이 있다”라는 생각을 신조로 삼고 있었다(사십 주년 제3항; 노동하는 인간 제13, 14항; 민족들의 발전 제26항 참조). 한마디로 자유주의는 “방종한 자본주의(백 주년

제8항)"였다. 경제 문제의 올바른 질서가 거친 자유 경쟁에 맡겨질 수 없으며 인간 사회의 일치가 계급 갈등 위에 세워질 수도 없다(사십 주년 제37항 참조). 가톨릭의 사회 교리는 자유주의와 마르크스 집단주의 사이에 낀 "제3의 방도"가 아니며 서로 상충적인 해결책들 사이에서 덜 극단적인 차선책은 더욱 아니다. 가톨릭의 정치사상은 이데올로기가 아니며 윤리 신학이다(사회적 관심 제41항 참조).

소유권 사유 재산권의 개인(주의)적 성격은 기본적으로 인정되지만 절대적이지는 못하다. 왜냐하면 사용권(사회적 성격)이 올바르지 못하면 타인의 권리를 침해하기 때문이다. 소유권에는 자선, 선행, 관용의 의무가 주어진다(사십 주년 제20, 22항 참조). 노동과 자본 노동에도 개인적 성격뿐만 아니라 사회적 성격이 부가된다. 그러나 노동은 경제적인 객관적 성격보다는 도덕적·종교적·인격적인 주관적 성격이 더욱 중요하다. 노동이 인간을 위해 있는 것이지 인간이 노동을 위해 있지는 않다. 노동의 객관적 성격만의 강조는 물질주의 경제주의의 오류다. 노동자의 존엄성과 노동의 존엄성은 동시에 강조되어야 한다(백 주년 제6항 참조).

노동에 대한 자본의 부당한 요구는 착취로서 거부되어야 하며 자본에 대한 노동의 부당한 요구, 곧 투자된 자본을 보상하고 돌려주는 데 필요한 것을 제외하고 생산물과 이윤이 모두 노동자의 권리에 속한다는 생각도 공동선이라는 사회적 몫을 고려하지 못하므로 거부되어야 한다(사십 주년 제25항, 제26항; 칠십주년 제76항 참조). 임금은 정의와 공평의 기준에 의해서 결정되어야 한다(칠십주년 제68~71항 참조). 또한 노동자는 회사에서 자신의 몫을 가지며 또한 경영과 생산 관리에 참여하는 것이 좋다(칠십주년 제75항; 노동하는 인간 제8

항 참조)(여기서 회사의 몫에 참여는 종업원 지주제 정도로 생각해도 될 것 같다). 노동자에게는 노동 계약 당사자인 직접 고용주도 중요하지만, 직접 고용주를 제약하는 사회적 환경, 법 사회 보장 등과 같은 조건들이 간접 고용주로서의 역할을 하므로 국가는 간접고용주에 대한 배려를 할 책임이 있다(노동하는 인간 제16, 17항 참조).

노동조합결사권과 집단 내에서의 활동의 자유는 기본권이다(사목 헌장 제68항 참조). 또한 파업 또는 작업 중지권도 보장되어야 한다. 단일 직종의 범위를 넘어서는 단체의 설립에 대해서도 같은 자유가 보장되어야 한다(사십 주년 제36항 참조). 그러나 특히 정치적 목적을 위해서 남용되어서는 안 된다(노동하는 인간 제20항 참조). 노동조합이라는 직능 집단에서는 농부, 중산층뿐 아니라 "노동하는 지식 계급(지식인 노동자)"도 포함된다. 지식인 노동자도 사실상의 무산 계급이다. 노동조합은 "연대성의 원리"에 따라 설립되며 합법적 다원주의에 따라 존재한다(민족들의 발전 제39항 참조). 노동조합은 사회 질서의 재건과 개선에 기여해야지 특수한 정치적 목적에 이용당해서는 안 되므로 어느 정당의 결정에 예속되거나 정당에 너무 밀접하게 유착되어서는 안 된다(사십 주년 제38항; 노동하는 인간 제20항 참조).

국가 자유주의는 사회에 대한 국가의 효과적인 개입을 반대하지만, 국가는 공동선을 위한 활동 영역을 갖고 있다(사십 주년 제12, 21항 참조). 국가는 개인과 사회에 대해 '보조성의 원리'에 입각하여 행동해야 한다. 곧 개인의 자유를 침해하거나 사회 영역을 축소시켜서는 안 되며, 개인과 사회의 유효한 보호로써 기본권 보장에 노력해야 한다(사십 주년 제21항; 어머니요 스승 제53항 참조).

'사회적 가르침'은 성서의 뜻을 시대의 변화에 따라 적절하게 풀어

놓은 구체적인 행동 지침이다. 위와 같이, 정치적으로 자유민주주의를 기본적으로 지지하고 사회주의를 비판하며, 그리고 경제적으로 자본주의를 지지하면서도 비판함과 동시에 사회주의적인 치유책을 거부하는 가톨릭교회의 기본 이념은 '좋은 정부'를 평가하는 기준이 된다.

2. "좋은 정부"의 목표: 공동선

하느님의 피조물인 인간은 공동체를 이루며 산다. 한 개인의 주위에는 가정 공동체, 사회 공동체, 정치 공동체, 민족 공동체, 국제 공동체가 중첩적으로 존재한다. 가정 공동체의 주체는 개인·가족이며, 사회 공동체는 학교·직장·단체, 정치 공동체는 국가, 민족 공동체는 민족, 국제 공동체는 개별 국가가 형성하는 국제사회다. 또한 그리스도인들은 이러한 세속 공동체를 포괄하는 그리스도 공동체를 함께 갖는다. 그리스도 공동체는 모든 세속 공동체의 목표이다. 각 세속 공동체가 그리스도 공동체를 이루기 위해 갖는 목표는 정의(justice)나 공동선(common good)의 개념으로 표현할 수 있고, 목표를 달성하기 위해 실천해야 할 내용까지 합쳐서 윤리라고 부를 수 있다.

가정 공동체에서는 개인 윤리, 사회 공동체에서는 사회정의나 사회 공동선, 정치 공동체에서는 국가정의나 국가 공동선, 민족 공동체에서는 민족정의나 민족 공동선, 그리고 국제 공동체에서는 국제정의, 국제적 공동선, 또는 보편적 공동선을 발전 목표로 삼는다. 따라서 정의와 공동선은 각 공동체에서 가져야 할 행위규범으로서 인간 윤리의 근본을 표현한다. 여기에 덧붙여 20세기 중반 이후 산업화의 영향과 신자유주의적인 세계화의 영향으로 심각해진 환경문제는 교회나 정치이념, 개별 주권 국가를 넘어서 지구를 환경공동체로 만들려는 노력이 계속되고 있으며, 가톨릭교회도 매년 1월 1일 발표되는 세계 평화의 날 담화를 통하여 환경에 대한 관심과 각성을 촉구하고 있다.

'좋은 정부'는 공동선을 위해 존재한다. 공동선이란 '집단이든 구성원 개인이든 더욱 충만하고 더욱 용이하게 자기완성을 추구하도록 하는 사회생활 조건의 총화(간추린 사회교리, 164)'이며, 도덕적 선이 다양한 공동체 차원에서 표현되는 내용이다. 공동선은 모든 인간과 전(全) 인간의 선이다. 왜냐하면 인간은 다른 인간과 '더불어' 다른 인간을 '위하여' 존재하기 때문이다(간추린 사회교리, 165). '공동선을 달성해야 할 책임은 개개인뿐 아니라, 국가에도 있다. 공동선은 정치 권력의 존재이유이기 때문이다. 실제로 국가는 전 국민이 공동선을 달성하는 데 이바지할 수 있도록 시민 사회의 공동선의 표현인 시민 사회의 결속, 일치, 질서를 보장하여야 한다(간추린 사회교리, 168).'

'좋은 정부'는 '공동선을 보장하기 위하여, 각 분야마다 다른 이익들을 정의의 요구와 조화시켜야 하는 각별한 의무가 있다. 집단의 특정한 이익과 개인의 특정한 이익을 올바로 조정하는 일이 사실상 공권력이 맡은 과제 가운데 가장 힘든 일이다. 더욱이 민주주의 국가에서는 대개 국민이 뽑은 다수의 대표자로 결정이 이루어지므로, 통치를 책임진 사람들은 다수의 노선을 따르면서도 소수를 포함하여 그 공동체의 모든 구성원의 실질적 선에 따라 자국의 공동선을 판단하여야 한다(간추린 사회교리, 169).'

3. "좋은 정부"의 운영원리

사회교리의 주요 원리는 '보조성의 원리(principle of subsidiarity)', '연대성의 원리(principle of solidarity)', '재화의 보편적 목적(universal destination of the goods)', '가난한 자들에 대한 우선적 선택(option for the poor)' 등이다. 먼저, 다차원적으로 구성되는 공동체들의 다차원적인 공동선의 실현을 위해서 '좋은 정부'가 운영원리로 삼아야 할 원리는 '보조성의 원리'이다. 또한 정부나 국가는 한 사회 내의 공동체를 종합하고 통괄하는 최고의 공동체인 동시에 국제공동체에 대해 독립적으로 활동하는 공동체이므로 국가 내에 존재하는 공동체들에 대해서는 '연대성의 원리'를 보장해야 하며, 국제공동체에 대해서는 스스로 '연대성의 원리'와 '보조성의 원리'를 작동시켜야 할 의무가 있다. 한편 '좋은 정부'는 '재화의 보편성'을 중시하여, '가난한 자에 대한 우선적 선택'을 해야 한다.

'보조성의 원리'는 '더 큰 상위의 공동체가 한층 더 작은 하위의 공동체가 수행할 수 있는 기능과 역할 하도록 도와주라'는 원리이다. 하위 공동체의 기능과 역할을 빼앗는 일은 불의이고 중대한 해악이며, 하위 공동체 성원들을 파괴하거나 흡수해서는 안 된다. '좋은 정부'는 하위 공동체에 대하여 도움의 자세, 즉 지원과 증진과 발전의 자세를 갖추어야 한다. 보조성의 원리는 '좋은 정부'에 하위 공동체에 대해 경제적·제도적·사법적 지원을 하라는 명령이며, 사회를 구성하는 더 작은 세포들이 살아가는 공간을 사실상 제한하는 모든 행위를 중단하라는 명령이다(간추린 사회교리, 186). '보조성의 원리'는 사회의 고위 권력의 남용에서 사람들을 보호하고, 개인들과 중간단체들이 자신의 의무를 완수할 수 있도록 고위 권력들이 도와주기를 요구한다. 특정 형태의 중앙집권화와 관료화와 복지 지원을 반대하고, 또 공적 기능에 대한 국가의 부당하고 과도한 개입을 반대한다. 하지만 공권력의 개입만이 더 큰 평등과 정의와 평화의 조건을 창출할 수 있을 경우 제도적 대행을 할 수 있으나, 그래도 절대적으로 필요한 기간 이상으로 지속되어서는 안 된다(간추린 사회교리, 187, 188).

'연대성의 원리'는 '한층 더 작은 하위의 공동체가 더 큰 상위의 공동체에 대하여 상호 의존의 유대를 가져야 한다'는 원리이다. '좋은 정부'가 '보조성의 원리'를 작동시키거나 또는 작동시키지 못할 경우, 하위 공동체들은 '연대성의 원리'로서 공동선을 위해 헌신한다. '연대성의 원리'는 진정한 사회 윤리적 연대를 강조하며, '공동선에 투신하겠다는 강력하고도 항구적인 결의'이다. '연대성'은 '인간과 사회 집단 사이를 이어 주는 복합적인 유대를 인정하여야 할 필요성, 그리고 모든 사람이 공유하고 참여함으로써 함께 성장하려는 인간 자유의 필요성을 집약적으로 나타낸다(간추린 사회교리, 193, 194).'

'좋은 정부'는 '재화의 보편성'을 운영원리로 삼아야 한다. '하느님께서는 땅과 그 안에 있는 모든 것을 모든 사람과 모든 민족이 사용하도록 창조하셨기 때문에 창조된 재화는 사랑을 동반하는 정의에 따라 공정하게 모든 사람에게 풍부히 돌아가야 한다.' 모든 사람은 충만한 자기 발전에 필요한 복지 수준을 누릴 자연권을 갖고 있다. 재화의 보편적 목적과 이용이란 말은, 각 개인이나 모든 사람이 만물을 자기 마음대로 처분할 수 있다거나 또는 편리한 대로 이용하거나 소유할 수 있다는 의미가 아니다. 인간들이 재화의 기원과 목적을 잊어버리지 않게 도덕적 원칙들에 입각한 경제관을 키워 나감으로써 공평한 세상, 연대하는 세상, 인간다운 세상을 만들기 위해 공동 노력을 할 것을 요구한다. 사유재산은 공동선에 이익을 가져다주는 방식으로 활용되어야 한다(간추린 사회교리, 171~175).

'가난한 자들에 대한 우선적 선택'은 '재화의 보편적 목적'을 실현하기 위하여 '좋은 정부'가 특별히 관심을 쏟아야 하기 때문에 '좋은 정부'의 운영원리가 된다. '가난한 자들'은 수많은 굶주린 사람들과 곤궁한 사람들, 집 없는 사람들, 의료 혜택을 받지 못하는 사람들, 그리고 더 나은 미래에 대한 희망이 없는 사람들이다. 가난한 자기 형제들에 대한 사랑의 실천은 자선 행위에 국한된 것이 아니라 빈곤 문제의 사회적·정치적 차원들에 대처하는 것도 포함하고 있다. 가난한 이들에 대한 사랑은 정의와 공동선의 실현이며, 재물에 대해 지나친 애착을 갖지 않고 재물을 이기적으로 사용하지 않는 일이다(간추린 사회교리, 182~184).

예를 들어 '좋은 정부'라면 반값등록금 문제에 대해 어떠한 정책을 취할 가능성이 있는지를 유추해 보자. 먼저 지적할 수 있는 사항은 대학교육은 의무교육이 아니라는 점이다. 반값등록금 문제는 의무교육 해당학생들에 대한 무상급식문제와는 다르다. 따라서 국가는 개인에게, 모든 학생들에게 대학교육을 위해 국민 세금을 사용할 의무를 갖지 않는다. 누구나 대학교육을 받을 권리는 없다. 반값등록금, 더 나아가 무상교육으로 대학교육이 이루어진다고 해도, 자유민주주의 사회의 가치 중 하나인 기회 균등이 실현되지는 않는다. '특정 형태의 복지 지원 반대'는 의무교육도 아닌 대학교육에 대한 국민 세금의 지원을 반대하는 의미로 이해 가능하다. 또한 공공 재화의 이러한 사용은 재화의 보편적 목적을 위배한다고 볼 수도 있으며, 대학에 대해 국가가 과도하게 개입하여 대학의 자율성과 창의성을 저해할 수도 있다. 일시적인 정치적 타협으로 반값등록금이 어떠한 형태로 실현된다고 할지라도, 이러한 개입을 제도적으로 지속시키는 문제는 또 다른 논의를 필요로 한다. 왜냐하면 '개입은 필요한 기간 이상으로 지속되어서는 안 되기' 때문이다. 오히려 국가가 공동선의 실현을 위해 해야 할 역할은 보다 거시적이고 장기적인 차원에서 인식과 관행의 근본적인 변화를 유도하면서 제도의 개선을 위한 노력이라고 판단된다. 굳이 4년제 대학에 가게 하지 않고 2년제 대학이나 고등학교의 졸업장으로도 인간적인 존엄성을 훼손당하지 않는 사회를 만드는 일, 이를 위해 임금체계, 고용체계와 연계시켜 교육체계를 바로 잡는 일이 정부가 해야 할 일이다(제186, 287, 289, 290항 참고). 여·야당의 대표나 일부 관료들의 정치적 입지를 위해 정부가 재화를 일시적으로라도 사용하는 일은 정당화의 논리가 매우 약하다. 반값등록금으로 대학을 졸업해도 청년실업자가 되면 악순환의 고리는 계속 이어진다.[3]

이상과 같은 운영원리는 '좋은 정부'가 국내 차원에서뿐만 아니라, 국제적인 차원에서도 실천해야 할 원리이다. 특히 대한민국의 '좋은 정부'가 추구해야 하는 국가공동선은 불가피하게 한반도 통일이라는 민족공동선과 연결되어 있고, 이 민족공동선은 국제공동선 또는 보편적 공동선의 맥락에서 논의되어야 하는 특수성을 갖고 있다. 민족문제와 관련해서는 뒤에서 살펴보기로 한다. '좋은 정부'의 목표와 운영원리의 내용을 표로 정리하면 다음과 같다.

---

3) 나정원, "대학등록금과 공동선, 그리고 사회교리", 『월간 사목』, 2011. 9월호.

공동체	주체／영역	정의: 공동선	생명(생활)	연관 개념	실천 내용
		교회공동체: 그리스도공동체/환경공동체			
교회공동체 그리스도공동체 환경공동체	가정공동체 / 개인 가족 가정	개인정의	하느님의 선물 인간의 존엄성 사유재산-본능 생명권-환경권	인격 인권 자연권 자연법	세속주의, 무신론, 허무주의, 자살 반대 //도덕적 생활, 성가정(자녀-부부), 생명존중-수호
	사회공동체 / 학교 직장 단체	경제정의 사회정의 사회공동선	재화의 보편성 삶의 질 고용 시민권 생명문화	노동(권) 자유민주주의 민주주의 공고화	생명윤리,사랑,자선,관용,교육,봉사, 나눔,선교-복음화
	정치공동체 민족공동체 / 정당 정부 국가 민족	국가정의 민족정의 국가공동선 민족공동선	민주주의 자유주의 자본주의 //사회주의 전체주의 독재주의 관료주의 공산주의	정치의 자유화 경제의 보편화 사회의 다원화 문화의 다양화 한반도 통일	법률 제정·개정 -정치참여폭력배제와 반부패 법치 정치 권리와 의무
	국제공동체 / 세계 국제 사회	국제정의 국제적 공동선 보편적 공동선	발전과 저발전 전쟁과 평화 기후변화 협약	세계화 신자유주의 (탈민족주의) 국제법 유엔헌장	평화유지 군비축소 원조 부채탕감

4. 한국 사회와 가톨릭교회의 '좋은 정부'론

대한민국은 여러 정치 이념 중에서 민주주의를 기본적으로 지지한다. 그것은 분단된 한반도에서 대한민국이 자유 민주주의를, 그리고 북한이 사회주의 또는 공산주의를 표방하기 때문만은 아니다. 사실 북한의 나라 이름도 조선민주주의 인민공화국으로서 민주주의를 전면에 내세우고 있다. 그렇지만 민주주의의 기본 정신인 자유와 평등이 실질적으로 보장되고 있지 못하기 때문에 북한의 민주주의는 껍질에 불과하다. 우리가 지지하는 민주주의는 인간의 존엄성을 위한 자유와 평등이 실질적으로 보장되는 정치 이념이다.

남한의 민주주의는 50년 남짓한 역사를 갖고 있을 뿐이다. 그러나 이 50년 속에서도 12년간의 이승만 시대는 반공이라는 국시(國是)가 국내 정치에 이용됨으로써 자유와 평등의 가치가 실질적으로 보장되지 못하는 국부(國父) 권위주의 시기였으며, 24년간의 박정희—전두환 시대는 군부(軍部) 권위주의 시기로서 정치 이념은 실질적 민주주의와 거리가 멀었다. 그래도 4·19학생 혁명과 1987년 민주화 대투쟁에서 폭발적으로 보여 준 우리 국민들의 민주주의에 대한 절대적 사랑은 이런 36년간의 권위주의 시대에 숙성되어 온 씨앗이었다.

1987년 이후에 우리는 민주주의를 단단히 하는 작업(민주주의의 공고화)을 해 오고 있다. 정치 영역에서는 자유가, 경제 영역에서는 자율이라는 가치가 과거보다 확대되어서 사회는 다원화되고, 문화는 다양화되고 있다. 그러나 아직도 민주주의라는 목표는 멀고, 민주화에는 많은 시간이 걸린다. 민주주의가 우리에게 맞는 정치 이념인지, 우리는 민주주의를 할 수 있는 민족인지 의심을 할 때도 있다. 여기서 우리가 때로는 권위주의를 그리워할 수도 있고, 정치에 아예 무관심할 수도 있다. 또 서양 민주주의를 부러워할 수도 있다. 하지만 서양의 민주주의에서도 자유와 평등이 실질적으로, 그리고 제도적으로 보장된 것은 19세기 중후반 이후 최근의 100년 남짓에 불과하다는 점과 그들의 민주주의도 우리와 마찬가지로 많은 문제들을 계속해서 고쳐 나가는 과정에 있다는 점을 생각하면 우리 민주주의의 부족함에 대해 위안을 얻을 수 있을 것이다. 또 우리나라에서 당장 생각할 수 있는 정치 이념의 대안은 민주주의 이외에 다른 것은 없다는 점을 분명히 인식한다면, 이러한 위안을 바탕으로 민주주의에 대한 우리의 의지를 다질 수 있을 것이다.

민주주의에 대한 우리의 의지는 가톨릭교회의 '사회교리'를 통해 더욱 굳어진다. 가톨릭교회는 정치 이념에 대해 '보편된 교회'로서의 가르침을 제시하고 있다. 여러 종교 가운데 하나로서가 아니라 '하나'인 교회로서 인류가 지향해야 할 바를 가르친다. 민주주의도 인간의 존엄성을 존중한다는 기본 입장에만 찬성할 뿐 부정적인 측면에 대한 비판과 개선의 촉구는 끊임없이 하고 있다.

1) 한국사회의 민주화와 가톨릭교회

1987년 한국사회는 민주화의 계기를 마련하였다. 한국사회에 대한 가톨릭교회의 역할은 특히 제2차 바티칸 공의회를 전후한 시기부터 지금까지 매우 적극적이었고, 한국사회의 민주화와 인간화를 이끄는 동력이었다.4)

먼저, 1987년 이전 사회교리에 바탕을 둔 민주화와 인간화는 교회의 기본정신이었다. 김수환 추기경은 '우리가 민주화를 강조하는 것은 인간화를 위해서입니다. 모두가 인간답게 살 수 있는 그런 인간화가 되지 않는 곳에 참된 민주화는 있을 수 없습니다(강론: '개헌보다 인권문제가 더 시급하다', 1986년 7월 21일)'고 회고한 바 있다. 1987년 이전 민주화와 인간화는 전반적으로는 유신체제, 인권탄압, 부정부패, 정보정치, 용공조작 등 군사독재에 대한 비판을 기조로 하여,

---

4) 나정원,『한국 가톨릭 지도자들의 국가관 연구 - 김수환 추기경과 사회교리: 1969년 이후』, 가톨릭출판사, 2006, 306~314쪽의 내용을 기본으로 하고 있음.

구체적으로는 지학순 주교 석방운동(1974~1975), 전국성년대회를 즈음한 사회정의 구현운동(1974), 언론자유 쟁취운동(1975), 시노트 신부 추방 반대 및 항의운동(1974~1975), 김지하 석방운동(1976), 인혁당사건 진상규명 및 관계당사자 구명운동(1975), 민주구국을 위한 3·1 명동사건 및 관련자석방운동(1976~1977), 전주교구 7·6사태 항의 및 규탄, 동일방직 오물폭력사건, 함평고구마사건, 교회주보 탄압(1978), YH사건, 부마사태(1979), 광주민주화운동(1980), 부산미문화원방화사건(1982), 개헌서명운동, 성고문사건, 이돈명 변호사구속사건, 언론보도지침 폭로사건(1986), 박종철 고문치사사건, 4·13호헌조치, 6·10 민주화 대투쟁(1987) 등과 관련하여 이루어진다.

이러한 사건들을 통해, 1987년 이전 교회의 사회에 대한 입장은, 전국적인 차원에서 천주교주교단, 천주교정의평화위원회 등을 통해 표출되었으며, 그리고 개별지도자로는, 주교로서 전국 및 지역차원에서도 가장 영향력이 컸던 서울대교구 김수환 추기경과 각 교구의 주교들, 그리고 사제들이 민주화와 인간화를 위한 강한 입장 표명과 실천을 위해 노력하였다. "교회는 부정부패 추방 운동과 함께 인권이 유린되고 있는 가난한 도시근로자들에게 노동 3권과 인간의 존엄성을 일깨워 주는 한편으로, 그들을 대신하여 인권 수호 운동에 적극적으로 참여하게 되었습니다. 교회가 이처럼 현실 문제에 적극적이 된 것은 잘 아시다시피 제2차 바티칸공의회의 영향입니다. 이 정신에 입각하여 우리 한국 교회는 그리스도처럼 사람들의 구원을 위해서는 자신의 생명까지도 희생할 각오를 하지 않으면 안 된다고 생각했던 것입니다. 이리하여 명동 대성당은 이 세상의 어둠을 밝히는 등대가 되고 허위와 부정과 불의에 대항하는 메카로 변신하여 오늘에 이르고 있습니다(김수환, '한국의 복음 선교 ― 제3천년기를 맞이하여', 서일본 선교 사제대회 강론, 1999). 민주화의 기본은 비민주적인 정권, 유신정권, 군사독재정권에 대한 저항이다. 비상사태 선언의 철회와 국가 안전 보위법의 철회, 정보 정치의 지양을 촉구한다.

민주화와 인간화의 기초는 제2차 바티칸 공의회와 '사회교리' 문헌이다. 천주교 주교단의 교서: '성년은 하느님, 인간, 가난한 자의 해'(1974년 7월 5일)는 그 근거로 제2차 바티칸 공의회의 "사목헌장", 1971년 로마에서 개최된 주교 시노드가 채택한 "세계정의", "민족들의 발전"을 들고 있다. '사회교의 실천은 종교의 의무'임을 강조한 천주교 주교단 선언문(1974년 7월 25일)은 "지상의 평화"를, 천주교정의구현전국사제단도 선언문: '불의의 타파를 위한 77선언'(1977년 4월 18일)은 "사목헌장" 제15, 19, 74항, "어머니와 교사" 제71항 등을 근거로 구체적으로 지적하고 있다. 천주교정의평화위원회 역시 결의문*: '노동자의 권익보장을 위한 결의'(1982년 3월 10일)는 제2차 바티칸 공의회가 채택한 "현대세계의 사목헌장"을 기본정신으로 하고 있다.

개별 지도자로서는 박정희, 전두환 군사정권에서 주교회의 의장(1970년 10월부터 1975년 2월까지 1차, 1981년 5월부터 1987년 11월까지 2차)을 역임한 김수환 추기경의 역할이 교회의 사회참여에 선도적인 역할을 한다. 김수환 추기경은 강론: '고통받는 모든 이를 위해(1974년 12월 10일)'에서 교황 요한 23세께서 회칙 "지상의 평화"를 언급하면서 민주주의적 삼권분립 원칙은 인간본성의 요구에 합치된다고 지적한 바 있다. 1976년 성탄 메시지에서 서울대교구의 김수환 추기경, 원주교구의 지학순 주교, 인천교구의 나길모 주교는 사회의 정의와 평화의 정신은 사회교리임을 강조하고 있다. 특히 김수환 추기경은 '필연코 져야 할 이 시대의 십자가'에서 '현대 교회가 공의회를 통하여 가르치고 교황들이 교서를 통하여 거듭 강조하는 바와 같이 정의가 구현되고 인권이 보장되는 곳에서만, 모든 이의 생존권과 신교와 언론의 자유 등 인간의 기본 권리가 존중되는 곳에서만 참된 발전과 번영과 평화가 있음'을 강조한다. 이와 같이 위에서 열거한 사건들을 통해, 천주교주교단, 천주교정의구현전국사제단, 천주교정의평화위원회, 그리고 주교들뿐 아니라 사회참여 의식을 갖고 실천하는 일반 사제들의 근거는 사회교리임을 알 수 있으며, 교회지도자들의 이러한 의식과 실천이 신자들의 의식과 실천의 기초가 되었다. 사회교리에 입각한 민주화와 인간화의 노력은 결국 1987년 민주화 대투쟁으로 결실을 맺게 되었다.

한편 2000년 한국천주교 주교회의가 발표한, '우리 교회는 광복 이후 전개된 세계질서의 재편과정에서 빚어진 분단 상황의 극복과 민족의 화해와 일치를 위한 노력에 적극적이지 못하고 소홀히 한 점을 반성하고, 이 과정에서 생겨난 수많은 사람들의 희생을 마음 아파합니다'라는 '쇄신과 화해'의 내용은 국내 차원의 민주화와 인간화를 넘어서, 민족문제와 통일 문제 등에서 교회의 사회참여가 갖는 어려움을 보여 주고 있다. 왜냐하면 "새로운 사태", "사십 주년", "하느님이신 구세주" 등에서 사회교리는 공산주의를 공식적으로 반대하고 단죄하며, 한국교회는 자유민주주의에 의한 통일을 분명히 원하지만, 한국교회 안에는 자유민주주의보다는 민족과 통일이라는 가치를 우선시하는 입장도 존재하기 때문이다. 민족과 통일을 자유민주주의보다 우선시하는 사람들은 북한의 현실은 무시하고 민족공동체를 중시한다. 이들은 남한의 정체성 확립을 위한 이념 논쟁을, 공허하고 소모적인 논쟁으로 매도하면서 기피의 대상으로 만들어 버린다.

1987년 민주화 대투쟁 이후 '나라의 민주화, 사회의 인간화'는 외형적으로는 틀을 갖추었으나, 실질적으로 내실을 다져가야 하는 많은 과제를 아직도 갖고 있다. 한국사회에서는 민주화의 결실을 위해 생명과 환경 등의 분야에서 다양한 사회운동이 전개되고 있다. "백 주년", "진리 안의 사랑"뿐 아니라 그간의 사회교리 문헌을 간략하게 정리한 "간추린 사회교리" 등 사회교리문헌에 입각하여, 교회의 사회 참여도 지속적으로 전개되고 있다. 1987년 이전에 이룬 민주화와 인간화의 큰 틀의 구체적인 내용을 채워가는 미시적인 작업이 진행 중이다(1995년부터 2003년까지의 구체적인 내용은 2004년 발간된 한국 천주교회 총람을 참고. 다음 총람은 2014년에 발행 예정). 특히 인간의 존엄성에 기초한 생명정의의 실현과, 지속가능한 발전을 위한 환경정의의 실현을 위해 교회는 계속 발언을 하고 시정을 촉구하고 있다. 생명윤리를 위해서 올바른 줄기세포의 연구, 산아조절, 장기이식을 강조하고, 낙태, 자살, 사형제를 반대하며, 이를 위한 법률의 제정과 잘못된 법률, 정책을 비판한다. 환경윤리의 확립을 위한 노력은 기후변화 등 환경위기가 심각해짐에 따라 더욱 밀도 있게 진행되고 있다. '세계평화의 날 메시지'는 매년 환경과 자연의 중요성을 강조하면서, 우리 사회의 각성을 촉구하고 있다. 우리 교회도 최근에 제주도 해군기지 건설 문제에서 친환경적인 개발을 강조한 바 있으며, 특히 2010년 이후 4대강 개발에 대해 매우 강력하고 분명한 입장을 표명하면서, 4대강 반대의 노력을 계속하고 있다.

2) 한반도 통일과 가톨릭교회

통일은 '좋은 정부'가 추구해야 하는 국가공동선인 동시에 민족공동선이며, 국제적 공공동선이며 보편적 공동선이다. 하지만 가톨릭교회는 기본적으로 개별 민족을 초월하는 보편 공동체이므로 민족문제를 개별성이 아니라 보편성의 관점에서 이해한다. 따라서 한반도 통일과 관련해서는 민족문제에 대한 가톨릭교회의 입장을 먼저 살펴보고, 다음으로 한국 가톨릭교회의 통일에 대한 입장을 점검하는 작업이 필요할 것이다.

민족(또는 민족국가)문제에 대한 교회의 기본입장은 연대성의 원리, 보조성의 원리, 공동선의 실현이다. 이 세 요소는 표현만 다를 뿐 상호 연결되어 있는 일체이다. 경제 선진국과 후진국, 개발도상국은 형제애에 기초한 연대를 해야 하고, 선진국은 후발국들의 정체성을 인정하면서 경제적으로 도와주어야 한다. 이것이 국제적인 공동선, 정의, 평화의 실현방법이다. 세속 국가권력에 대한 이러한 요구는 교회의 본질로부터 나온다. "교회는 신권으로 모든 민족들에게 다가가는 보편 교회다. 이 보편성은 교회가 이미 세계 도처에 존재하고 모든 민족들을 포용하고자 노력하는 그 사실 자체로 확인된다(어머니요 스승 제181항)." 민족문제에 대한 보편교회의 입장은 그리스도 정신으로 출발한다. 여러 문헌의 내용은 한 마디로 부자 나라들은 가난한 나라들의 민족 고유 가치를 인정하고, 도와주어서, 공동선을 실현하되, 정치─경제적으로 지배하지 말아야 하며, 가난한 나라들은 도움을 받되 민족 고유 가치를 너무 내세우지 말고 보편교회를 지향하라는 말로 요약될 수 있다. 먼저 지적할 것은 민족가치의 인정이다. 19세기 이후 민족국가의 경향 속에서 민족, 특히 소수 민족의 가치는 정당하게 평가되어야 한다(지상의 평화 제94항). '아직도 대부분 그대로 살아 있어 활발하게 작용하고 있는, 오랜 전통적 관습에서 나온 의식, 거기에 도덕률이 의존하는 주요한 선에 대한 의식, 순박한 의식'에는 민족의 진정한 인간성이 깃들어 있으므로, 우리는 이를 마땅히 존중하여야 할 뿐만 아니라 완성시키고 발전시켜 가야 한다(어머니요 스승 제176, 177, 178항). 소수 민족의 성장과 생활력을 억압하고 잠식시키는 어떤 정책도 정의에 대한 중대한 침범이 된다는 것을 분명하게 밝혀 두는 바이다. 만일 민족들을 말살시키려는 경우에는 더욱 중대한 침범이 된다(지상의 평화 제95항).

하지만 도움을 받았던 나라들의 경우도 식민지 개척자들의 공헌을 인정해야 하고 자기 민족 고유 가치를 너무 강조하는 폐쇄된 민족주의에 빠져서는 안 된다. 보편교회를 향한 지향에 도움이 되지 않기 때문이다. 다른 문화에 대한 수용성과 개방성·다양성의 추구를 통해 보편지향은 가능하다. 민족주의의 폐단을 극복하고 진정한 민족의 발전을 도모하는 길이 바로 여기에 있다고 보고 있다. 식민지 시대 이후에 '민족' 또는 '민족국가'의 문제가 제1화두로 등장하지 않기 때문에 이러한 처방은 받아들여질 수 있다. 하지만 식민지 시대에는 가진 자의 입장을 옹호하는 논리로 비쳐질 수 있다. 또한 식민지 시대 선교사들의 과오도 이런 범주에 포함되며, 이 점에 대해서는 한국 교회와 관련하여 서술될 것이다.

다음으로는 '도와주라'는 연대성의 원리를 살펴보자. 선진국은 후발국 고유 민족가치를 존중하면서 도와줄 의무가 있다. '어떤 국가가 자기 노동의 대가로서 하느님의 섭리로 받은 선물을 다른 국가보다 먼저 즐길 수 있다는 것은 자연스러운 일이기는 하지만 그렇다고 해서 어느 국가도 자기만을 위해서 독점해서는 안 된다. 모든 국가들이 제 국민을 인간다운 생활수준까지 향상시키기 위해서뿐 아니라, 또한 전 인류의 공동 발전을 도모하기 위해서 더욱 좋은 것을 더 많이 생산해야 한다. 개발이 늦은 국가들의 빈곤이 더욱 증대하고 있으므로 선진 국가들이 생산품의 일부를 그들의 필요에 응하여 양보하고 나아가서는 지식과 경험으로써 그들을 도와줄 수 있는 교육자, 기술자, 전문가, 학자들을 양성해 주는 것은 당연한 의무라 하겠다(민족들의 발전 제48항).' '온갖 유형의 제국주의와 자기네 패권을 존속시키려는 결의를 극복하고서 더욱 강하고 부유한 국가들은 다른 국가들에 대해서 윤리적인 책임감을 느껴야 마땅하며, 그렇게 함으로써만 진정한 국제체제가 건설될 것이니 그런 체제는 모든 민족들의 평등을 기반으로 하고 동시에 그들의 합법적인 차이성에 대해 필요한 존중을 하는 것이 될 것이다. 경제적으로 취약한 국가들 또는 아직 자급자족하는 수준에 있는 국가들은 다른 국민들과 국제 공동체의 조직을 받아 인문과 문화의 복고를 갖고서 공동선에 나름대로 이바지할 수 있어야 하며, 이 같은 가치들은 이렇게 배려하지 않으면 영원히 잃어버리고 말 것이다. 연대감은 우리로 하여금 다른 사람—인간이든 민족이든 국가든—을 일종의 도구로, 저가로 착취할 수 있는 노동력과 체력을 가진 존재로, 그리고 더 이상 효용이 없을 때에는 내버리리 것으로 보지 말고, 우리 '이웃'으로, '돕는 이(창세 2, 18~20절 참조)'로 보도록 하는 데 도움이 된다. 하느님께서 우리 모두를 동등하게 초대해 주신 생명의 잔칫상에 우리와 똑같이 참여하는 사람으로 간주하여야 한다. 따라서 개인들과 민족들에 관한 종교적 인식을 재각성하는 일이 중요하다(사회적 관심 제39항). 이러한 의무의 실천을 위해서는 도

움을 받는 쪽의 입장을 우선 고려하는 보조성의 원리와 보편교회의
정신에 대한 인식이 필수적이다. 이러한 연대성의 원리 실현을 보편
교회는 끊임없이 촉구하고 있으며, 연대성의 원리 자체가 교회의 정
신이라 할 수 있다. 교회 일치 분야에서 이미 많은 진전이 이루어졌
음을 잘 알고 있지만, 제2차 바티칸 공의회의 소망과 마찬가지로 우
리도 세계 정의의 촉진, 평화의 수립, 민족들의 발전 촉진을 위해서
갈라진 형제들과의 긴밀한 협력을 권장하는 바이다. 이 협력은 주로
인간의 존엄성과 기본적 인권, 특히 종교 자유의 권리를 수호하는 데
에 주력할 것이며, 여기서 종교, 인종, 피부의 색, 문화, 기타 온갖 종
류의 차별 대우를 제거하는 공동 노력이 가능해질 것이다. 이런 협력
은 또한 그리스도인 생활 전체에 관한 복음의 가르침을 함께 연구하
는 데까지 미쳐야 한다. 그리스도교 일치사무국과 교황청 정의평화위
원회는 공동으로 이런 협력의 효과적 촉진을 함께 연구하기 바란다
(세계정의 제55항).

이렇게 민족 고유 가치 존중과 보조성의 원리에 입각한 연대성의
원리가 실천되면 공동선이 구현된다. 한 국가 내에서 개인, 사회, 국
가 각각의 의무와 책임이 정의의 원칙에 따라 실천되면 개인적·사
회적·국가적 공동선이 구현되는 상태가 된다. 또한 이러한 개별 공
동체의 공동선은 국제적 공동선으로 발전되어야 한다. 이 국제적 공
동선의 원리가 바로 연대성의 원리, 보조성의 원리인 셈이다. ‘정치
공동체 사이의 관계들은 정의에 따라 통제되어야 한다. 이는 상호 간
의 권리들을 인정하고, 각개의 의무들을 완성하는 것을 의미한다(지
상의 평화 제91항).’ 정치 공동체들은 그 존립, 그 고유한 발전과 이를
실현하기 위한 적합한 방법에 대한 권리를 갖고 있으며, 이런 권리

행사는 첫 자리에 위치하며, 또한 권리들의 명예와 좋은 평판에 대한 권리를 갖는다. 동시에 정치 공동체들은 모든 권리들을 거스르는 폭력적 행위들을 피해야 할 것이다. 이것은 각 개인들의 사적인 관계들이 다른 이에게 손해를 주면서 자기 이익을 따르는 것이 부당하듯이, 정치 공동체들의 관계에 있어서도 다른 국가들을 압박하고 억압하면서 자신들을 발전시키는 것은 온당하지 못하다. 여기서 성 아우구스티노의 말을 적절하게 인용할 수 있겠다. "정의를 저버리면, 강도의 큰 집단이 되는 것 이외에 어떤 왕국이 될 것인가?(지상의 평화 제92항)." '윤리적 원칙에 기초하는 새로운 질서는 다른 국가들의 안전과 자유, 영토와 범위 및 방위 능력에 손실을 주는 행위를 금지한다. 강대국들이 막중한 발전 가능성과 강한 세력을 갖고 있기에, 강대국들과 약소국들 사이에 경제적 규약을 만드는 것은 불가피하다. 이는 약소국들은 강대국 사이에서 갈등을 겪으면서 중립을 지키고, 정치적 자유와 공동선을 위하여, 그들의 권리를 수호해야 하기 때문이다. 어떤 국가도 이 권리를 부정할 수 없다. 그 이유는 이것이 자연법 자체에의 요청이며 또한 국제법에서도 그러하다. 약소국가들도 또한 그들 자신의 경제적 발전에 대한 권한을 갖고 있다. 이는 약소국가들이 그 물질적 복지, 문화적, 정치적 발전과 함께 모든 인간의 공동선을 합당하게 증진시킬 수 있는 권리의 효과적인 보장책이 된다(지상의 평화 제124항).'

그러나 여기서도 민족 간의 긴장은 존재한다. 정의의 기준과 공동선의 내용이 차별적일 수 있고, 국가권력 간의 갈등이 첨예한 경우에는 서로 다른 기준을 제시하는 것이 국내, 국제정치의 현실이기 때문이다. 다른 민족을 존중하면서 도와주라, 그러면 공동선이 구현된다는 말에는 아주 중요한 현실주의적인 단서, 즉 다른 민족을 지배하려들지 말라는 단서가 붙게 된다. 하지만 이 단서는 매우 이상주의적일 수 있다. 적어도 과거에는 지배했지만 앞으로는 하지 말라는 주문이다. 정의와 평화를 위해, 교회의 이름으로 행해지는 이 주문은 거룩하지만 아주 실현성이 없는 이상적인 요청일 수 있다. 더욱이 갈등의 상황에서 저항권을 인정하고 있는 측면은 교회의 이상 실현을 더욱 어렵게 할 수 있다. 하여튼 공동선의 당위성과 식민주의에 대한 경계는 필요하다. '경제 선진국들은 가난한 나라들에 대한 원조를 통하여 그 나라의 정치 상황을 자국에 유리하도록 바꾸려 하거나 그들을 지배하려는 시도는 결단코 피해야 할 필요가 있다(어머니요 스승 제171항).' '만일 그러한 시도가 자행된다면, 그 이름을 어떻게 위장하든, 그것은 많은 나라들이 최근에야 벗어난 이전의 구시대적 통치를 드러내는 또 다른 형태의 식민주의 지배라는 사실은 명백하다. 그러한 행동은 나라와 나라 사이의 국제 관계에 해를 끼치고, 모든 민족들의 평화를 위협하는 것이다(어머니요 스승 제172, 이후 173, 174, 175항 참조).' 그러므로 경제적으로 발전된 국가들은 여러 형태로 도움을 주는 데 있어서 저개발 국가들의 종족적 특성과 윤리적 가치들을 존중해야 하며, 정치적 지배욕 없이 행동해야 한다. '이렇게 된다면 모든 국가들을 결속시키는 세계 공동체 형성이 분명히 크게 진전될 것이며, 그 공동체의 개별 국가들은 자신의 권리와 의무를 의식하면서 모든 민족들의 번영에 똑같은 관심을 기울일 것이다(지상의 평화 제125항).'

이상과 같은 내용이 가톨릭교회가 취하는 국제공동선, 또는 보편적 공동선 실현의 입장이다. 하지만 여기서 가톨릭교회가 기본적으로 지지하는 정치적-경제적 자유, 즉 자유민주주의와 자본주의는 한국

에서 '좋은 정부'가 통일문제를 다룰 때 견지해야 할 기본 정치이념
이다. '사회교리'에 따르면, 가톨릭교회는 정치적－경제적 자유가 훼
손되는 통일은 지지하지 않는다. 가톨릭교회는 민족 가치보다는 정치
이념을 우선시하는 통일을 지지한다. 따라서 한국 가톨릭교회도 이런
보편교회의 입장을 벗어나지 않는다는 점을 '좋은 정부'는 염두에 두
어야 할 것이다.

　1987년 민주화 대투쟁 이후 '나라의 민주화, 사회의 인간화'는 외
형적으로는 틀을 갖추었으며, 실질적으로 내실을 다져 가야 하는 과
제를 아직도 갖고 있다. 민주화 세력으로서는 군사독재정권이라는 대
상과의 오랜 투쟁을 일단은 마무리할 수 있게 되었지만, 민족공동체
의 수립을 위한 통일운동이라는 또 다른 과제를 수행하면서 민주화
자체의 내실화에도 문제를 가져오게 된다. 왜냐하면 민주화 세력과
통일운동세력은 같은 세력이지만 통일운동에서는 민주화운동의 경
우처럼 국민의 지지를 받지 못하고, 이러한 국민과의 결별은 그나마
초보적인 민주화의 내실을 이루지 못하는 결과를 낳았기 때문이다.
민주화세력은 1987년 이전 군사독재 시절에 '용공'의 조작에도 불구
하고 1987년 6월 민주화 대투쟁을 결절점으로 하여 형식적인 민주화
의 성과를 달성하였다. 그러나 이러한 형식적인 민주화는 지금까지도
'민주주의의 공고화'라는 과제로 계속 내실의 숙제를 갖고 있다. 하지
만 당시 민주화 세력은 1987년 노동자 대투쟁을 거쳐 바로 대선국면
에 접어들면서 자체 분열하였고, 결국 아류 군부정권인 노태우 정권
으로 이어졌다. 이러한 자체분열과 대선 패배 직후 바로 등장한 것이
바로 통일운동이었다. 그러나 통일운동에 대한 국민에 대한 지지는
민주화운동의 경우와는 다르다. 왜냐하면 아무리 '민족'을 내세워도

그것은 '이념'의 문제와 바로 연결되게 되고, 이러한 연결은 남한 '이념'의 상징인 반공법에 압도되게 되며, 여기서 국민들은 통일운동에 대한 지지를 철회하기 때문이다. 더구나 이 통일운동 추진 세력은 1987년 이전의 민주화운동 세력이었기 때문에 통일운동을 통한 지지의 상실은 민주화운동의 결실을 성숙케 하는 추진력을 소진시켰다. 남한에서 민주화에 대한 지지라는 '이념'은 분단의 극복과 민족공동체 수립이라는 '민족'을 압도한다. 이 통일운동에 가담한 교회 내의 세력도 사회교리에 나타나는 '민족'과 '이념'의 상관성을 유념할 필요가 있다. 1960년 학생을 중심으로 한 민주화 세력이 장면 정권을 통한 민주화의 내실화 이전에 바로 통일운동으로 나아가 '반공'을 기치로 하는 박정희 군사독재를 가능케 한 과오가 또다시 되풀이되고만 것이다. 1960년 당시의 상황에서 이러한 '이념'과 '민족'의 갈등은, 노기남 대주교의 재빠른 변신을 통해 가톨릭교회의 희망이었던 장면 정권의 퇴진과 박정희 군사독재의 등장으로 이어졌다. 1987년 이전 교회의 민주화·인간화 노력은 이러한 자기과오 수정을 위한 노력으로도 평가할 수 있다. 노태우 정권 당시 민주화 세력의 좌초는 결국 아류 군부정권의 강화와 안전한 퇴로 보장이라는 3당 합당으로 이어졌다. 이후 민주화 세력은 통일운동보다는 민주화의 결실을 위한 다양한 사회운동, 환경－여성－복지운동 등에 관심을 갖게 되었고, 이러한 움직임은 김대중 정권 이전까지 이어진다.

통일문제에 대한 한국 가톨릭교회의 공식적인 입장은 교회지도자의 언급을 통해 간접적으로 살펴볼 수 있다. 그 대표적인 언급들을 바로 김수환 추기경에서 찾을 수 있다. 한편 김수환 추기경의 통일에 대한 입장에서는 민주화의 경우처럼 사회교리 문헌의 인용을 찾아볼 수 없다. 사회교리 문헌 자체에서도 '민족'보다는 '이념'이 우선이다. 따라서 한민족의 독특한 현실의 해법을 보편교회의 지침에서 직접 발견하기는 힘들다. 하지만 '이념'에 충실한 사회교리의 연역으로 '민족', 통일운동, 민족공동체의 수립에 대한 입장을 정리할 수 있다.

"오늘날에는 공산주의 치하에서 북한의 교회가 침묵의 시대에 처해 있습니다. 그러나 천주교회는 오늘날 모든 사람들과의 사이에 있어, 이념의 차이를 초월하여 용서하고 사랑하는 자세를 잃지 않고 있습니다. 인간을 옹호한다고 하면서도 인간들의 창조주는 인정하지 않는 사람들, 교회를 반대하고 여러 가지 형태로 신앙생활을 박해하는 사람들까지도 우리는 사랑과 대화의 대상에서 제외하고 있지 않습니다. 우리는 '잘못'과 '잘못하는 사람'을 분별합니다. 비록 교회에 대해 잘못된 개념을 가지고 있고, 동포 형제들에게 대해 증오와 폭력을 포기하지 않는 사람이라 하더라도, 그 '사람' 자체는 같은 하느님의 한 근원이며 향해야 할 한 목적이라는 점에서 같은 형제이고 서로 아끼고 사랑해야 할 고귀한 존재인 것입니다(김수환, '북한 동포에게 보내는 메시지', 1975)."

"남북 관계에서 우리는 공산주의의 비리를 이론적인 면과 현실에 비추어 정정당당하게 비판하곤 그들은 또한 남한 자본주의 체제를 정정당당하게 비판할 수 있습니다. 어떤 주의든, 사상이든, 어떤 정치 체제든, 모두 상대적이요, 결함이 있으며 언제나 비판과 반성으로 시정되어 가야 하기 때문에 이렇게 서로 건설적인 비판을 하는 것이 바람직합니다. 그러나 서로 미워해서는 안 됩니다. 미움이 깔려서는 대화도, 평화도 결코 성립될 수 없습니다. 저는 반공은 필요하지만 반공이 곧 미움의 교육이 되어서는 안 된다고 생각합니다. 마찬가지로 북한에서는 우리를 비판하되, 그것이 우리를 미워하는 것으로 인민을 유도해서는 안 된다고 생각합니다('정의 없이 평화 없다', 1978)."

"북한에 복음 선교가 가능하다면 평양 교구장 서리로서 나는 모든 것을 다 바칠 용의가 있습니다. 떳떳하게 신앙생활을 할 수 없는 북한의 형제들에게 신앙의 자유가 주어지기 위해 평양을 몇 번이

고 다녀와야 한다면 어떤 위험이 있더라도 가 보고 싶습니다. 아무
튼 세계가 발전하면 공산 세계도 문호를 개방하고 자유의 바람이
불면 그리스도교를 그대로 받아들이지는 못하더라도 공존하는 것
은 인정할 때가 오지 않겠는가 생각합니다. 사실 공산주의가 종교
의 자유를 탄압하고는 있으나 지금 세계적인 추세는 공산주의와
교회가 공존하는 길을 진지하게 모색하기 시작하고 있습니다. 우리
는 북한 형제들에게 종교의 자유가 빨리 주어지도록 예수님께 꾸
준히 기도해야 할 것입니다('북한동포를 위한 기도를', 1986)."

'잘못하는 사람'은 용서하고, '잘못하는 사람'과 화해하고 일치해
야 한다. "이념과 체제를 앞세워 동족을 미워하고 분단을 정당화해온
지난날의 어리석음을 참회해야 합니다. ……참된 평화는 인간에 대한
깊은 신뢰에서 비롯됩니다. 체제와 이념을 넘어 인간에 대한 신뢰, 민
족공동체에 대한 신뢰를 깊이 뿌리내릴 수 있을 때 평화통일은 가능
할 것입니다(체제를 넘어, 이념을 건너. 평화통일 선언문, 1994)." 그
러나 '잘못'은 반드시 고쳐져야 한다. 체제를 어떻게 넘고, 이념을 어
떻게 건널 수 있을 것인가. 사회교리의 기본정신인 민주화와 인간화
를 포기하고 오로지 '민족'을 교회가 택할 수 있을까. 답은 간단하다.
민주화와 인간화가 이루어지지 않은 북한 사회는 1970~80년대의 남
한의 경우처럼 변해야 한다. 자유민주주의를 표방한 남한의 독재도,
사회주의－공산주의를 표방하는 공산독재도 분명히 거부해야 한다.
북쪽 역시 이념과 체제의 경직성에서 벗어나야 한다(통일을 어떻게
맞이할 것인가, 조찬 연설, 1994). "주체사상이 얼마나 허구인지는 주
체사상 때문에 북쪽은 세상에서 가장 폐쇄적이고 고립된 사회가 되
어 버렸고, 국민은 언론, 종교 등을 비롯한 인간기본권과 자유를 잃고
심지어 제대로 먹지도 못하여 육신마저 굶주리고 있는 참상에서 잘

볼 수 있습니다. 북한은 통일에 앞서 스스로의 생존을 위해서라도 주체사상을 버리고 개방하고 변화되어야 합니다('북한은 변화되어야 합니다', 성모승천 대축일 미사, 1994)." 무엇보다도 종교의 자유가 인정되어야 한다. 이것이 남한과의 진정한 공존을 위한, 통일을 위한 시작이 될 것이다.

또한 남한도 통일을 위해서라도 민주화·인간화의 성숙을 위해 노력해야 하며, 특히 물질주의와 이기주의를 극복해야 한다(민족의 화해와 일치를 위한 미사, 1996, 통일의 걸림돌―물질주의와 이기주의, 1996, 한국의 복음 선교―제3천년기를 향하여, 1999). 남한도 북한도 모두 변해야 한다.

그렇지만 민족공동체를 이루는 통일의 기본은 남한의 자유 민주주의이다. 흡수통일이나 무력통일이 아닌 평화통일이다(성탄수 점화 및 미사, 1991). "우리가 궁극적으로 원하는 평화통일은 말할 것도 없이 자유 민주주의를 전제로 한 통일입니다. 즉, 신앙의 자유, 언론의 자유 등 인간의 기본적인 권리가 보장되는 민주적인 나라, 한마디로 참으로 모든 사람의 인권이 존중되고 인간답게 살 수 있는 나라, 모두가 서로 위하고, 사랑하며 살아가는 그런 사회를 실현시키는 통일을 말합니다(참된 인간화를 추구하는 길, 통일, 1994)." 북한도 나라의 민주화와 사회의 인간화를 이루어야 한다. 민주화와 인간화라는 '이념'은 '민족'보다 우선이다. 남북한 분단 상황에서 '민족'을 추구하는 통일은 보편교회가 인정하는 '이념', 자유민주주의를 기반으로 이루어져야 한다. '거룩하고 보편된' 교회, '지역교회를 통해서 살과 생명을 취하는' 보편교회가 '이념'과 '체제'를 넘고 건너, '민족'만을 추구하는 지역교회의 '다양한 모습과 표현'은 인정할 수 없을 것이며, 분단된 한반도의 특성과 한민족의 고민도 보편교회가 제시하는 '이념' 안에서 이루어져야 할 것이다. 이것이 '보편교회에 개방적이어야 하고, 민감해야 하는' 지역교회의 모습이며, '민족'만을 제1가치로 내세우는 이론이야말로 '납득 못 하는 이론'이 될 것이며, '민족'지상주의는 남북한교회 모두를 '보편성이 상실된 폐쇄적인' 상태로 만들고 말 것이다. 남한과 마찬가지로 북한 역시 '민족'만을 추구하고, '민족공조'를 강조하면서 정치영역에서뿐 아니라 종교 영역에서도 개체성·특수성을 주장한다면 전체성·보편성과 괴리되는 고립주의에 빠져들게 되고 말 것이다. 개체주의와 전체주의의 간극은 민주화와 인간화에 바탕을 둔 정치체제의 수립이라는 과정을 통해 비로소 이루어질 수 있을 것이다.

통일의 원칙을 남북한이라는 두 개의 국가 관계 속에서 사회교리에 입각하여 제시해 보면 다음과 같이 요약될 수 있을 것이다. 통일(민족국가, 민족공동체의 수립)에 대한 교회의 기본입장은 연대성의 원리, 보조성의 원리, 공동선의 실현이다. 경제 선진국인 남한은 후진국인 북한과 형제애에 기초한 연대를 해야 하고, 남한은 북한과 하나의 민족이라는 정신에 바탕을 두어 북한을 경제적으로 도와주어야 한다. 이것이 공동선, 정의, 평화의 실현방법이다. 그렇다고 남한은 북한을 정치─경제적으로 지배하려고 하지 말아야 하며, 북한은 도움을 받되 체제 고유 가치를 너무 내세우지 말고 민주화와 인간화를 추구해야 한다.

가톨릭교회가 지지하는 '좋은 정부'의 내용은 100년이 넘게 축적되어 온 '사회교리' 문헌에서 찾을 수 있다. '좋은 정부'는 가정공동체, 사회공동체, 국가공동체, 국제공공동선이라는 목표를 실현하기 위해서, 보조성의 원리, 연대성의 원리, 재화의 보편성, 가난한 자들에 대한 우선적 선택이라는 원리에 입각하여 운영되어야 한다. 한편 한국 가톨릭교회는 '사회교리'를 토대로 한국사회에서 '좋은 정부'를 만들기 위해 민주화·인간화·복음화의 노력을 계속하고 있다. 통일문제에서 '좋은 정부'는 민족가치보다는 자유민주주의와 자본주의를 더 중시해야 한다는 태도를 한국 가톨릭교회는 견지하고 있다.

참고문헌

1차 교회문헌: 『새로운 사태』
　　　　　　　『40주년』
　　　　　　　『라디오 메시지』
　　　　　　　『어머니와 교사』
　　　　　　　『80주년』
　　　　　　　『노동하는 인간』
　　　　　　　『100주년』
　　　　　　　『진리안의 사랑』
　　　　　　　『사목헌장』
　　　　　　　『민족들의 발전』
　　　　　　　『사회적 관심』

2차 자료
나정원. '가톨릭교회와 민주주의'.『월간사목』. 2002년 12월호
＿＿＿. '대학등록금과 공동선, 그리고 사회교리'.『월간사목』. 2011년 9월호
＿＿＿.『한국 가톨릭 지도자들의 국가관 연구－김수환 추기경과 사회교리:
　　　　1969년 이후』. 가톨릭출판사, 2006

제9장

불교 관점에서 본 좋은 정부론: 새로운 꿈, 새로운 세상

학송 스님[*]

1. 꿈은 이루어진다

사람은 누구나 보다 안락한 삶을 갈망한다. 이런 소망은 이상적인 새로운 세상을 구현하고자 하는 꿈을 인류에게 안겨 주곤 했다.

그 꿈은 한동안 종교에 대한 기대 속에 무르익었으나 종교의 세속화·권력화로 성직자의 타락상만 부추겨 끝내 종교개혁으로 무산되었다. 기대가 무너진 공허감을 정치가 메우는 듯했다. 그러나 권력투쟁과 국가 간 전쟁으로 인류의 불안과 공포·질병과 빈곤·범죄와 갈등만 증폭시켜 안락한 삶에 대한 기대를 송두리째 앗아 갔다.

유일한 희망으로 기대를 모았던 교육마저 인류의 꿈에 부응하지 못하자 과학의 발달과 경제 발전으로 테크노피아의 건설을 꿈꾸며

---

[*] 불영사 주지·수필가

인류는 그나마 안도하고 있다. 그러나 과학의 발달은 고도의 살상무기의 개발로 인류를 공멸시킬 전쟁 위협의 증대와 산업화 과정에서 공해의 증가, 새로운 질병의 발생, 인간성 상실과 빈부격차의 심화, 새로운 범죄의 증가 등 인류의 안락한 삶과는 거리가 먼 인류위기 상황을 창출하고 있어 테크노피아가 결코 인류가 갈망하는 유토피아가 아님이 명백해졌다.

새로운 세상에 대한 갈망은 실망만 고조시켜 지치고 지친 인류에게 꿈을 접게 하고 있다. 전쟁·범죄·질병·빈곤·공해·인간성 상실 등 인류위기 상황을 잠재워 안락한 삶을 보장해 줄 새로운 꿈을 꿀 엄두조차 감히 내기 어려운 실정이다.

세계적 거부의 꿈을 성취한 사람은 많다. 선진부국의 꿈을 성취한 나라도 적지 않다. 초강대국의 권력을 좌우하는 정치인도 번갈아 등장하고 새로운 기술의 개발, 새로운 발명이 쉴 새 없이 이루어지고 있다. 천국과 하느님의 영광을 노래하는 목회자는 넘쳐나고 견성·성불을 힘주어 읊어대는 목탁소리도 끊이지 않고 있다. 정치개혁·교육개혁·새로운 정책 개발·새로운 이념 등등의 희망적 구호 또한 적지 않다. 그러나 이 모두 인류위기 상황을 잠재워 인류의 안락한 삶을 보장하기엔 역부족이다.

'꿈은 이루어진다'는 평범한 진리를 염두에 두건대 전쟁·공해 등 인류 위기상황을 해소시켜 인류의 안락한 삶을 펼쳐 주고자 하는 꿈을 제대로 꾸는 사람이 아무도 없기 때문인가 한다. 제대로 꿈을 꾸는 사람이 있더라도 그 꿈을 더불어 가꾸고 함께 엮지 못하고 있기 때문인지도 모른다. 이 원대한 꿈을 함께 꿈꾸고 더불어 가꾸고자 새로운 꿈 얘기를 해 본다.

2. 좋은 정부 개요

좋은 정부란,

(1) 정치의 본지(本旨)에 입각하여

(2) 시시각각 변화하는 시대상황과 국민의 근기(根機)에 부합하는
방편[정치이념과 정책]을

(3) 시의 적절하게 구사할 수 있는 조직(system)과

(4) 이 조직과 방편을 온전하게 운영할 수 있는 역량을 지닌 인재
를 갖춘 국가 기관으로 정의하고,

이 '좋은 정부'가 갖춰야 할 요건과 이들 요건을 구비하기 위한 전
제조건 등을 중심으로 개괄적으로 고찰하고자 한다.

3. 정치의 본지

한자대전에 의하면 정치(政治)의 '政을 以法正民'으로 정의하고 있
다. '政'은 법으로써 국민을 바르게 함, 곧 '치화(治化; 다스려 교화함)'
를 뜻하므로 政治의 '治'는 '政'의 기능을 부연 강조하는 바여서 政의
접문자로 봐도 될 것 같다.

요컨대 정치 그 본연의 목적과 기능은 '국민을 바르게 함[正民]'에
있고 그 방편은 법(法)인 셈이다. 그리고 법이 지향하는 이념이 정의
(正義)인 점을 유념하면 정치의 목적과 그 수단인 법이 상호 올바름
[正]을 지향하여 궤(軌)를 같이함을 알 수 있어 정치 본연의 목적과 기
능이 以法'正'民임을 돌이켜 보게 한다.

공자가 '政은 正이다'라고 한 말이나 단군왕검께서 건국이념으로

'이화세계(理化世界; 理[이치−진리−바름(으)]로써 세계를 교화)'를 제창하심이 '政治' 본연의 목적과 기능에 부합함을 알 수 있다.

참고로 이화세계와 이법정민을 대비하면 방편인 '이(理)와 법(法)'의 내용과 규범으로서 강제성 여하에 상응하여 제정일치(祭政一致) 시대와 제정분리 시대로 일응 구분 가능할 것 같다. 법이 지향하는 이념이 바름[正義]이어서 이치상 그 내용이 理와 다름없으나 이화세계를 지향하던 제정일치 시대에는 아홉 종류의 인간상 중 철인 이상의 근기를 지닌 사람이 대다수여서 드러난 理를 다들 자발적으로 준수했다.

그러나 점차 금수인간과 학자가 증가함에 따라 강제성을 띤 규범이 요구되어 法에 의한 통치, 곧 제정 분리 시대로 변천된 것이다. 제정일치 시대건 제정분리 시대건 인류가 지향하는 바는 '자아의 완성과 실현'이어서 제정분리의 명분을 正民으로, 그 방편을 法으로 삼아 以法正民을 정치의 본지로 삼게 된 것이다.

정치의 본지인 '법으로써 국민을 바르게 함'이 무슨 뜻인지 제대로 알기 위해 우선 국가의 구성요소인 국민 곧 사람의 근본 내지 존재 특성을 먼저 살펴본다.

1) 사람은 삼위일체적(三位一體的) 존재

사람은 개체적 존재[人]이자 사회적 존재[民]이며 초월적 존재[天] 특성을 지닌 삼위일체적 존재이다. 개체적 존재를 지칭할 때는 개인(個人), 개개인(個個人)이라 하고 사회적 존재를 지칭할 때는 주민(住民), 시민(市民), 국민(國民)이라고 한다.

'개체적·사회적' 존재 특성을 초월적 특성과 연계하여 정의(定義)할 때는 ① '사람이 곧 한얼님[人乃天]'이라 하고 '이웃사랑하기를 한

얼님 받들기처럼 하라[事人如天]거나, 이웃사랑이 곧 한얼님을 섬김이
된다[愛人＝敬天]'고 한다. 그리고 ② '민심(民心)이 곧 천심(天心)'이라
고 한다. 이로 미루어 人＝天＝民인 셈이어서 이 또한 사람은 삼위일체
적 존재임을 잘 설명하고 있다. 인간의 존엄성·정의·행복추구권·평
등·자유 등은 사람의 사회적 존재 특성을 규정한 헌법상 개념이지만
사람의 초월적 특성을 떠나서는 온전히 정립될 수 없는 개념임도 삼
위일체적 존재 특성 측면에서 유의함 직하다.

『불설천지팔양신주경』에 의하면 "인(人)의 왼쪽 획인 ／[별]은 바
르다는 뜻이고, 오른쪽 획인 ＼[불]은 참되다는 뜻이니 항상 바르고
참된 일을 행하므로 그 이름을 사람이라 한다. 한즉 사람[人]은 바르
고 참된 존재[…… 左／爲正 右＼爲眞 常行正眞 故名爲人 …… 人者正也
眞也 ……]"임을 밝히고 있다. 이는 사람의 초월적 특성에 입각하여
그 존재 특성을 규명한 말씀이다.

그러나 개체적 존재 특성상 사람은 자신의 초월적 특성[天: 佛性·
神性·靈性 ……]을 어느 정도 반듯하게 깨달아 이를 제대로 발현하느
냐에 따라 금수인간·학자·철인·달사·이인(異人)·신인(神人)·지
인(至人)·도인(道人)·부처[眞人·完人] 등 아홉 종류의 인간상으로
구분된다.

사람의 초월적 특성은 모든 사람이 동등(同等)하게 구유하고 있으
나 개체적 특성 측면에서 보면 모든 사람은 전생 업습이 달라서 아홉
종류의 인간상에서 보듯 생각과 생김생김과 행동이 다양하게 다른
차등(差等)적 존재이다. 동등한 초월적 특성을 지닌 차등적 개체들이
모여서 사회를 형성한 만큼 사회의 구성원으로서 공동체가 지향하는
목표 내지 목적에 부합하는 사회적 존재로서의 정체성을 부여하기

위한 개념이 평등(平等)이다. 따라서 평등은 사회구성원의 차등 정도
와 공동체의 목표에 따라 그 기준과 내용이 다양할 수밖에 없는 가변
적 개념임을 유념해야 한다.

2) 법으로써 '국민을 바르게 함'이란

'국민을 바르게' 한다 함은 국민 개개인이 구유하고 있는 초월적
특성인 '正과 眞'의 한 내용인 '바름[正]'을 온전히 발현시킴, 곧 '자아
의 완성과 실현'을 뜻한다. 달리 말하면 자신의 초월적 특성을 온전
히 발현하여 개체적·사회적 존재로서 초월적 특성을 개개인의 삶과
사회생활 속에 온전히 구현하는 삼위일체적 존재로 거듭나게 함을
뜻한다.

이는『보행왕정론』에서 '바른 법에 의한 올바른 정치란 국왕뿐 아
니라 모든 인간의 인격완성을 지향하는 것'이라고 일깨운 말씀과도
상통하고 '정치학은 국민들에게 지식과 도덕의 올바른 의미와 정의
의 참뜻을 가르치고 그 구현을 위해 국민의 지성과 덕성의 향상이 필
수 불가결'하다고 역설한 고대 그리스 정치학과도 맥을 같이한다.

[다만 과정적·상황적 여건을 감안하건대 때로는 국태민안(國泰民安), 국
리민복(國利民福)이 우선되거나 경제 살리기 내지 경제 정의(正義)가 국민의
자아완성과 실현을 위한 부수적 전제조건으로 대두되는 상황도 있음을 유념
해야 한다. 그러나 '바름'의 기준을 정치의 궁극적 목적인 정민(正民), 곧 국
민의 자아완성 및 실현과 연계하여 정립해야 정치 본연의 기능이 제대로 유
지될 것이다.]

『보행왕정론』의 말씀과 그리스 정치학의 견해로 미루어 보아도 정
치의 본지는 '법으로써 국민으로 하여금 개개인의 자아를 완성하고
실현하도록 교화(敎化)함'에 있음을 알 수 있다. 따라서 정치의 본지

를 제대로 구현하려면 정치인은 교화의 방편인 절복(折伏: 상대방의 과오를 엄히 책망하여 어리석음이나 그릇됨을 깨닫게 하는 것)과 섭수(攝受: 상대방의 사정을 받아들여 조용히 설득하는 것)를 적절히 활용하는 능력을 온전히 갖추어야 함을 알아야 한다. 그간 개개인의 자아 완성과 실현을 위한 '섭수'는 주로 종교 영역에서, '절복'은 정치 영역에서 주된 방편으로 활용해 왔다.

그런데 그간의 정치는 정치의 본지인 국민으로 하여금 자아를 완성하고 실현하게 하는 교화의 본지에서 벗어나 국민을 억압하고 착취하는 '지배(支配)'로 한동안 혼란의 양상을 노정해왔다. 교화 방편 중 '절복'의 편의와 효율에 길들여졌음을 알 수 있다. 이로 미루어 정치의 본지는 국민을 '교화'함에 있지 결코 '지배함'에 있지 않음을 익히 알아 실천하는 정부가 '좋은 정부'라고 할 수 있다.

3) 정치의 본지에 부합하는 법(法)과 정치인의 자격 요건

정치 본연의 목적과 기능인 '법으로써 국민을 바르게', 즉 '국민으로 하여금 자아를 완성하고 실현하게' 하기 위해서는 ① 그 방편인 법(法)은 그 내용이 발라야[正] 하고, ② 법의 내용이 반듯하려면 법의 제정권자인 정치권력자가 반듯해야 하고, ③ 무엇이 반듯함인가를 알아야 한다. 여기서 정치인에게 고도의 도덕성이 요구되는 까닭과 근거가 명확히 드러난다. 그런데 무엇이 반듯함[正]인가는 정치 철학의 영역이어서 종국적으로는 가장 온전한 지혜를 일깨우는 종교(宗敎)에서 찾아야 한다.

따라서 정치인이 정치를 제대로 하려면 무엇이 반듯함인가를 일깨우고 제시하는 종교－최소한 유교·불교·선교(仙敎: 東仙인 동학과

西仙인 서학<카톨릭·개신교 등>으로 분류)에 두루 밝아야 함은 물론 스스로 반듯한 인물답게 대승적 보살도(菩薩道)를 구현할 수 있는 근기와 역량이 요구됨 또한 예서 명확해진다. 스스로 종교에 두루 밝지 못하면 유·불·선 삼교에 두루 밝은 반듯한 성자(聖者)의 도움을 받아야 함을 알 수 있다.

이는 정치와 종교의 공조가 불가피함을 뜻한다. "금강산에 도인이 없으면 장안에 정승감이 없다"고 한 옛 말씀의 무게를 절감하게 하는 대목이다. 특정 종교에 편향된 정치인이나 자신의 종교관에 갇힌 사이비 종교지도자로서는 무엇이 바른 것[正]인지 제대로 알기 어렵거니와 세상을 바르게 이끌 수 없음을 차제에 명확히 알아야 한다.

그리고 아홉 종류의 인간상 측면에서 볼 때 상위의 인간상에로 자아를 완성해 가는 과정에 종교의 역할이 지대하므로 정치의 본지인 국민 모두의 자아 완성과 실현을 위해서는 종교와의 공조가 불가피하다. 그런데 정치는 국민의 자아완성과 실현을 위해 그 전제가 되는 생존(生存)에 필수 불가결한 물질적 안정을 위한 경제발전과 이를 위한 과학·문화·체육·교육의 균형적 연계발전을 도모해야 하고 이기적 탐애심으로 사회질서를 어지럽히는 사람을 규제하는 치안유지 등 관련 기능과 역할이 다양하다.

그러나 종교는 개개인의 자아완성과 실현을 그 주된 기능 내지 역할로 삼는 차이가 있음을 유념해야 한다. 종교의 지나친 역할확대 내지 정치권력화는 결코 바람직하지 않다는 말이다. '좋은 정부'는 정치와 종교의 적정한 공조에 필요한 역량을 갖추고 이를 발휘해야 하지 종교기능에 예속되어서는 결코 안 됨을 알아야 한다. 그리고 '좋은 정부'는 정치·경제·교육·과학·종교 등 국가 중심 기능의 균형적

발전과 공조를 이끌어 낼 수 있는 제도와 역량을 갖추어야 함도 알
수 있다.

특히 정치의 본지가 '以法正民'임을 유념하면 '좋은 정부'의 정치는
① 국가 구성원의 사회적 존재[民]특성에 주안점을 두어야 하고 ②
개체적 존재로서의 삶인 사생활이나 초월적 영역인 개인의 종교에
개입하지 않아야 하며─다만 개인의 사생활이나 종교 행위가 사회적
행위로 간주될 때는 신중히 개입하여야 할 것이며─ ③ 정치권력은
반드시 법(法), 곧 제도(制度)에 의거하여 국민을 교화[法治]하여야 하
고 ④ 법은 반드시 국민을 바르게 함에 기여하도록 그 내용이 바르고
온당해야 함을 잊지 말아야 할 것이다.

4) 民心은 天心인가!

그런데 무엇이 바른 것인가를 그간의 정치논리로 추구하게 되면
'자유 민주주의 정치 이념과 제도'하에서는 '다수결'로 정해진 바가
'바른 것[正]'으로 간주된다. 이를 뒷받침하는 최상의 논리는 '民心이
곧 天心'이라는 경험적·실증적·역사적 당위성(?)에서 찾는다. 이 논
리가 정당하다면 오늘날 인류의 삶은 안락하고 자아의 완성과 실현
이 보편화되었어야 할 것이다.

그러나 전쟁·범죄·빈곤·질병·공해·인간성 상실 등 현대위기
가 증대 일로에 있는 인류의 현실을 유념하건대 '民心이 곧 天心이다'
는 말씀은 그 당위성에 의문이 제기되고 다수결의 정당성을 뒷받침
하는 논거로는 적절하지 않다고 반론할 수 있다. 이는 대다수 국민이
자신의 초월적 특성인 천연본심(天然本心)이 발현되어 결집될 때 비로
소 民心이 天心이 되는 것이지 개체적 존재 특성인 이기심이 발현되

어 결집될 때는 民心이 결코 天心이 될 수 없기 때문이다.

그리고 시대 상황과 시절 인연에 따라 금수인간·학자·철인·달사·이인·신인·지인·도인·부처 등 아홉 종류 인간상의 분포 비율이 다르겠지만 말법시대 중생계에는 이기적 오욕충족 욕구에 혈안이 된 금수인간과 학자가 절대 다수를 점하기 마련이어서 民心이 天心이되기는 불가하다. 그렇다고 만인에게 공통되고 절대 평등한 초월적 특성을 지닌 모든 사람[國民]의 투표권을 아홉 종류의 인간상에 상응하여 비중을 달리할 수는 없으므로 개체적 존재 특성인 이기심을 순치시켜 초월적 특성을 제대로 발현토록 하는 방편에 착안함이 득책으로 사료된다.

5) 정론(正論)·공론(公論)·중론(衆論)

나아가 이기적 우중(愚衆)의 중생심(衆生心)이 집단 표출된 것에 불과한 衆論은 正論이 될 수 없음에도 불구하고 편의상 다수결의 논리로 정론화한 결과 오늘날과 같은 인류위기가 존속되고 증가될 수밖에 없는 것으로 사료된다. 개체적 존재 특성인 이기심의 순치 없이는 초월적 특성의 발현이 용이하지 않아 民心이 天心이 되기는 불가하다. 다수 전문가의 검토를 거친 公論은 衆論보다는 정론에 가깝지만 이 또한 전문가의 자만심이 제대로 순치되지 않는 한 정론이 되기 어렵다.

正論은 인간의 초월적 특성인 천연본심을 살려 '응당 머문 바 없이 그 마음을 낼 수 있는[應無所住 而生其心]' 경계에 도달한 도인(道人)에게서나 얻어 볼 수 있는 귀중한 것이다. 愚衆의 다수결로 정한 바를 결코 정론으로 간주할 수는 없음을 유념하면 도인과 정치인, 정치와 종교의 공조가 불가피함을 다시금 절감하게 된다. 이에 우리 종교계에 과연 유·불·선 삼교에 두루 밝은 道人이 있는가를 돌이켜 보게 된다. 종교 영재의 조기 발굴과 육성의 필요성을 절감하게 하는 대목이다.

6) 정치와 종교의 공조와 전제조건

政治의 개념에 입각한 정치 본연의 목적과 기능을 살펴본 결과 정치가인들 제대로 그 역할을 다하려면 종교와의 공조가 불가피하고, 종교와 공조하여 정치 본연의 목적과 기능에 충실한 정치를 구현하는 정부라야 '좋은 정부'라 할 수 있다. 문제는 오늘날 종교가 '正과 眞'을 제대로 밝혀 일깨우고 있는 참된 종교인지 성직자들은 솔선하여 바르고 참된 삶을 영위하고 있는가이다.

보라, 전쟁·범죄·공해 등 인류위기를 고조시키는 사안 중 단 한 가지인들 인간의 도덕성 붕괴와 무관한 것이 있는가! 사람의 초월적 특성을 온전히 밝혀 주어 도덕성을 부단히 제고토록 일깨워야 할 성직자들이 제 역할을 하지 않음으로써 인류 위기 상황이 고조되고 있음을 직시하건대 전쟁·범죄·공해·인간성 상실의 주범은 성직자의 허울을 쓰고 종교를 사교(邪<私>教)로 변모시킨 금수인간류와 자신의 소임을 제대로 수행하지 않는 사이비 성직자들임을 간파해야 한다. 그리고 이 시대 인류와 아픔을 함께하는 진정한 성직자가 우리 주변에 있는지 돌이켜 봐야 할 것이다.

성직자라는 허울을 쓴 금수인간류가 사교(邪<私>教)를 종교로 위장하여 앵무새 같은 잠꼬대를 태평가로 삼을 때 '정치의 본지'를 살려낼 '정치와 종교'의 공조는 기대할 수 없다. 진정한 종교의 부활 없이 이상적인 정치의 구현 내지 '좋은 정부'의 출현은 불가하다 할 것이

다. 종교개혁 없이는 진정한 교육개혁도 정치개혁도 불가하다는 말이
다. 그간 우리의 정치인들이 외쳐대는 정치개혁이건 교육개혁이건 거
짓스럽고 실망스러울 수밖에 없었던 까닭이 바로 여기에 있다.

종교·교육·정치 등 국가 중심기능이 유기적 공조하에 삼위일체
로 연계 작동되어야 함에도 각기 엇박자로 놀아나는 현실과 그 원인,
그리고 이로 인한 인류의 위기상황 등을 직시하게 하는 대목이다. 종
교개혁의 방향 내지 새로운 종교의 창출을 절감하게 하는 대목이기
도 하다.

'좋은 정부'의 출현 내지 '정치의 본지'를 온전히 살려 내기 위해서
는 '正과 眞'을 온전히 밝혀 주는 종교, '正과 眞'의 삶을 영위하는 성
직자의 존재가 선결되어야 한다. 그러나 오늘날의 종교와 성직자가
제 본분을 수행하지 못하고 있음을 감안하건대 종교 개혁이 선결 과
제임을 알아 종교개혁 방안을 시급히 구체화하는 노력이 절실함을
공감하리라 본다. 종교개혁을 통한 종교 영재가 양성되면 정치를 그
본연의 기능에 의거 이끌어갈 정치 영재도 양성되고 기존 정치의 개
혁도 순조롭게 진행될 것이다.

7) 종교개혁은 어려운 과제가 아니다

종교로 하여금 그 본래 모습을 찾게 하는 종교개혁 내지 진정한 종
교의 부활은 어려운 과제가 아니다. 우선 유교·불교·선교 등 삼대
(三大) 종교의 교리(敎理)와 교단 운영 실태를 비교하여 ① 이들 종
교가 종교라는 상품을 생산 제공하는 교단(교주) 지향적 종교인지
② 종교의 소비자인 신도 지향적 종교인지를 판단할 수 있는 ③ 기본
역량, 즉 사이비 종교 내지 사이비 성직자를 가려낼 수 있는 역량을

공교육 과정에서 전 국민에게 일깨우고 함양시키는 교육과정 개편을 단행하면 ④ 종교개혁 내지 진정한 종교의 부활은 은연중 실현되게 되어 있다.

이는 헌법상 자유권적 기본권으로 보장하고 있는 '종교의 자유'의 내용 중 하나인 '종교 교육의 자유'를 '종교 교육을 받을 권리' 곧, 사회적 기본권으로 확충하여 보장하는 발상의 전환이 전제된다.

인간은 정신[心]과 육체[物]가 혼연 합일된 존재[物心調和體]여서 인간의 생존은 정신적 건강을 떠나서 생각할 수 없다. 따라서 국민의 정신 건강을 좌우하는 종교에 대해 그 교리의 진정성(眞正性)과 교단 운영의 건전성을 확보하는 노력을 국가차원에서 부단히 경주(傾注)하여야 함을 알아야 한다. 특히 사람의 초월적 특성에 준거한 인간의 존엄성과 인간다운 삶을 제대로 보장하기 위해서는 각 종교 교단 위주의 '종교 교육의 자유', 즉 자유권적 기본권의 보장에서 한걸음 더 나아가 '종교 교육을 받을 권리', 곧 사회적 기본권으로 확충 보장해야 할 이유가 이해될 것이다.

공교육을 통해 '종교 교육을 받을 권리'를 확충하면 ① 종교 영재(英才)의 조기 발굴 및 육성과 ② 종교 교리의 진정성과 교단 운영의 건전성 및 성직자의 자질에 대한 국민의 변별 역량의 제고로 사교邪(私)敎와 사이비 성직자의 발호를 자연 예방할 수 있고 각 종교 교단은 신도 지향적 교단운영이 불가피해져서 종교개혁은 자의반 타의반 순조롭게 진행될 것이다.

다음으로 각 교단의 자정능력 함양을 위해 회계의 투명성을 국가가 제도적으로 확보하고 각 교단 성직자의 자격기준 또한 일반 사회적 기준에 상응한 법적 기준에 부응토록 해야 한다. 나아가 유교·불

교·선교 등 三敎로 분화되기 이전의 뿌리 종교를 찾는 노력을 경주
하면 종교 간 분쟁은 종식되고 진정한 종교의 부활로 종교계는 본연
의 자리로 돌아가 우리 모두로 하여금 자아를 완성하고 실현하는 꿈
을 반듯하게 일깨우는 역량을 다시금 발현할 것이다.

종교가 제자리로 돌아가 제 기능을 발휘하면 모든 사람들은 자신
의 초월적 특성인 천연본심(天然本心)이 발현되는 무한한 행복감으로
도덕성이 부단히 제고되어 분명 새로운 꿈을 꿀 것이다. 새로운 희망
으로 활기차고 안락한 새로운 세상을 꿈꿀 것이어서 진정 '세상은 꿈
꾸는 사람의 것'이 될 것이다.

그 즈음엔 그간 사이비 성직자의 타락상을 빌미로 온갖 부정과 비
리를 일삼던 부패 정치인의 그릇된 타성은 더 이상 찾아보기 어렵게
될 것이어서 외형상의 정치개혁은 은연중 순조롭게 진행될 전망이다.
나아가 교육 또한 새로운 꿈을 온전히 성숙시키는 본연의 기능에 충
실하게 될 것이다.

4. 좋은 정부의 정치이념

1) 자유 민주주의와 사회주의[공산주의]

자유 민주주의는 ① 국민 개개인의 초월적 특성에 기한 '인간의 존
엄성'을 존중하고 개체적 존재의 자유를 최대한 보장하고자 하므로
② 사회 공동체의 정체성을 확보하기 위한 평등은 개개인의 기회균
등을 보장하는 것이 최상의 방책인 줄 알고 이에 만족하도록 국민을
설득한다. 그러나 국민 개개인은 능력의 격차가 심한 차등적 존재여
서 기회의 균등은 허울 좋은 평등일 뿐 경제력 등 각종 능력의 차등

으로 빈부격차는 심화되고 이로 인한 빈부 간 대립과 갈등의 격화로 사회 공동체로서의 정체성을 유지하기 어려운 단점이 있다.

이 단점을 개선하고자 주창된 사회주의는 ① 사람의 초월적 특성과 개체적 특성을 무시하고 ② 사회적 존재 특성에 치중하여 '인간의 존엄성과 개개인의 차등적 격차'를 도외시한 산술적 평등을 내세워 ③ 실현 불가능한 '환상의 평등'에 사로잡혀 온갖 시행착오를 거듭하고 있다. 특히 폭력적 방법을 총동원한 공산혁명의 폐해는 심각한 후유증을 지금껏 구'소련'연방에 안겨 주고 있다.

단적으로 말해 자유 민주주의와 사회주의는 ① 국가 구성원인 국민은 초월적 존재이자 사회적 존재이며 개체적 존재인 삼위일체적 존재라는 사실을 모름에서, 그리고 ② 진정한 민주주의를 모름에서 착안된 어리석은 이념임을 알아야 한다.

2) 진정한 민주주의란 '바르고[正] 참[眞]되기'

'국민의 지배'를 의미하는 정치적 민주주의는 원래 왕권이나 귀족에 의한 지배에 반대하는 '평민(平民)의 지배'를 뜻하나 각 국가의 고유한 정치·문화를 배경으로 각기 독특한 형태로 생성·발전하므로 민(民)의 의미도 다의적이다. 예컨대 공산주의자는 '무산계급의 독재'를 민주주의라고 주장하므로 여기서 '민'은 무산계급을 뜻한다. 그러나 무산계급의 이름으로 극소수의 전위대가 혁명을 주도하여 집권한 소련도 민주국가라고 하므로 여기서 '민'은 곧 전위대를 뜻하게 된다.

국민의 지배를 뜻하는 민주주의는 시대와 사상적 배경에 따라 지배의 주체인 '국민'의 범위가 이와 같이 상이하다. 그러나 공통된 것은 그것이 특정계급을 가리키든 특수집단을 지칭하든 간에 민주주의에서 '민'은 사람의 집단임은 분명하다.

그런데 사람은 개체적 존재[人]이자 사회적 존재[民]이며 또한 초월적 존재[天]인 삼위일체적 존재이다.

자고로 '민심(民心)은 천심(天心)'이라고 하거나 '이웃사랑하기를 한얼님 받들기처럼 하라[事人如天]'거나 '이웃사랑이 곧 한얼님을 섬김이 된다'거나 '사람이 곧 한얼님[人乃天]'이라 함도 사람이 삼위일체적 특성을 지닌 존재임을 설명하는 말임을 앞서 살펴보았다. 즉, 민은 곧 천이요, 천은 곧 인[民＝天＝人]이므로 民主化란 곧 天主化요, 人主化란 말이 된다.

따라서 민주주의를 바로 알려면 천(天)이나 민(民) 또는 인(人)을 바로 알아야 한다. 앞서 살펴본 바와 같이 『불설천지팔양신주경』에서 "인(人)의 왼쪽 획인 ／[별]은 바르다는 뜻이고, 오른쪽 획인 ＼[불]은 참되다는 뜻이니 항상 바르고 참된 일을 행하므로 그 이름을 사람이라고 한다. 한즉 사람은 바르고 참된 존재"임을 밝히고 있다. 이는 초월적 특성[天]에 입각하여 사람의 존재 특성을 규명한 말씀으로써 사람은 바르고 참된 존재이므로 민주화란 곧 천주화이자 인주화인 정화(正化)요 진화(眞化), 즉 '바르고 참되기'이고 '민주주의'란 '바르고 참되기'를 그 이념으로 한다 할 것이다.

진정한 민주화를 이와 같이 '바르고 참되기'로 정의하면 민주화 구호 중 정치영역에서 4·19 이후 줄곧 '부정(不正)·부패·비리의 척결' 요구나 경제영역에서 '분배의 공정(公正)' 촉구, 그리고 교육영역에서 '참교육'의 구호 등이 등장하게 된 이유도 쉬이 이해될 것이다.

그리고 민주적 의사결정 방법으로 만장일치 내지 다수결을 채택하는 것은 민심이 천심이듯 다수인의 의사가 바르고 참될 가능성이 높기 때문이다. 그러나 '소돔과 고모라'의 만장일치가 바르고 참된 민주가 될 수 없듯이 대다수가 바르고 참되지 못할 때 다수결이든 만장일치든 결코 진정한 민주화의 길이 되지 못한다. 따라서 진정한 민주화는 대다수 구성원이 바르고 참되다는 전제조건이 충족될 때 비로소 실현 가능한 것임을 알아야 한다.

상대방을 서로 한얼님[人乃天]처럼 존중하여야 함에도 불구하고 유산자(有産者)라고 하여 타도하고 무산계급의 독재를 내세워 수많은 사람을 무참히 죽이는 공산혁명은 결코 민주적이라 할 수 없다. 공산혁명은 일방을 제거하므로 생산극대화나 분배의 공정 측면에서도 올바르지 못하므로 진정한 경제민주화에 기여하는 사상이 아님도 자명하다. 하물며 살인과 파괴 행위를 마다하지 않고 공산혁명운동을 주도하는 살인 폭력배를 민주인사라 함은 이만저만한 망발이 아니다.

3) 진정한 정치민주화

그리고 '政은 正' 내지 '政은 以法正民'이라 한즉 이도 진정한 의미의 민주화를 뜻한다. 즉 정치는 바르고 참되게 해야 하므로 정치의 목적이나 각 정당의 정치강령은 물론 정치지도자가 바르고 참되어야 정치의 민주화가 이룩될 것이다. 정치는 정치하는 사람에게 달려 있다[爲政在人] 함도 바로 이러한 뜻이다.

이로 미루어 보아 우리나라의 정치민주화는 바르지도 참되지도 않은, 예컨대 모호한 말재주로 정계은퇴 내지 대통령 불출마 선언을 번의하거나 낙선 후 나이를 낮추는 따위의 정치지도자(?)를 과감히 정계로부터 축출하는 것이 민주화의 선결요건이자 첩경임을 알아야 할 것이다. 민주화를 '바르고 참되기'로 이해하면 정치자금을 포함한 각

종비리 척결의 기준이나 방향도 명확해진다.

민주화의 이름으로 모든 세력들이 헤게모니의 쟁취를 위한 투쟁의 와중에 있어 극도로 분산된 헤게모니를 어떻게 통합할 것인가가 중요한 과제로 등장되고 있다. 일반적으로 헤게모니의 통합은 이해관계의 조정·통합에 의하여 진척된다.

이렇게 하여 통합된 헤게모니는 이해관계에 따라 운영될 수밖에 없고 헤게모니를 통합한 특정세력은 그들의 독점적 이익추구로 치달려 결국 전제(專制)나 독재를 민주로 포장하게 된다. 이에 헤게모니의 통합과정도 이해관계가 아닌 정(正)과 진(眞)을 향한 의(義)에 의하여 이룩될 때 비로소 통합의 후유증을 극소화할 수 있고 진정한 민주화에 도움이 될 것임도 알아야 한다.

4) 진정한 경제민주화

생산의 극대화와 분배의 공정을 그 내용으로 하는 산업민주화는 ① 생산을 극대화하기 위해 노사가 성실하게 협조함이 '정(正)이요 진(眞)'이므로 이것이 곧 경제민주화요 ② 기업이윤을 좁게는 노사 간에 넓게는 기업과 소비자까지 포함하여 공정하게 분배하는 것이 정(正)이요, 진(眞)이며 이것이 진정한 경제민주화임도 자명하다.

그런 의미에서 분배의 공정을 기하기 위한 근로삼권이 기업의 도산 내지 기업인의 인권을 침해하거나 사회공공질서를 문란하게 할 정도로 남용되면 이는 정(正)에 반하므로 민주화 내지 민주노조의 이름으로도 결코 합리화될 수 없다. 노동쟁의조정법에서 쟁의행위의 정당성을 요구한 것은 진정한 민주 입법(立法)의 한 표현임을 알아야 하겠다.

민주화를 정(正)과 진(眞)의 관점에서 볼 때 사회정의(正義)의 실현은 곧 민주화라 할 것이고 사회정의의 실현을 위한 불공정거래나 독과점의 규제, 토지공개념·금융실명제·최저임금제·저소득층에 대한 국가의 적극적 복지정책 등 각종 사회보장제도 또한 경제민주화의 한 표현임도 알 수 있다. 기업인이든 근로자든, 상인이든, 소비자든 자아를 완성하고 실현하는 인간다운 삶을 원한다면 모두 바르고 진실된 진정한 경제민주화의 구축에 슬기를 모아야 한다.

5) 진정한 교육민주화

다음으로 교육민주화의 다양한 목청도−등록금 동결·총학장 선출·재단비리 척결 등도−'바르고 참되기'를 진정한 민주화로 보면 교육민주화는 먼저 교육내용이 바르고 참되어야 하며 교육자·정책당국 등 교육관계자 그리고 피교육자인 학생이 바르고 참되어야 함을 알 수 있다. 즉 스승은 스승답고 학생은 학생답게 각자 자신의 본분을 지켜 제자리로 돌아오는 것이 진정한 학원민주화의 길이요, 교육민주화이다.

교원노조나 학생운동으로 학원이 정치영역의 사이비 민주화 획책에 이용되어 희생당하는 작금의 사태는 결코 민주화의 이름으로 합리화될 수 없다. 요컨대 교육내용과 교직자 그리고 학생이 바르고 참되면 나머지 문제는 학원의 자율에 맡겨도 교육민주화는 순조롭게 진척될 것이다.

교육민주화를 위하여 국가는 정치민주화를 선행하고 학원민주화 요구를 정치적으로 이용하거나 그때그때의 데모에 대처하는 미봉책에 급급해서는 안 된다. 그간의 교육이 과연 바르고 참되었던가를 반성하고 교육을 바르고 참되게 하는 근본대책을 강구하여 지속적으로 추진하여야 할 것으로 본다.

6) 종교의 민주화

그런데 '무엇이 바르고 참된 것인가'는 정치나 교육·경제의 영역에서 그 준거가 온전히 제시되지는 않는다. 정(正)과 진(眞)은 우주의 근본과 한얼의 이치를 캐는 종교영역에서 온전히 제시될 수 있다.

종교에서 제시하는 바르고 참됨의 준거에 의거하여 정치·경제·과학·교육 등이 바르고 참되게 운영의 묘를 살려 나가야 하는데 종교계는 과연 진정한 민주화가 되어 있는지 살펴보자. 종교계도 정(正)과 진(眞)의 관점에서 각 종교의 교리는 바르고 참된 것인지 또 성직자는 과연 바르고 진실한 분들인지, 교단은 건전하게 운영되는지를 돌이켜 보고자 함이다.

외화를 구두밑창에 넣어 출국하려던 목사, 권총으로 신도를 죽이고 그의 돈을 빼앗아 교회를 짓고자 한 목사, 교권쟁취의 와중에 각목을 동원한 난투극, 재림예수나 미륵불을 자처하며 하느님이나 부처님을 팔아 치부하는 사이비성직자, 교세확장을 위해 정치권력과 야합하거나 정치헌금을 능사로 삼는 교단, 성직자의 옷을 빌려 입은 정치꾼 등은 모두 바르고 참되어야 할 진정한 의미의 '종교 민주화'의 과제들이다.

그러나 다원화되고 복잡한 종교백화점에서 올바른 종교와 참된 성직자를 선택할 수 있는 능력을 길러 줄 종교교육이 전무한 상황에서 종교 민주화는 기대할 수 없다. 지금부터라도 종교교육을 공교육차원에서 국가가 시급히 서둘러야만 종교민주화의 길이 겨우 열릴 수 있음을 자체에 정책당국자와 국민 모두가 깨달았으면 한다.

나아가 종교민주화가 선행되지 않는 한 정치민주화는 정치인들의 이기적 욕망이 앞선 나머지 무엇이 진정 바르고 참된 것인지에 대한 무지와 혼란으로 겉돌기 마련이다. 또한 성직자의 옷을 빌린 정치꾼들이 해방신학이나 민중불교를 외치며 성직자로 둔갑한 상황도 종교민주화의 중요한 과제의 하나다.

아무튼 종교가 먼저 민주화되어야 무엇이 바르고 참된 것인지, 즉 진정한 의미의 민주화 준거를 제시할 수 있으므로 그즈음에야 당리당략 아닌 정(正)과 진(眞)에 준거한 정책입안 또한 가능해진다. 그리고 성직자가 바르고 참될 때 비로소 바르고 참된 정치인의 출현을 기대할 수 있는 등 진정한 정치민주화가 이룩될 수 있음을 염두에 둘 때 종교민주화야말로 정치민주화의 선행요건이자 경제민주화 그리고 교육민주화의 선행요건임을 알 수 있다.

7) 과학의 민주화

다음으로 과학도 민주화, 즉 바르고 참되어야 한다. 인류의 물질적 풍요와 편의뿐 아니라 안녕과 행복에 기여하는 과학이라야 바르고 참된 과학이라 할 수 있다. 과학이 바르고 참될 때 공해나 자원고갈 등을 유발하지 않는 완벽한 발명이 이루어지고, 인류를 대량 살상하는 핵무기나 화학무기 등의 발명이나 생산은 비민주적인 것이므로 응당 규제되어야 할 것이다.

그러기 위해 과학자 그리고 정책관계자를 바르고 참되게 하는 교육이 선행요건임도 명확해진다.

언론의 민주화든 군(軍)의 민주화든 민주화를 '바르고 참되기'로 정의하면 민주화로 인한 혼돈과 공산주의자들의 속임수 그리고 사이비 정치인들의 위선과 그릇된 책략을 배제할 수 있을 것이다. 뿐만 아니라 오대양 사건류의 사이비 종교의 발흥 또한 예방할 수 있음은 물론 언론의 횡포나 군의 정치개입 등 비민주적 요소는 정화(淨化)될 것이다.

8) 교육개혁과 민주화

그러나 민주화의 정도(程度)는 국민의 민도(民度), 즉 국민이 어느 정도 바르고 참된가에 비례한다는 점을 간과해서는 안 된다.

정치가가 바르고 참되지 못하면서 군의 정치개입을 민주화에 반한다 하여 중립을 강요할 때 그것이 지켜지기 어렵듯이 국민의 대다수가 부정하고 참되지 못할 때 대통령중심제건 내각책임제건, 직접선거건, 간접선거건, 소선거구제건, 중선거구제건 민주화는 바로서기가 될 수 없음은 자명하다. 5공 청산을 위한 국회청문회가 위증과 말재주로 진실을 은폐한 채 예정된 종결을 선언했음도 국민의 민도와 연계하여 자성의 시간을 가져 봐야 할 것이다.

도둑도 제 자식더러는 도둑질하지 말라고 엄히 타이른다. 도둑도 사람인지라 그도 바르고 참된 존재여서 바르고 참되게 살아가길 염원한다. 그럼에도 불구하고 왜 그는 사회적 존재로서는 '도둑'인가를 교육자와 종교가 그리고 정치인들은 스스로에게 되물어 보아야 한다. 예수가 "너희들 중 죄 없는 자가 있거든 저 여인에게 돌을 던져라" 한즉 민주화 요령(饒鈴)을 거침없이 흔드는 정치인과 자칭 민주인사 그대들은 과연 바르고 참된가를 스스로에게 반문해 보라.

그리고 진정한 민주화를 원한다면 그 방법부터 민주화되어야 할 것이다. 모두가 바르고 진실될 때 3공 내지 5공류의 부정 비리를 일삼던 무리들은 외로움과 두려움을 느끼지 않을 수 없을 것이다.

왜냐하면 그들도 사람인지라 인(人)이자 민(民)이며 천(天)이기 때문이다. 즉 개개인이 바르고 참되어 민(民)이 바르고 참될 때 진정한 천심(天心)이 되어 바르지 못하거나 참되지 않은 사람은 기를 펴지 못하고 맥을 쓰지 못하게 되기 때문이다. 살아 있으나 죽은 목숨인 셈이다. 천벌(天罰)은 이런 것이고 또 이런 것이어야 한다.

바라건대 노사건, 여야건 국민 대다수가 바르고 참될 때 진정한 민주화가 이룩된다는 사실을 직시하여 스스로 바르고 참되기 위한 노력은 물론 국민을 바르고 참되게 하는 새로운 교육정책의 창출에 국민적 관심과 역량을 결집할 때 비로소 오늘의 국난을 타개할 수 있는 슬기를 일구어 낼 수 있을 것이다. 뜻있는 이의 분발을 촉구하는 바이다.

오늘날과 같은 황금만능 사조하에서도 물주화(物主化) 아닌 인주화(人主化), 즉 민주화가 줄기차게 주창되고 있음은 사람의 초월적 특성이 결코 시들지 않고 있음이어서 이를 큰 위안으로 삼고자 한다. 그리고 '바르고 참된' 준거를 제시하는 종교 자체를 부정하는 공산주의는 결코 바르고 참될 수 없으므로 진정한 민주화와는 무관함을 밝혀 강조한다.

9) 정치의 본지에 부합하는 정치이념

위에서 살펴본 '진정한 민주화', 곧 '바르고 참되기'는 사람의 초월적 특성의 발현이자 초월적 존재 특성에로의 회귀(回歸) - 곧 자아의 완성과 실현에 귀결되므로 정치의 본지인 '법으로써 국민을 바르게 함-국민의 자아 완성과 실현'에 부합하는 정치이념이라 할 수 있다. 따라서 정치의 본지에 입각하여 진정한 민주주의-국민을 바르고 진실하게 이끌어 자아를 완성하고 실현하게 하는 정치이념을 구현하는 정부가 '좋은 정부'임은 자명하다.

다만 그간의 자유민주주의나 이름만 민주주의로 위장한 사회주의나 공산주의는 정치의 본지와 사람의 삼위 일체적 존재특성에 어긋나는 온전하지 못한 정치이념이므로 이들 정치이념을 표방하고 구현하려는 정부는 결코 '좋은 정부'라 할 수 없다. 따라서 사회주의나 공산주의의 정치이념을 표방하고 구현하려는 정당은 결코 좋은 정당 내지 민주정당이 아님도 익히 알아야 한다.

10) 자유와 평등은 상의상보적(相依相補的) 개념

공동체 구성원으로서 누리는 진정한 자유란 자신의 초월적 특성인 '바르고 참됨'에 상응하여 사회적 구성원과 더불어 누리는 안락함이다. '바르고 참됨'에 어긋나는 자유는 나태(懶怠)거나 방종(放縱) 또는 자승자박(自繩自縛)의 악업-악한 행위일 뿐이다. 그리고 진정한 평등은 자신의 '바르고 참됨'의 정도에 상응하여 공동체가 추구하는 공동선(共同善)에 기여하는 구성원으로서 누리는 동체감에서 느끼는 즐거움이다.

따라서 진정한 자유와 진정한 평등은 자신의 초월적 특성인 '바르고 참됨'에 근거한 상호 의존적이고 상호 보완적인 개념이지 결코 배타적이거나 양립할 수 없는 개념이 아니다. 정치의 본지와 온전한 민주정치 이념에 입각한 진정한 자유, 진정한 평등관을 정립하고 이를 법제화하여 구현하는 정부가 '좋은 정부'라 할 수 있다.

그리고 모든 국민은 초월적 존재로서는 다 같이 동등(同等)하나 개체적 존재로서는 개개인의 근기와 업습(業習)이 상이하여 천차만별의 차등(差等)을 보인다. 이 초월적 동등과 개체적 차등의 양면성을 지닌 국민 모두는 ㉠ 사회적 공동체의 구성원인 사회적 존재인 만큼 ㉡ 이 동등과 차등을 초월적 특성에 입각하여 공동체의 동체관으로 ㉢ 구성원의 정체성을 조화롭게 정립하고 구현하기 위한 인위적 노력이 요구된다. 이 노력의 소산이 평등이다. 그래서 평등은 동체관에 상응하여 심정적으로는 동등에 가까우나 현실적 구현은 차등만큼이나 가변적일 수 있음을 유념해야 한다. 평등을 동등으로 착각하게 하는 어떤 논리도 모든 사람이 자아를 완성하여 모두 부처를 이루기 전에는 결코 정당하지 않음을 잊지 말아야 한다.

11) 사회공동체가 지향하는 공동선(共同善)

정치의 본지와 사람의 초월적 특성과 바람직한 정치이념에 비추어 볼 때, 국가사회 공동체가 지향해야 할 최상의 공동선은 '바르고 참됨'의 귀결인 '자아의 완성과 실현'으로 봄이 온당하다. 그러나 '자아의 완성과 실현'은 말처럼 쉬운 일이 아닌 만큼 그 과정적 공동선을 설정함이 바람직하다.

자아의 완성에 이르기 위해 『대방광불화엄경 보현행원품』은 일체 중생을 향한 대비심(大悲心)을 일깨우고, 일체 중생을 향한 대비심의 근저엔 '일체 중생이 모두 꼭 같은 초월적 특성[佛性]을 지니고 있음'을 『열반경』은 일깨우고 있다. 일체 중생이 모두 꼭 같은 초월적 특성을 지니고 있기에 공동체의 구성원인 이웃과 내가 동포[人胞同胞]인 셈이다. 사회 공동체의 구성원이 모두 동포라는 동체관은 진리이고

㉠ 이 동체관에서 우러나오는 동체대비심을 발현함은 곧 진리의 발현이자 '바름과 참됨 그리고 옳음'의 구현이어서 ㉡ 이 동체관과 이 동체관에서 우러나온 동체대비심을 발현함이 공동체 구성원 모두의 공동선의 근본이 됨을 알아야 한다.

『대방광불화엄경 보현행원품』에 의하면 이 동체대비심을 발현한 즉 자아의 완성에 이르게 되므로 최상최선의 공동선인 '자아의 완성과 실현'에 이르기 위한 과정적 공동선은 '공동체 구성원에 대한 동체 대비심의 발현'으로 봄이 온당하다. 과정적 공동선은 '공동체 구성원에 대한 동체대비심의 발현 곧 동체 대비심에 기한 일체의 말과 행동과 마음 씀씀이'로 정의함 직하다. 그리고 '바르고 진실함의 최종 귀결이 자아의 완성과 실현'인 만큼 '무엇이 바르고 참됨'인가를 판단하는 기준 내지 준거는 ① '자아의 완성과 실현'에 직결되는지 여부 내지 ② '공동체 구성원에 대한 동체대비심의 발현' 여부로 봄이 온당하다.

그간 인류 역사상 제기된 모든 부정적 사안, 예컨대 독재·권력남용·수탈·폭력혁명·전쟁·범죄·빈부격차심화·공해·질병의 창궐·인간성 상실 중 '국가사회 공동체의 구성원[同胞]에 대한 동체대비심의 결여'에서 비롯되지 않은 것이 단 하나라도 있는지 돌이켜 보자. 예시한 부정적 사안이 동체대비심의 결여에서 야기된 것이라면 그간 인류 사회 공동체엔 온당한 공동선의 정립과 구현이 없었음을 뜻한다.

달리 말하면 사회 공동체의 온당한 공동선을 정립하고 제대로 구현하여 전쟁·독재·범죄·공해 등을 해소하는 정부라야 '좋은 정부'라는 말이기도 하다. '공동선'이 무엇인지를 제대로 정립하지도 않고 공동선을 추구하자고 역설하는 것은 어디가 길이고 어디가 낭떠러지인 줄도 모르는 봉사가 부단히 갈 길을 재촉하는 것과 다를 바 없다. 명예에 눈먼 정치학자와 사이비 성직자들의 목청 높인 구호가 인류 위기를 가중시킨 것은 아닌지 돌이켜 볼 일이다.

5. 좋은 정부의 정책

1) 온전한 공동선을 구현할 온전한 정책

국가사회 공동체 구성원 모두로 하여금 '공동선'인 '자아의 완성과 구현' 내지 그 과정인 '공동체 구성원에 대한 동체대비심의 발현'을 제도적으로 이끌어 낼 수 있는 정책을 마련하여 이를 추진할 수 있는 정부가 '좋은 정부'라 할 수 있다. 그런데 오랫동안 '만인의 만인에 대한 투쟁'을 일삼아 온 나머지 '동체대비심'이 거의 메말라 버린 오늘의 인류에게 '동체대비심'을 발현케 할 정책은 과연 무엇이며 '동체대비심'이라고는 없어 보이는 작금의 정치인들에게서 '동체대비심'을 발현케 할 정책을 기대할 수 있을지 의문이다.

60여 년 전에 우리나라의 '소천선사'께서 창안하여 일깨워 주신 활공사상(活功思想)과 공급제(功級制)의 내용을 개략적으로 살펴 '온전한 공동선을 구현할 온전한 정책'의 정립 가능성과 실천 타당성 여부를 검토·소개하고자 한다.

2) 기존 정치이념과 정책의 결함 개요

민족주의·민주주의-자본주의·공산주의·신자유주의·공동체자유주의·공동체자본주의 등등 기존의 정치이념은 ① 한결같이 '정치의 본지 – 以法正民: 법으로써 국민으로 하여금 자아를 완성하고 실현하게 함 – '에 대한 무지에서 출발한 그릇된 이념이고 ② 국민 개개인의 사람으로서 존재 특성인 초월적 특성·사회적 특성·개체적 특성을 삼위일체로 모두 살려내는 정책을 구현해 내지 못한 결함이 있다.

민주주의를 주창하는 자본주의나 공산주의의 경우 ① 민주(民主)의 본지인 '正과 眞'에 대해 거론조차 하지 않고 ② 사람은 육체[物]와 정신[心]이 합일된 물심조화체[物心調和體]임을 간과하고 유물론(唯物論)에 입각하여 국민을 잘살게 하겠다고 주창하는 공산주의나 유심론(唯心論)에 입각하여 국민을 잘살게 하겠다고 주창하는 자본주의는 국민 곧 사람의 존재 특성도 모르는 바여서 결코 국민을 잘살게 할 수는 없는 이념들임을 유념해야 한다.

 (1) 민족주의

'민족주의'는 같은 민족끼리 서로 사랑하고 존중함이 지나쳐 민족적 단결을 강요하다 보니 국민 개개인의 존엄성을 도외시하고 자유를 지나치게 억압하는 정치이념으로서 국민 개개인의 사회적 존재 특성에 치중하고 초월적 특성과 개체적 특성을 등한시한 결함이 있다. 그 정도가 지나치면 다른 민족과의 전쟁도 불사하여 자기나라 국민은 물론 이웃나라의 국민도 도탄에 빠지게 하므로 진정한 민주주의와는 거리가 먼 정치이념이다.

그리고 국가 공동체가 추구하는 공동선인 '국민의 자아완성과 실현'과는 거리가 먼 국가 중심의 강경책에 연연하여 전체주의·전제주의·독재주의로 변질되는 취약점이 있어 온전한 정책의 정립이나 구현을 기대할 수 없다.

(2) 자본주의－자유민주주의

'자본주의'를 기반으로 하는 자유민주주의는 ① 사람은 물심 조화 체임에도 불구하고 유심론에 근거한 자본주의를 지지하고 신봉하는 정치이념으로서 사람의 존재 특성을 제대로 파악하지 못한 결함이 있고 ② 국민 개개인의 능력차를 고려하지 않고 기회균등과 개개인 자유를 최대한 보장한 결과 국민의 능력차에 따른 경제적·사회적 격차가 현격해져서 ③ 국민의 동락(同樂)·등애(等愛)와 화평(和平)을 기할 수 없는 결함이 있어 ④ 공동체 구성원으로서 '평등'에 대한 의 구심이 증대될 위험이 있다.

즉, 자본주의를 기반으로 하는 자유민주주의는 국민의 개체적 존 재 특성에 치우치고 사회적 특성에 소홀한 나머지 초월적 특성인 인 간의 존엄성마저 보장받지 못하는 계층의 증대로 공동체로서의 동체 관과 이 동체관에 기한 동체대비심을 기대할 수 없어 공동체의 공동 선의 정립·구현이 어렵고 그 정도가 지나치면 국가 공동체가 와해 될 위험도 없지 않다.

최근 미국 월가에서 전개된 시위의 구호인 "We are 99%"가 이를 예고하고 있지는 않은지 돌이켜 볼 일이다. 단적으로 보아 개인의 자 유를 최대한 보장하다 보니 개개인의 이기심[私心]은 나날이 증대되 고 공동체와 공동선을 배려하는 마음－공심(公心)은 점점 결여되어 공동체로서의 존립이 어렵게 되는 결함이 있다.

(3) 공산주의

공산주의는 유산자(有産者)를 제거하고 무산자(無産者)독재를 통한 국민의 평등을 실현하고자 하나 ① 일반적으로 유산자는 유능자(有能

者)이고 무산자는 무능자인데 ② 창조적 소수인 유능자를 제거하고 무능자인 무산자가 정치권력을 잡아 독재를 한다면 과연 이들이 국민의 평등을 실현할 수 있는 정책의 입안과 구현 능력이 있을지 의문이며 ③ 유능자인 유산자를 제거하는 것 자체가 국민의 평등에 위반되고 ④ 무산자라 하더라도 정치권력을 쟁취하는 순간 유산자가 되므로 '무산자 독재'라는 말은 성립 불가한 단어로서 무산대중을 속이기 위한 '환상의 단어'일 뿐 실재할 수 없으며 ⑤ 정치권력을 쟁취하는 순간 집권자로서의 이기심[私心]이 앞서 국민의 평등은 허울일 뿐이고 이를 위장하기 위한 숙청·유배 등 포악한 행위를 일삼는 게 상례다. 사이비 '평등'과 '무산자 독재'라는 환상적 단어에 속은 무산자의 삶이 결코 나아질 리 없음은 자명하다.

공산주의가 입각하고 있는 '유물론(唯物論)'은 물심조화체인 인간 존재의 특성을 간과한 희론(戲論)에 불과하므로 공산주의 또한 희론에 불과하다. 육신[物]과 마음[心]은 동시생(同時生)으로서 나누려야 나눌 수 없는 것임을 유념하면 유물론과 이에 입각한 공산주의의 허구성을 쉬이 이해할 수 있을 것이다.

(4) 공동체자유주의·신자유주의·공동체자본주의

이들 주의는 국민 개개인의 개체적 존재 특성을 지나치게 존중하는 자유민주주의의 결함을 보정하기 위한 이념으로서 사회 공동체의 구성원인 국민 개개인의 사회적 존재 특성을 유념한 점은 가상하다. 그러나 사람의 초월적 특성인 바름[正]과 참됨[眞]을 개체적·사회적 존재 특성과 연계해서 살려 내지 못한 부족됨이 있고 자본주의를 기반으로 하는 자유민주주의 결함을 제대로 해소하기에는 역부족인 이

넘들이어서 온전한 정책 또한 기대할 수 없다.

특히 '공동체자본주의'가 주창하는 '창의적 방법에 대한 자발적 나눔'이 이루어지는 자본주의는 정치의 본지가 공동체의 구성원인 사람의 사회적 존재 특성에 착안하여 '국민[民]을 법(法), 곧 제도로써 바르게 함'임을 망각하고 '자발적 선행'에 의존한 점은 착오요, 성과를 기대할 수 없어 실현 불가한 공론이라 할 것이다.

(5) 활공사상(活功思想)

① 개요

활공사상이란 ㉠ 국가 공동체의 발전, 곧 국리민복(國利民福)·국태민안(國泰民安)에 기여한 국민에 대하여 ㉡ 그 기여한 공로[功]에 상응한 우대 조치를 법령으로 보장해 줌으로써 그 국민의 공로를 치하하고 돋보이게 하여[活功] ㉢ 그 국민으로 하여금 더욱더 국가 발전에 기여하고자 하는 의욕을 고취시키려는 사상이다. 아울러 국가 발전에 기여한 공로에 상응한 우대 조치에 고무된 다른 국민들로 하여금 국가 발전에 기여[功]하도록 유도[活]하여 획기적으로 국리민복·국태민안을 기하려는 사상이기도 하다.

일반적으로 모든 국민은 초월적 특성인 '바르고[正] 참됨[眞]'을 다들 구유하고 있다. 그러나 국가사회 구성원인 개개 국민은 ㉠ 개체적 존재 특성인 '이기심(利己心)—자기중심적으로 다섯 가지 욕망[色·食·財·名·睡眠(慾)]을 충족하고자 수단방법을 가리지 않고 욕망 충족욕구에 집착하는 이기적 탐애심(貪愛心)이 치성하여 ㉡ 사회 공동체의 구성원인 사회적 존재로서 지녀야 할 최소한의 예의인 공심(公心) 그리고 동체관과 이에 입각한 동체대비심－박애(博愛), 나아가 공동체 구성원과 더불어 안락한 삶을 다 함께 누리고자 하는 마음[平等]을 저버리기 십상이다.

모든 국민이 구유하고 있는 초월적 특성인 '바르고 참됨'과 그 발현인 '동체대비심'이 국가 공동체의 구성원인 사회적 존재 특성에 온전하게 발현된 것이 평등·공심·박애이다. 그런데 개체적 존재 특성인 이기적 탐애심이 치성하여 '평등·공심·박애'가 제대로 발현하지 않는 것이 국가 공동체 사회구성원의 현실이다. '좋은 정부'라면 바로 이 개체적 존재의 이기적 탐애심을 초월적 특성인 '바르고 참됨' 내지 그 발현인 '동체대비심'으로 이끌어 이기적 탐애심을 사회 공동체 구성원 간에 평등·공심·박애에 기여하는 방향으로 발현케 하는 방안에 눈떠야 한다. 그 방안이 본 항에서 소개하는 활공사상이다.

이기적 탐애심으로 평등·공심·박애가 거의 실종된 사회는 각종 대립·투쟁과 범죄가 난무하고 빈부격차의 심화·공해와 인간성 상실 나아가 국가 간 전쟁도 불사하게 한다. 사회적 존재로서 평등·공심·박애가 충만한들 현대 인류의 위기상황은 결코 발생하지 않았을 것이라는 말이다. 이기적 탐애심을 공심·박애·평등의 실현에 기여할 수 있는 방향으로 이끌 수 있는 방편이 무엇인지 이하에서 살펴보자.

② 활공사상의 구현

사람은 누구나 초월적 특성인 '바르고 참됨'을 지니고 있고 이 초월적 특성에는 무한한 지혜(智慧)와 무소불위(無所不爲)의 능력이 내재되어 있다. 이 초월적 특성에 내재된 지혜와 능력을 초월적 특성대로 '바르고 참되게' 활용하면 건설·흥왕·복(福)·성현의 출현 등으로 기쁨

과 안락을 누릴 수 있으나 이를 악용하면 파괴·멸망·죄(罪)·우치
(愚癡) 등으로 고통과 불안에서 헤어나지 못하게 된다.

　문제는 이 초월적 특성을 어떻게 하면 바르고 참되게 활용할 수 있
는가 이다. 소천선사께서는 개체적 존재 특성에 내재된 '탐애'를 바르
고 참되게 활용하는 방편에 착안하고 있다. 소천선사께서는 "탐(貪)은
애(愛)가 근본이고 애(愛)는 진리가 근본이다. 애(愛)는 진리 그 자체
여서 진리처럼 위대한 힘이 있다. 이 애(愛)가 변질된즉 탐(貪)이니 이
탐(貪)은 애(愛)처럼 위대한 큰 힘이 있어 세계의 모든 것을 지배하고
있다. 전쟁도 찬란한 문화나 성스러운 인물도 이 탐애의 욕망 내지
원력에서 나온다"는 사실을 일깨우시고 이 탐애의 위력을 '바르고 참
되게' 활용하는 방편으로 활공사상과 그 구현방법으로 공급제(功級制)
를 제시한다.

　부언하면 우리 개개인의 초월적 특성에 내재되어 있는 '지혜와 능
력'을 어디에 어떻게 활용할 것인지는 '개개인이 무엇을 사랑[愛]하여
이에 탐착[貪]하는가'에 좌우되기 마련인데 이 탐애를 우리의 초월적
특성대로 '바르고 참되게', '국가 공동체 구성원 모두의 안락과 행복
을 위해' 활용하도록 하는 방편이 활공사상이요, 공급제이다.

　달리 말하면 '공동체 구성원 모두의 안락과 행복을 위하는 방향'으
로 '바르고 참되게' 개체적 존재 특성[貪愛]을 초월적 특성[正眞]과 연
계 발현시켜 ㉠ 그간 개체적 특성과 초월적 특성의 괴리에서 초래된
전쟁·범죄·질병·빈곤·공해·인간성 상실 등등의 위기상황을 타
개하고 나아가 ㉡ 개체적 특성과 초월적 특성의 연계발현으로 '자아
의 완성과 실현'을 기하자 함이 활공사상이고 공급제여서 이는 '법
(法)으로써 국민을 바르게 함, 곧 자아를 완성하고 실현'토록 하고자

하는 정치의 본지와도 부합하는 사상이요, 방편인 셈이다. 그러면 '국민을 바르게 할' 방편인 '법(法)'의 내용은 무엇이어야 하는지 살펴보자.

③ 활공사상과 공급제

개체적 특성에 내재된 탐애의 힘[貪愛力]을 초월적 특성인 '바르고 참됨', 곧 '진리'에 내재된 무한한 '지혜와 능력[眞理力]'과 연계 발현시킬 수 있는 연결고리가 개개인의 '사회적 존재 특성'임을 간파한 사상이 활공사상이다. 개개인의 초월적 특성인 '바르고 참됨'을 사회 공동체에 발현하게 한즉 ㉠ 국민 개개인은 국가 공동체의 구성원인 사회적 존재임을 깨달아 공심(公心)을 발현하고 ㉡ 국가 공동체 구성원은 모두 초월적 특성을 지닌 동등한 존재임을 깨달아 동체관[人類同胞]에 입각한 동체대비심[博愛]을 발현하여 ㉢ 공심과 동체대비심의 발현으로 국가 공동체가 국태민안과 국리민복을 이루게 되면 이를 공동체 구성원 모두가 다함께 누리는 즐거움, 곧 평등(平等)을 맛보게 하는 사상이 활공사상이다.

이 사회적 존재 특성을 연결고리로 하여 개체적 존재 특성과 초월적 존재 특성을 삼위일체로 연계시키면 ㉠ 삼위일체적 존재인 국민 개개인의 존재 특성에도 부합하고 ㉡ 사회 공동체의 '바르고 참됨'인 공심·박애·평등이 구현되어 ㉢ 국가 공동체가 진리 본 모습대로 운영 발전하게 되고 ㉣ 국민 모두는 공심·박애·평등의 안락과 즐거움을 누리게 된다. 이 사회적 존재 특성에 착안하여 개체적 특성인 탐애력을 ㉠ 공심·박애·평등의 구현으로 이끌어 ㉡ 국가 발전에 기여하는 방향으로 선용(善用)하는 국민에게는 ㉢ 국민 누구나 기본적으로 향유하고자 하는 다섯 가지 욕망 충족을 원활하게 해 주는 우대조치를 법제화하자는 사상이 활공사상이다.

국가 발전, 곧 국리민복과 국태민안에 기여한 국민에게는 그 기여한 공로[功]에 상응한 등급[功級]을 설정하여 등급별 우대내용을 법제화하자는 것이 활공사상의 구현방법인 공급제이다.

법제화된 제도의 힘[制度力]을 빌려 초월적 특성인 진리력[眞理力]과 개체적 특성인 탐애력[貪愛力]을 삼위일체로 연계함으로써 ㉠ '삼위일체적 존재인 사람'의 근본 성품을 온전히 발현토록 하여 '자아의 완성과 실현'을 기하고 ㉡ 사회 공동체 구성원인 개개인과 사회 공동체 구성원 모두와 사회 공동체가 삼위일체로 연계 발전하여 진리 본모습대로 공심·박애·평등이 실현되는 사회 공동체로 성숙시키고자 함이 활공사상이요, 공급제인 셈이다.

단적으로 말해 활공사상과 공급제는 정치의 본지인 '법(法)'으로써 국민을 바르게 함–자아를 완성하고 실현하게 함[以法正民]에 부합하는 사상이자 그 구현 방편이라 할 수 있다.

④ 활공사상과 공급제의 공능(功能)

활공사상과 공급제의 시행으로 예상되는 공능으로서는,

㉠ 권선(勸善)의 법제화로 징악(懲惡)의 효율성 제고

현행법상 악한 행위는 범죄로 규정하여 처벌을 강화하나, 행정력의 부족과 범행의 지능화로 범죄는 오히려 증가하고 있다. 활공사상의 공급제가 시행되면 악한 행위로는 국가발전에 기여할 수 없어 다섯 가지 욕망 충족을 위한 우대를 받을 수 없으므로 탈세·밀수·강도·사기·투기 등 범법행위는 급속히 사라지고 국가 발전에 기여

하는 착한행위는 급격히 증대되어 징악(懲惡)의 효율을 제고할 전망
이다. 범죄가 격감되어 치안을 위한 행정력은 국민 복지 쪽으로 활용
될 것으로 예상된다.

ⓒ 공생(共生)과 회향(回向)의 연계 순환과 확충으로 국리민복 증진

대부분의 국가 공동체는 상위 3% 내외의 창조적 소수인 유능자의
창의력에 의하여 국가발전이 주도되고 창조적 소수인 유능자가 누리
는 부(富)와 명예는 여타 국민의 도움[共生]에 의존하고 있다. 아무리
창의적인 발명이나 아이디어라 하더라도 여타 국민이 외면하면 부귀
는 누릴 수 없기 때문이다. 그래서 유능국민의 부귀에는 사회적 책무
가 따르고 그 책무는 대부분 고액 납세로 귀결[回向]되고 있다.

문제는 이와 같은 공생과 회향 관계에 어두운 일부 유능자들은 절
세나 탈세로 공생에 상응하는 회향 의무를 기피하려는 경향이 있어
공동체 구성원으로서 사회적 존재 특성에 부응하는 공심·박애·평
등이 저해되고 국가사회 공동체의 발전을 저해하게 된다. 그러나 활
공주의 공급제하에서는 절세나 탈세를 하게 되면 국가적 우대를 받
을 수 없어 다섯 가지 욕망 충족이 원활해지지 않고 또 처벌도 받게
되므로 자연히 '공생과 회향'의 연계 순환이 원활해지고 확충될 전망
이다. 아래 그림에서 보듯 공생과 회향의 연계 순환이 순조롭게 확충
되면 무능국민의 복지는 더욱 증대되고 빈부격차는 완화되어 공동체
구성원의 동체감과 평등의 구현으로 공심·박애 또한 더욱 증대되어
국리민복이 나날이 증진될 것이다.

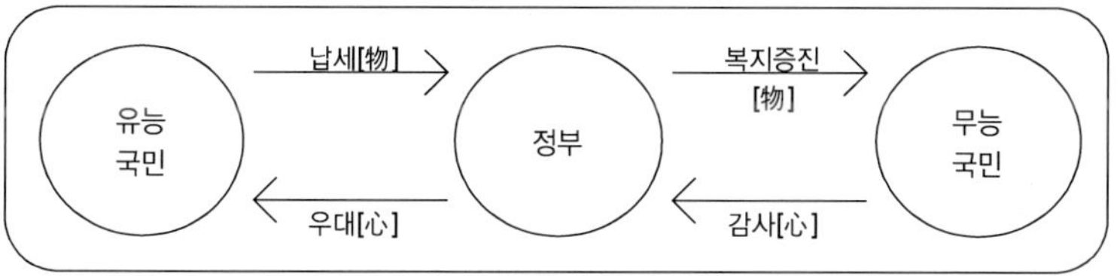

ⓒ 공산주의와 자본주의의 장점을 살리고 단점을 보완

활공주의 공급제는 정부주도하에 법적 제도에 의해 유능국민과 무능국민 간 공생과 회향의 연계 확대 순환을 촉진시킨다. 유능국민의 지혜와 능력을 최대한 발휘하도록 유도하여 이 유능국민의 역량 발휘로 총체적 생산은 증가되고, 증가된 생산력은 무능국민의 복지증진으로 이어져 빈부 계층 간 갈등은 완화되고 해소된다.

이는 자본주의 제도의 장점인 총체적 생산력의 증가는 물론 자본주의 제도의 결함인 빈부계층 간 갈등을 해소하는 공능도 있다. 공산주의 유산자[유능국민] 제거로 총체적 국가 생산력의 저하는 물론 무능국민의 절대적 빈곤 해소도 불가한 총체적 결함을 지니고 있으나, 활공주의 공급제는 총체적 생산력 증가와 무능국민의 복지증진을 구현할 수 있는 사상이어서 공산주의의 총체적 단점을 보완하는 공능이 있다 할 것이다.

단적으로 말해 활공주의 사상은 공산주의와 자본주의의 장점을 살리고 단점을 보완하는 공능이 있다고 하겠다. 따라서 활공사상은 공산·자본주의 사상과 이념의 대립으로 인한 갈등과 분쟁 내지 전쟁을 예방·해소할 수 있고 아울러 설익은 공산혁명의 열기를 잠재워 인류의 두려움을 없애 주며[無畏施], 안락한 삶에 기여하게 하여 인간 방생(放生), 인류방생의 선업(善業)을 증장시키는 공능이 있는 셈이다.

㉣ 온전한 정치 개혁과 정치인의 자질향상

정치의 '政은 以法正民[법으로써 국민을 바르게 함]−곧, 국민 모두의 자아완성과 실현'으로 정의하고 있어 정치의 목적 내지 기능에 온전히 부합하는 정치를 하려면 국민 모두의 자아완성을 지향하는 '올바른 법'의 제정·시행이 선결 요건임을 알 수 있다.

활공사상은 종국적으로 모든 국민의 자아의 완성과 실현을 추구하는 사상이고, 또 그 중심내용인 평등·공심·박애 등의 진리를 공급제에 의하여 구현하려는 사상이어서, 공급제를 규정하는 법은 진리에 입각하여 진리의 구현을 그 내용으로 하므로 '올바른 법'이라 할 것이다.

활공사상은 '올바른 법'의 정립·시행을 통한 국민 모두의 자아 완성과 실현을 목적으로 하므로 정치 본연의 목적과 기능인 '법으로써 국민을 바르게 함'에 온전히 부합된다 하겠다. 그간의 정치가 정치 본래의 목적과 기능을 외면한 채, 집권층의 이기적 탐애심의 독점적 향유를 위해 장기집권·독재·권모술수·정경유착·부정부패·권력 남용 등의 비리로 빈부격차의 심화와 사회적 갈등, 절대적 빈곤층의 양산, 국민의 기본권 침해 등 각종 폐해를 유발한 점을 고려하면 활공사상의 구현은 정치 본래의 기능과 목적을 되찾는 온전한 정치개혁이 될 것이다.

그리고 정치 본연의 목적과 기능인 '법으로써 국민으로 하여금 자아를 완성하고 실현'하게 하기 위해서는 법의 내용이 진리에 입각하여 바른[正] 것이어야 하고, 법의 내용이 반듯하려면 법의 제정권자인 정치권력자가 반듯해야 하고, 무엇이 반듯함인가를 알아야 한다. 여기서 정치인에게 고도의 도덕성과 지혜가 요구됨을 알 수 있다.

국민으로 하여금 자아를 완성하고 실현하게 할 정도의 정치지도자라면 유·불·선 삼교에 두루 밝은 지혜로움과 진리에 입각한 법령을 제정할 수 있는 능력과 솔선수범하여 이를 준수할 수 있는 역량을 갖춘 인물이어야 함을 알 수 있다.

오늘날 정치지도자의 자질과 대비할 때 그 격이 현저히 달라야 할 만큼 활공주의 공급제의 구현은 정치인의 현격한 자질 향상을 초래할 것으로 본다.

ⓜ 종교 간 회통(會通)의 문이 열림

활공사상의 구현은 인간의 근본인 탐애의 위력을 활용하여 국리민복에 기여하도록 하므로 이는 자리이타(自利利他)의 대승적 보살도의 구현, 곧 널리 인간을 이롭게 하라는 홍익인간(弘益人間) 이념에 부합된다.

이는 박애(博愛)를 실천함이라 불교의 자비, 기독교의 사랑, 유교의 사랑을 실현하기 위한 이(理)인 인(仁)과 상통하므로, 활공사상과 각 종교의 교리 간 갈등요인은 없고, 각 종교 간 상호 회통의 문이 열리는 이점이 있는 것으로 예견된다.

ⓗ 공생과 회향의 세계화

앞서 본 공생(共生)과 회향(回向)은 한 국가 내의 유·무능 국민 간에만 이루어질 수 있는 것이 아니다. 부유한 나라[有能國家]와 가난한 나라[無能國家] 사이에, 또 선진 기술국가와 후진 기술국가 간에, 자본 내지 기술의 제공과 이에 상응한 경제적 대가와 감사·존중의 물심교류로 '공생과 회향'이 이루어질 수 있다. 활공주의 사상의 연구·실현 과정의 경험을 다른 국가가 도입하고자 할 경우에도 공생과 회향관계가 성립·정착될 수 있을 것이다. 이른바 공생과 회향의 세계화이다.

공생과 회향의 세계화를 통해 관계 국가 간에도 평등·공심·박애의 진리가 구현되면 이는 빈부 국가 간, 선·후진 국가 간 갈등과 분규 내지 전쟁이 해소될 수 있음을 뜻한다. 공산·자본주의 제도의 장점을 살리고 결함을 보완한 활공사상은 공산국가와 자본국가 간의 세계화가 가능하므로 이들 국가 간 이념적 갈등과 분쟁은 해소될 수 있을 것이다. 이는 "세계 만국을 살릴 계책이 남조선에서 나온다[萬國活計 南朝鮮]"라고 한 강증산의 예언과 "21세기 태평양 시대에는 극동에서 세계를 지배할 사상이 나올 것"이라고 한 게오르규의 말을 돌이켜 보게 한다.

Ⓢ 자아의 완성과 실현에 기여

활공사상과 공급제는 정치의 본지에 입각하여 '정치의 본지'를 구현하는 정치이념이자 정책이어서 '정치의 본지'인 법(法)으로써 국민을 바르게 함, 곧 국민으로 하여금 자아를 완성하고 실현하게 함에 기여하는 방편으로 사료된다.

◎ 공동체 사회의 공동선의 확충과 실천에 기여

정치의 본지에서 볼 때 정치는 사람의 '사회적 존재 특성'에 주안점을 두고 그 이념과 정책을 강구함이 온당하다. 이는 '정치가 법으로써 사회적 존재인 국민을 바르게 함'임을 밝힌 정치 본지에 잘 표현되어 있다. 국민[民], 즉 사회적 존재[民]를 전제로 이 사회적 존재인 국민을 대상으로 정치가 펼쳐짐을 알 수 있고, 정치의 본지는 국민의 자아 완성과 실현을 그 목적 내지 목표로 함도 자명하다.

따라서 국가가 정치를 통해 추구하는 공동체의 공동선은 종국적으로는 '국민의 자아 완성과 실현'이다. 그러나 '과정적 공동선'은 공동체 구성원 모두 초월적 특성을 지닌 동등한 존재이고 상호 의존적이어서 이 동체관에 입각한 동체대비심에서 우러나오는 일체의 말과 행동과 마음 씀씀이가 '과정적 공동선'임을 앞서 살펴 보았다.

그런데 활공 사상과 공급제에 의하면 공동체 구성원이 지녀야 할 덕목 곧 '공동선'으로 공심과 박애 그리고 평등 셋을 일깨우고 있다. 과정적 공동선인 동체대비심은 곧 박애이고, 동체관의 발현이어서 평등이며 사회공동체에 대한 동체대비심의 발현이어서 공심(公心)인 셈이다.

이 셋은 ㉠ 사람의 초월적 특성인 '바르고 참됨'의 사회적 발현이어서 이 또한 진리 그 자체이고 ㉡ 종국적으로는 자아의 완성과 실현을 구현하는 방편이자 동체대비심의 사회적 발현임을 유념하면 ㉢ '정치의 본지'와 '활공사상'의 종국적 공동선은 공통되고 ㉣ 과정적 공동선은 활공사상에 의해 셋으로 확충됨을 알 수 있다. 이는 활공사상의 공급제하에서는 과정적 공동선은 보다 안정적이고 온전하게 정립되고 확충됨을 뜻한다.

나아가 공급제는 사회적 공동선을 실천하지 않을 수 없도록 개개인의 탐애심을 공심·박애·평등에로 이끌어 적극적으로 공동선을 실천하여야 효율적으로 욕망 충족이 가능함을 부단히 일깨울 것은 자명하다. 공급제는 공동선의 적극적 실천에 크게 기여하는 방편인 셈이다.

6. 새로운 사상과 새로운 인물

이제 진리[正道]에 입각한 새로운 사상인 활공사상의 공급제를 법제화[正道令]하여 이 새로운 제도를 진리에 입각하여 운영하려면 새로운 사상과 제도를 온전히 이해하고 그 본지를 제대로 살려 낼 수 있는 새로운 인물[正道領]의 출현이 절절히 요구된다. 따라서 반듯한 인물[正道領]과 올바른 제도(system, [正道令])의 공조를 이루어 낼 수 있는 정부가 '좋은 정부'이고 이 '좋은 정부'가 제 기능을 온전히 발휘할 때 새로운 세상이 구현될 수 있다는 말이다.

새로운 꿈을 절절히 꿀 때 비로소 이미 창출된 새로운 사상이 마음에 와 닿을 것이다. 새로운 꿈을 절절히 꾸는 새로운 인물이 그 어느 때보다 소중한 즈음인가 한다. 새로운 사상에 입각한 새로운 제도를 구현해 낼 새로운 인물—인류 위기 상황을 잠재워 인류의 안락한 삶을 구현할 원대한 꿈을 꾸는 사람—새로운 세상을 꿈꾸는 사람의 출현을 간절히 함께 소망함이 마땅한 때인가 한다.

'시대가 영웅을 만든다'는 시절인연을 감안하건대 오늘날과 같은 위기상황에서는 '꿈은 이루어진다'는 믿음을 갖고 뜻을 모아 새로운 인물을 더불어 찾고 더불어 만들어 가는 노력이 더욱 절실해 보인다.

7. 국가 기능의 유기적 공조와 세계화

'종교 교육을 받을 권리'의 확충을 통한 종교개혁이 이루어지면 종교계와 정치계가 본연의 자리에 서게 되고 교육·과학·경제 또한 제자리에 반듯하게 서게 마련이다. 나아가 정치·경제·교육·종교·과학 등 국가 중심기능을 담당하는 창조적 소수들도 이들 기능의 국가사회공동체에 기여하는 정도에 상응하여 우대를 받게 되므로 이들 창조적 소수가 국가 중심 기능의 상호 유기적 공조를 주도할 전망이다.

돼지의 풍요로움이나 죽림칠현류의 고고함이 행복의 유일한 척도일 수 없듯이 도덕성 제고와 문화 창달을 도외시한 경제지표의 상향만으로 국민의 행복지수가 제고될 수는 없다. 작금의 화급한 화두인

‘경제 살리기’는 경제계가 주도하되 과학·교육·정치·종교·체육·문화 등 모든 관련 분야의 유기적 공조하에 유연하게 추진함이 바람직하지, 경제인들만의 몫으로 떠넘기거나 정치인들이 앞장서서 생색내기 공약을 남발하고 설쳐대는 것은 바람직하지 않아 보인다.

정치의 목적 내지 기능이 以法正民임을 유념하면 정치계가 ‘경제’에만 매달려 사생결단하듯 바동대는 모습은 정치의 본지를 망각한 월권이요, 허세며 엄살로 보일 수 있다. 정치계는 이제 정치 만능의 꿈을 털고 국가 중심기능의 하나로서 여타 국가 기능과의 독립과 공조를 겸허히 받아들여야 할 즈음인가 한다.

국가 중심 기능의 공조를 통해 국난 극복에 공동대처하면 국민 모두의 안락한 삶의 구현 또한 순조로울 것이다. 나아가 국제정치도 세계화와 정치 본연의 기능에 부합할 즈음에 비로소 인류 모두의 위기도 종식될 수 있으므로 활공사상을 먼저 구현하게 될 우리나라가 국제정치를 주도할 것으로 전망된다. 앞에서 소개한 게오르규와 강증산의 예언을 돌이켜 보게 하는 대목이다.

국가 중심 기능의 유기적 공조, 나아가 국제정치 또한 정치 본연의 기능에 부합하게 하여 인류위기 상황을 극복할 새로운 꿈을 더불어 꾸는 대장부의 지혜로운 동참을 기대하며 새로운 세상을 함께 꿈꿀 분에게 이 글을 아래 도표와 같이 그려 삼가 봉헌한다.

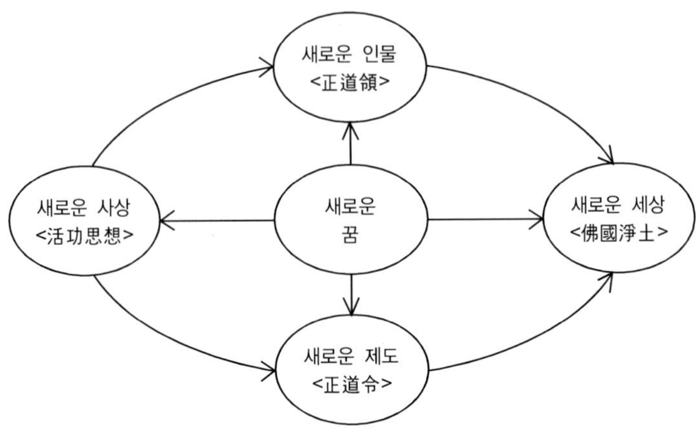

8. 결어

그간 인류 공동체의 정치현실은 ① '정치의 본지'와 삼위일체적 인간존재 특성을 모르고 입안된 그릇된 사상과 정치이념과 정책 때문에, 그리고 ② 삼위일체적 존재인 인류가 초월적 특성을 망각하고 사회적 존재임에도 그 본분을 어기고 개체적 존재 특성인 이기적 탐애심에 몰입하기 때문에 전쟁·범죄·빈곤·공해·질병·인간성 상실 등과 같은 인류위기가 고조되고 있다. 이 인류위기 상황을 극복하고 인류로 하여금 삼위일체적 존재로서 온전한 삶을 영위하게 하려면 '정치의 본지'에 입각하여 '정치의 본지'를 구현할 수 있는 온전한 '정치이념과 정책'을 갖추고 이를 온전히 추진할 수 있는 '제도와 인물'을 구비한 '정부'의 출현이 요구된다. 활공사상과 공급제는 '정치의 본지'에 입각하여 '정치의 본지'를 구현할 수 있는 정치이념이자 정책이어서 활공사상의 공급제를 구현할 수 있는 정부라야 '좋은 정부'라고 할 수 있을 것이다.

참고문헌

소천. 「활공원론」. 『소천선사문집 Ⅱ』(불광출판부, 1993).

학송. 『새생각』(불영사, 2009).

권경술. 『정도령과 정도령』(해조음, 2002).

이자옥. 「의탁 소천선사연구 - 활공사상을 중심으로 - 」(동국대학교 불교대학원, 2010).

이운허 역. 『열반경』(동국역경원, 2004).

이가원·장삼식. 『한자대전』(유경출판사, 1972).

의정 역. 『불설천지팔양신주경』.

이극찬, 『정치학』(법문사, 2003)

광덕 옮김·박성배 강의. 『화엄경 보현행원품』(도피안사, 2008).

진제 역. 「보행왕정론」. 『한글대장경』(동국역경원, 2002).

황성돈

한국외국어대학교 행정학과 졸업
서울대학교 행정대학원 석사
미국 미네소타주립대 험프리 행정대학원 행정학 석사 및 일반대학원 정치학 박사
대통령비서관(정책기획, 사회정책)
대통령자문 정책기획위원회 위원
한국행정학회 연구부회장
한반도선진화재단 정책위원회 수석부의장
한국전자정부연구원 원장
현) 한국외국어대학교 행정학과 교수

『대통령의 성공조건』(공저)
『Bureaucracy vs. Democracy in the Minds of Bureaucrats: To What Extent Are These Ideologies Compatible With One Another?』
「과학적 지식의 정치적 오용」

이용환

성균관대학교 행정학과 졸업
동 대학원 경제학 석사 및 행정학 박사
전경련 상무
전경련 국제경영원 전무(부원장)
한반도선진화재단 사무총장 역임
현) 한반도선진화재단 신임연구위원

『큰 복지 작은 복지』
『21세기 사랑의 충전소 '공동체'를 세우자』
『선진화 시대의 빈곤정책－새로운 모색』
『실업시대 희망사전』 등

최창현 ────────────────────────────────

  성균관대학교 행정학과 졸업
  뉴욕주립대 록펠러 행정대학원 행정학 박사
  동 대학 객원교수
  RPI 테크노경영대학원 초빙교수 역임
  현) 한국조직학회 회장
      관동대학교 행정학과 교수

  『복잡계로 바라본 조직관리』
  『복잡계와 동양사상』
  『복잡계 이야기』
  『조직사회학』 등

나정원 ────────────────────────────────

  파리-소르본느대학 철학과 박사
  그리스 아테네대학 철학과 교환교수
  강원대학교 중앙박물관장
  미국 콜롬비아대학 방문교수
  현) 강원대학교 정치외교학과 교수

  『한국정치와 환경정치』
  『한국 근현대 100년 속의 가톨릭교회』(상, 중, 하)
  『일두 정여창의 생애와 사상』
  『인간과 정치사상』
  『17세기 프랑스 정치사상』
  『18세기 프랑스 정치사상』
  『폴리테이아』
  『플라톤의 정치사상』
  『국가에 관한 6권의 책』 등

문태훈 ────────────────────────────────

  연세대학교 졸업
  동 대학원 석사 졸업 및 미국 뉴욕주립대 올바니 박사(행정학)
  행정자치부(현 행정안전부) 지방자치단체 평가위원
  환경부 자문위원
  연세대학교 외 강사
  교육부 학술 진흥재단 우수교수인력
  연세대학교 사회과학연구소 객원연구원
  중앙대학교 도시계획 부동산학과 교수 역임

최광 —————————————————————————————

서울대학교 상과대학 경영학 학사
미국 메릴랜드대학교 경제학 박사
미국 와이오밍대학교 경제학과 조교수
한국조세연구원 원장
국회예산정책처 초대처장
보건복지부 장관
한국조세학회 회장
한국재정학회 회장
일본 히토쯔바시 대학(一橋大學) 객원교수
영국 요크대학 객원교수

『한국 재정 40년사』
『한국 조세정책 50년』
『경제 원리와 정책』
『자본주의 시장경제와 정부』
『Theories of Comparative Economic Growth』
『Fiscal and Public Policies in Korea』

최남희 —————————————————————————————

성균관대학교 행정학과 졸업
동 대학원 행정학 석사 및 박사
한국전자통신연구원 Post-Doc 및 초빙연구원
청주시 도시계획위원
국립충주대학교 행정정보학과 교수
한국시스템다이내믹스학회 부회장

한국행정학회 학술상 수상
Telecommunication Review 올해의 논문상 수상

최도림 ─────────────────────────────

　일리노이대학교 행정학 박사
　충남대학교 통일문제연구소장
　인디애나대학교 방문교수
　일리노이대학교 링컨 정부문제연구소 연구원
　한국행정학회 교육취업위원회 이사
　한국행정학회 IRPA 편집이사
　한국정책학회 총무위원회 이사
　충남대학교 행정학과 교수

　『정부조직구조연구』
　『행정학: 핵심정리 및 문제연습』

학송 스님 ─────────────────────────────

　서울대학교 법대 졸업
　창원기능대학 교수(노동법) 역임
　횡성환경운동연합 공동대표
　불영사(佛迎寺) 주지·수필가

　『구종인간』
　『하산 그다음 이야기』
　『正道令과 正道領』
　『아이고 부처님』
　『대보부모은중경 총설』 등

한세억

　　서울대학교 행정학 박사
　　동아대학교 사회복지대학원 부원장, 전공책임교수
　　동 대학 정치행정학부 학부장
　　부산광역시 정보공개심의회 위원
　　한국정보문화진흥원 정책자문 위원
　　국무조정실 정보화평가위원
　　한국행정학회 연구 및 총무이사·편집위원
　　한국정책학회 운영이사·편집위원
　　서울행정학회 정보위원장·편집위원
　　한국지방정부학회 총무위원장·감사·편집부위원장·편집위원

　　『새 행정이론』
　　『한국사회와 행정개혁』
　　『지역공동체문화발전론』
　　『새 행정이론』
　　『전자정부론』 등

좋은 정부란 무엇인가?

초 판 인 쇄 | 2012년 3월 15일
초 판 발 행 | 2012년 3월 15일
지 은 이 | 한반도선진화재단 좋은정부연구회
　　　　　황성돈 · 이용환 · 최창현 · 나정원 · 문태훈 · 최광 · 최남희 · 최도림 · 학송 스님 · 한세억
펴 낸 이 | 채종준
펴 낸 곳 | 한국학술정보㈜
주 　　소 | 경기도 파주시 문발동 파주출판문화정보산업단지 513-5
전 　　화 | 031) 908-3181(대표)
팩 　　스 | 031) 908-3189
홈 페 이 지 | http://ebook.kstudy.com
E - m a i l | 출판사업부　publish@kstudy.com
등 　　록 | 제일산-115호(2000. 6. 19)

ISBN　　　978-89-268-3221-9 93340 (Paper Book)
　　　　　978-89-268-3222-6 98340 (e-Book)